Eduard Schubert, Karl Sudhoff

Paracelsus Forschungen

Eduard Schubert, Karl Sudhoff

Paracelsus Forschungen

ISBN/EAN: 9783743607767

Hergestellt in Europa, USA, Kanada, Australien, Japan

Cover: Foto ©Andreas Hilbeck / pixelio.de

Manufactured and distributed by brebook publishing software (www.brebook.com)

Eduard Schubert, Karl Sudhoff

Paracelsus Forschungen

Paracelsus-Forschungen

von

Eduard Schubert und Karl Sudhoff
Dr. Dr. Med.

Zweites Heft.

Handschriftliche Documente zur Lebensgeschichte
Theophrasts von Hohenheim.

Mit drei Tafeln in Lichtdruck.

Frankfurt a. M.
Verlag von Reitz & Koehler.
1889.

Inhalts-Verzeichniss.

Vorwort.

Der Lebensgang des grossen deutschen Arztes **Theophrastus Bombast von Hohenheim** ist noch auf weite Strecken in Dunkel gehüllt. Nur wenige Höhepunkte seines Lebens werden vom Lichte der Historie genügend beschienen.

Manche Spuren dieses so überaus reich ausgestatteten Lebensweges sind wohl noch in Archiven und Bibliotheken verborgen und warten des Tages, wo sie von glücklicher Hand ans Licht gezogen werden. Vorerst ist freilich dieser Mann dem Interesse der meisten Localgeschichtsforscher fremd. Es bedarf aber wohl nur einer Anregung, um auch darin eine Aenderung zum Bessern herbeizuführen.

Die Verfasser sind nun zwar dem Schauplatze, auf welchem sich das Leben des Reformators der mittelalterlichen Medicin abspielte, räumlich fern, es ist ihnen aber doch gelungen, mit Hülfe geneigter Bibliothek- und Archiv-Vorstände einige urkundliche Quellen zu finden, mit deren Benutzung sich etwas mehr Licht über einige noch unerhellte Theile dieses Gelehrten- und Wanderlebens gewinnen lässt.

Wir theilen im Folgenden unsere Funde mit, indem wir das erforderliche historische Material zur Erklärung und Nutzbarmachung derselben hinzufügen. Wir haben es nicht für nöthig

erachtet, jedesmal das allenthalben in den biographischen
Schriften über **Hohenheim** leicht zu Findende hier in extenso
zu wiederholen, haben aber doch manche Einzelheiten pro et
contra zum Verständniss von Zeit und Umständen hinzugefügt,
wo es uns zur Gewinnung eines wahrheitsgetreuen Geschichts-
bildes unerlässlich erschien, auch einige weitere Schlüsse aus
den Documenten zu ziehen uns erlaubt. Selbstverständlich haben
wir unter den Streitern Sonne und Wind gleichmässig zu vertheilen
gesucht und, uns jeder Parteinahme sorgfältig enthaltend, alles
actengemäss geprüft, ehe wir es niederschrieben.

Den Herren **Dr. L. Sieber** und **Dr. R. Wackernagel** in
Basel, **Dr. Dierauer** und **Dr. G. Scherrer** in St. Gallen und
Dr. H. Markgraf in Breslau sprechen wir für gütige Ueberlassung
der Manuscripte und freundliche Unterstützung unserer Forschungen auch hier noch unseren ergebenen Dank aus. Nicht
minder ist es uns angenehme Pflicht, die vielfache Förderung
dankend hier hervorzuheben, welche die Herren **Dr. W. Harless**,
Geheimer Archivrath in Düsseldorf und **Dr. H. Grotefend**, Archivrath in Schwerin (früher Stadtarchivar in Frankfurt a. Main) in
liebenswürdigster Weise unseren Arbeiten zu Theil werden liessen.

Die Verfasser.

1. Actenstücke zum Baseler Aufenthalte Hohenheims.

E s fehlte bisher an jedem festen Anhaltspunkte zur Fixirung der Wanderungen und Aufenthaltsorte H o h e n h e i m s in den Jahren direct vor seinem Auftreten in Basel. Eingehend hierüber zu verhandeln ist hier nicht der Ort. Doch möchten wir einige Hinweise geben zur Einführung in seine hier zu besprechenden Baseler Erlebnisse. Das Dunkel, aus welchem Hohenheim nach den bisherigen Darstellungen plötzlich in der Universitätsstadt auftauchte, beginnt sich dadurch zu lichten, wenigstens treten ein paar Jahre seines geheimnissvollen Wanderlebens jetzt zugleich mit dem Baseler Aufenthalte in ein helleres Licht.

Kurz vor der Uebernahme der Professur in Basel weilte Hohenheim während der Jahre 1525 und 1526 im s ü d w e s t l i c h e n D e u t s c h l a n d. Sicher hat er sich damals in T ü b i n g e n und F r e i b u r g aufgehalten; denn er berichtet in dem ersten, sogleich zu besprechenden Baseler Actenstücke, dass ihm Schüler aus diesen beiden Universitäten nachgezogen waren. In einem Baseler Colleg erwähnt er auch Casuistisches aus F r e i b u r g *) und R o t t w e i l **). Letzteren

---

*) Er berichtet in der Vorlesung „Von Offnen Schäden. vnd Geschweren" über einen Nierentumor, „wie jhr [al. wir] haben gesehen zu F r e y b u r g im Kalb" (Chir. B. u. Schr. Fol.º-Ed. S. 616 B). Das Haus zum Kalb war, wie uns Herr Stadtarchivar P o i n s i g n o n in Freiburg i. Br. mittheilte, ein kleines Gebäude in der Nähe des Rathshofes in einer kleinen Seitenstrasse, der ehemaligen Gerwergasse, jetzt Thurmstrasse gelegen. Hart daneben stand ein Beguinenhaus, genannt „des Bischoffs regelhus". Das „Kalb" (welches niemals ein Wirthshaus gewesen ist) gehörte damals einem gewissen Z u c k m a n t e l.

**) In demselben Collegienhefte (a. a. O. S. 600 B) wird berichtet, dass Paracelsus in „Rotweil" eine Aebtissin an „Zinzilla" (Herpes Zoster) behandelt habe.

1

Ort hatte er..vermuthlich auf der Reise von der schwäbischen nach
der badischen Universität berührt; derselbe liegt etwa auf der Mitte
des Weges und Hohenheim hat dort wohl kurze Zeit gerastet.

In diesen Jahren besuchte er wohl auch die Heilquellen von
Liebenzell, Wildbad, Baden-Baden und Göppingen, welche
er in seiner Schrift „Von den Natürlichen Bädern" bespricht*). Unzweifelhaft ist er dort gewesen; denn nur aus eigener Beobachtung
und Untersuchung der localen Verhältnisse konnte er die geniale, in
unserm Jahrhundert erst geologisch bewahrheitete Hypothese aufstellen,
„die drey Bäder, Niederbaden (al. Margraffbaden), Wildtbad vnd
Zellerbad, haben Einen vrsprung" **).

Möglicherweise fällt auch die Behandlung des Markgrafen
Philipp I. von Baden (1479—1533), welcher an Dysenterie litt
und nach seiner Genesung dem Helfer mit schnödem Undank lohnte,
noch in die Zeit kurz vor der Baseler Professur. Doch könnte unser
Arzt auch später, von Basel aus zu dem Fürsten gerufen worden sein ***).

Dass Paracelsus dagegen von Zürich aus nach Basel übergesiedelt sei, wie Adelung behauptet †), ist durch nichts erwiesen.
Was derselbe von Hohenheims Zusammentreffen mit dem Theologen
Heinrich Bullinger berichtet, ist bestimmt in den Herbst 1527
zu versetzen; denn wir konnten keinen Beweis dafür finden, dass
Bullinger 1526 längere Zeit in Zürich weilte, wohl aber im Jahre
1527 im Januar und von Juni bis November; und dass Hohenheim
im October 1527 in Zürich gewesen, ist eine feststehende historische
Thatsache. Das Zusammentreffen der beiden „Reformatoren" hat sich
zweifellos erst in den Herbstferien dieses Jahres ereignet. — —

---

*) Vergl. Heft I. dieser „Forschungen" S. 60.
**) Huser, 4⁰-Ed. Bd. VII. S. 321; Fol.⁰-Ed. Bd. I. S. 1113. Vergl. W. Th.
v. Renz, Literatur-Geschichte von Wildbad. Stuttgart 1881. 4⁰. S. 104,
Anmerk. 43.
***) Es ist uns nicht gelungen, über die Zeit der Erkrankung dieses Fürsten
etwas Sicheres aufzufinden. So lange dieser Zeitpunkt nicht feststeht, bleibt
es strittig, ob die Strassburger oder Baseler Collegen des Neuerers die Feinde
waren, denen „des Fürsten Vndanckbarkeit vnnd Vnfürstliche belohnung ...
ein freudt war, vnnd ein stichblat" wider ihn. (4⁰-Ed. V. S. 134; Fol.⁰-Ed.
I. S. 132ᴀ.)
†) Geschichte der menschlichen Narrheit, 7. Theil S. 228 f.

An vorstehenden Ausführungen ist kein begründeter Zweifel möglich. Es sind erschlossene Näherungswerthe von grösserer oder geringerer Evidenz. Documentarisch festgestellte historische Facta sind es jedoch nicht. Erst in allerletzter Zeit ist es uns gelungen, noch ganz dicht vor Hohenheims Niederlassung in Basel auch einen absolut fixen Punkt zu finden.

Wir waren schon früher durch verschiedene Momente zu der Vermuthung gekommen, dass Hohenheim schon vor Basel in Strassburg einige Zeit sich aufgehalten habe; jetzt ist diese Vermuthung zur vollen Gewissheit geworden.

Im Bürgerbuche der Stadt Strassburg findet sich auf der drittletzten Columne des Jahres 1526 folgender Eintrag *):

„Item Theophrastus von Hohenheim der artzney „doctor hatt das burgrecht kaufft und dient zur „Lutzernen. Actum Mittwoch nach Andree appostoli."

Der Andreastag (30. November) fiel im Jahre 1526 auf einen Freitag, mithin geschah die Eintragung Hohenheims ins Bürgerbuch Mittwoch den 5. December.

Die Zunft zur Lucerne (oder Laterne) war die der Kornhändler, Müller, Stärkefabrikanten u. s. w., wozu seit alter Zeit die Chirurgen gehörten **).

Damit wäre also ein fester Halt gewonnen. Hohenheim war in Strassburg vor Anker gegangen, selbstverständlich schon seit Wochen oder Monaten, wohl gar schon als Docent. Die dortige Chirurgenschule hatte ihn wohl angezogen; denn frei von der Voreingenommenheit der ärztlichen Collegen jener Tage hat er sein ganzes Leben lang für die Gleichberechtigung und Vereinigung der Chirurgie mit der internen Medicin auf's eifrigste plädirt. Sagt er doch, dass er „die Wundtartzney als dz gewissest" in der Heilkunde erkannt habe und dass

---

*) Wir verdanken diese Nachricht (auf welche wir durch C. Schmidt's Biographie des Michael Toxites, Strassburg 1888, 8⁰. S. 89 aufmerksam gemacht wurden) der Güte des Herrn Stadtbibliothekars Dr. Rudolph Reuss und des Herrn Stadtarchivars Dr. Brucker in Strassburg. Herr Dr. Reuss hatte uns schon früher durch freundliche Mittheilungen über Strassburger Paracelsus-Fragen zu Dank verpflichtet.
**) Vergl. Friedrich Wieger, Geschichte der Medicin und ihrer Lehranstalten in Strassburg. Strassburg 1885. 4⁰. S. 2.

„alle Chirurgicalischen kranckheiten [Syphilis, Geschwüre etc. etc.]*)
durch Physicalisch Artzney geheilt werden" könnten**).

In aller Bescheidenheit, die bald jedermann ihm absprechen sollte,
hat er in Strassburg seine Lehrthätigkeit mit der Chirurgie beginnen
wollen, um dann zu „Höherem" aufzusteigen, seine, Chirurgie und
„Physic" in damals ungewohnter Weise umfassende Lehre zu ver-
kündigen. Strassburg war dafür der geeignete Ort; denn einmal war
dort die Kluft, welche Chirurgen und Aerzte trennte, nicht so tief wie
anderwärts und zweitens ging man dort schon mit dem Plane um,
eine Universität zu gründen.

Genaueres über diese Strassburger Zeit unsers Arztes ist leider
nicht aufbewahrt geblieben***). Chr. G. von Murr berichtet†) zwar,
dass er dort „in Gesellschaft des sel. Prof. Spielmanns, im Jahr 1757
noch den Ort seines Laboratoriums sah. Der Buchhändler Schmidt
zeigte es uns oberhalb seines Ladens, vor der neuen Kirche". So glaub-
haft diese Angabe des an Genauigkeit unübertrefflichen Murr (der
hier nur in der Zeitannahme irrt) auch für uns jetzt klingt, so haben
doch unsere Nachforschungen in Strassburg selbst dieselben nicht be-
stätigen können. Es ist dort nichts mehr davon bekannt, dass Paracelsus
auf dem Predigerkirchhof vor der neuen Kirche gewohnt hätte††).
Auch das von Murr noch gesehene bartlose Oelbild †††) scheint untergegangen zu sein. Wenigstens meint Herr Dr. Reuss sich aus früher
Jugend dunkel zu erinnern, dass das Paracelsus-Bildniss sich auf der
Stadtbibliothek befand und daher wohl mit dieser bei der Beschiessung
1870 zu Grunde ging.

Ein Rencontre mit dem streitbaren Galeno-Arabismus, welches
wohl sicher in diese Strassburger Monate fällt, werden wir weiter
unten zu besprechen haben.

———————————

*) Vergl. Heft I. S. 66. Anmerk.
**) 4⁰-Ed. Bd. II. S. 234; Fol.⁰-Ed. I. S. 279 A.
***) Die Strassburger Rathsprotokolle reichen nur bis zum Ende des 16. Jahrh.
zurück.
†) Neues Journal zur Litteratur und Kunstgeschichte, 2. Theil. Leipzig 1799.
8⁰. S. 225.
††) Auch Fréd. Piton in seinem „Strasbourg illustré" (1855) weiss nichts davon.
†††) A. a. O. S. 183. Anmerk.**).

Lange hat diese Strassburger Sesshaftigkeit aber nicht gedauert, ja sie scheint nicht einmal für ihn als Strassburger Bürger völlig perfect geworden zu sein: Denn schon im November 1526 schreibt Hohenheim von Basel aus' den Dedicationsbrief seiner Schrift: „De gradibus" an Christoph Clauser in Zürich, in welchem er sich „Physicus & Ordinarius Basiliensis" nennt. Es hat danach den Anschein, als sei Hohenheim, schnell entschlossen und zu rascher That geneigt wie er war, schon vor Eintragung seiner Strassburger Bürgerrechtsgewinnung dem unterdess an ihn ergangenen Rufe an die Universität Basel spornstreichs gefolgt, indem er sein Vaterland dem im Stiche zu lassenden Bürgergelde vorzog, das ihm doppelt und dreifach durch das „amplum stipendium" des Stadtarztes und Professors aufgewogen wurde. Solche Früchte hatte seine glänzende Herstellung des hochangesehenen Baseler Buchdruckers Johann Froben (die, wie wir im 3. Abschnitt sehen werden, in den Sommer 1526 zu setzen ist) und sein gewiss nicht kurzes Verweilen bei dem Schwerkranken zuwege gebracht, und wir brauchen keineswegs den böswilligen Aussagen des Baseler Pasquills (siehe unten bei dem zweiten Baseler Actenstücke) zu glauben, welches ehrenrührige Gründe für diese rasche Entfernung von Strassburg aufstellen wollte.

Genug, Strassburg hatte das Nachsehen, und unseres Wissens ist Hohenheim niemals wieder in die so schwer beleidigte Stadt zurückgekehrt, gewiss zu seinem eigenen Nachtheil, als er nach einem Jahre schon seinen Professorensitz in eiliger Flucht verlassen musste.

Im Jahre 1526 war in Basel die Stelle des Stadtarztes erledigt worden*) und der Rath berief zu diesem Amte, auf Veranlassung des

---

*) Es hat uns nicht gelingen wollen, festzustellen, wer der Vorgänger Hohenheims im Stadtarzt-Amt gewesen ist. Nicht einmal das Datum der Erledigung dieser Stelle war zu eruiren. Acten darüber sind im Baseler Stadtarchive nicht vorhanden und zu allem Unglück sind die Rechnungsbücher 1525—'28, aus welchen vielleicht noch eine Aufklärung zu hoffen gewesen wäre, vor längerer Zeit durch Feuchtigkeit so schwer beschädigt worden, dass ein Durchblättern derselben ganz unmöglich ist. — Die bei Rudolf Wolf (Biographien zur Kulturgeschichte der Schweiz. 3. Cyclus. Zürich 1860. 8⁰. S. 6, f.), Haeser und anderen sich findende Angabe, der bekannte Pariser Professor Wilhelm Copus sei der Vorgänger Hohenheims gewesen, erweist sich bei näherer Untersuchung als unhaltbar. Copus ist

mit Froben befreundeten Johannes Oecolompadius*). unsern
Theophrastus, welcher damals 33 Jahre alt war und schon grossen
Ruf als Arzt und vielleicht auch als Lehrer besass.

Jedenfalls hat Hohenheim noch im Wintersemester 1526·27
Vorlesungen gehalten; denn es besteht durchaus keine zwingende Nothwendigkeit, anzunehmen, dass das Programm („Intimatio"), welches
der junge Professor der Medicin und Chirurgie**) am 5. Juni
1527 als Einladung zu seinen Vorlesungen gedruckt in die Welt
gehen liess***), den Beginn seiner ersten Vorlesungen in Basel bezeichnete. Das Sommersemester begann in Basel am 1. Mai mit der
Wahl eines neuen Rectors†). Doch hatten die Schwierigkeiten, welche
die medicinische Facultät dem neuen Docenten zu Beginn seiner Lehrthätigkeit in den Weg legte, wie wir dies sofort des Näheren sehen
werden, wahrscheinlich einige Zeit lang das regelmässige Abhalten der
Lehrvorträge desselben verhindert. So wäre es recht wohl möglich,
dass das Programm den Moment bezeichnete, wo ein Machtwort des
Rathes der Stadt diesen Behinderungen seitens der Gegner ein Ende
machte und Hohenheim in den Vollgenuss seiner Rechte als öffentlicher
Professor trat.

Das Verhältniss des vom Magistrat zu ernennenden Stadtarztes
zur Universität war nämlich keineswegs in jeder Hinsicht klar begränzt,

---

zwar ein Baseler Kind, aber als Arzt scheint er in seiner Vaterstadt nie
ansässig gewesen zu sein. Diese Annahme war wohl dadurch veranlasst,
dass die „Athenae Rauricae" (S. 169) den Guilielmus Copus unter den
Professores Medicinae direct vor Paracelsus aufführen. Doch steht in dem
Artikel kein Wort von einer Baseler Professur; Copus wird wohl nur
deshalb genannt, weil er „navitate civis Basiliensis" war.

*) So berichtet A. Jociscus in seiner „Oratio de ortu, vita et obitu Joannis
Oporini". Argentorati 1569. 8⁰. pag. A₈ʳ.

**) Man findet bei verschiedenen Autoren, auch noch in allerneuester Zeit, ver-
kehrte Angaben über die Art der Professur Hohenheims. Namentlich wird
vielfach behauptet, er sei Professor der Physic und Chirurgie gewesen (so
schon K. Sprengel, 3. Aufl. Bd. III. S. 438). Paracelsus sagt, dass er „et
Physices et Chirurgiae libros" vortragen werde. „Physice" ist aber interne
Medicin!! Auch die Behauptung, er sei Professor der Chemie gewesen,
welche mehrfach wiederkehrt, ist dem Wortlaute nach ganz unrichtig.

***) Vergl. 4⁰-Ed. VII. S. α₄ʳ ff; Fol.⁰-Ed. I. S, 950 f. und Heft I dieser „For-
schungen" S. 57.

†) Für den Sommer 1527 war es der Magister Hieronymus Blotzheim, ein
Glied der Artistenfacultät.

barg vielmehr allerhand Conflictsstoff in sich, wie die folgende historische Entwickelung desselben zeigen wird.

Der erste Professor ordinarius in Basel, Wernher W ö l f l i n (aus Rottenburg am Neckar) war zugleich Stadtarzt und der einzige angestellte Lehrer der Medicin seit der Universitätsgründung (1460). Im Jahre 1477 wurde die Function des Stadtarztes dem Dr. Johann W i d m a n n übertragen, während Wölflin (mit welchem der Magistrat als Stadtarzt nicht sehr zufrieden gewesen zu sein scheint) die ordentliche Professur der Medicin behielt. Zum Lehramt an der Universität war W i d m a n n ausdrücklich n i c h t verpflichtet, sondern dies seinem freien Willen überlassen *).

Mit dem Jahre 1507 wurde die Neuordnung der Gehaltsdotationen vollzogen, und der Magistrat verpflichtete sich, in Zukunft neben der schon 1460 errichteten und von ihm besoldeten e i n e n ordentlichen Professur in der medicinischen Facultät (Wilh. V i s c h e r, a. a. O. S. 75) noch einen z w e i t e n Lehrer in der Arzneikunde**) anzustellen und aus der Stadtkasse zu besolden; diese neue Lehrstelle wurde (aus Sparsamkeitsrücksichten) mit der eines Stadtarztes verbunden***). Hieraus geht also hervor, dass seit dieser Neuordnung der Universität für den Stadtarzt die V e r p f l i c h t u n g zum Lehramte bestand. Denn die B e r e c h t i g u n g, an der Universität Vorlesungen (unbesoldet) zu

---

*) Vergl. Wilhelm V i s c h e r, Geschichte der Universität Basel von der Gründung 1460 bis zur Reformation 1529. Basel 1860. 8⁰. S. 250. W i d m a n n stammt nach V i s c h e r aus Gundelfingen; wir können ihm aber nicht beistimmen, wenn er annimmt, er sei mit dem gleichnamigen Tübinger Professor identisch. Wir werden unten noch auf diesen Johannes W i d m a n n (1440—1524) aus Melchingen zu sprechen kommen (vergl. Biogr. Lexicon der Aerzte. Bd. VI. S. 264 und C. H. F u c h s, die ältesten Schriftsteller über die Lustseuche in Deutschland. 1843. 8⁰. S. 394 ff.).

**) „Einen Doctor in der Arzneiwissenschaft" sagt M. L u t z, Geschichte der Universität Basel. Aarau 1826. S. 75. Man sollte also annehmen, dass der Magistrat verpflichtet war, einen doctor rite promotus anzustellen, wofür auch der Wortlaut im „Erkanntnissbuch" spricht (1481/1504 fol. 232): „sodenn ist abgeredt daz ein ersamer ratt einen d o c t o r e m i n d e r f a c u l t e t d e r a r t z n y e, der dieselb lectur ouch nach noturfft volbring, uß und von dem gemeinen güt versolden solle . . ."

***) V i s c h e r, a. a. O. S. 80 f.; „Stadtärzte" in Basel werden schon v o r der Universitätsgründung genannt, so ein „Meister Heinrich" zur Zeit des Baseler Concils (1431—1449).

halten, hatten alle Doctoren und Licentiaten der Medicin zu Basel*);
dieselbe brauchte also dem Stadtarzte nicht besonders verliehen zu
werden. War doch sogar das Recht der Verleihung des gelehrten
Grades auch den nicht promovirten Baseler Aerzten zuständig (aber
doch wohl nur des Grades, den sie selber besassen!).

Wie weit der Antritt des Lehramtes für den Stadtarzt von der
Regenz der Universität und deren Zustimmung abhängig war, lässt
sich nicht ermitteln. Unter regulären Umständen mögen sich diese
Verhältnisse leicht geregelt haben. Aber anders wurde die Lage der
Dinge, wenn, wie bei Hohenheim, die Persönlichkeit des Stadtarztes
sich zu dem damaligen ganzen Wesen und Lehrgebäude der Medicin
in schroffen Gegensatz stellte.

Mit der Gründung der Universität war festgesetzt worden, dass
niemand ohne Approbation der medicinischen Facultät,
deren Mitglieder „alle in Basel weilenden und ausübenden Aerzte"
waren („Alles was sich in Basel mit der Arzneikunde befasste",
Miescher a. a. O. S. 6), ärztliche oder wundärztliche Praxis
treiben durfte, bei 30 Gulden Strafe**). Was die genaueren
Bestimmungen über diese von der medicinischen Facultät zu er-
werbende Approbation betrifft („bewert von der facultet der artznye
vnd zugelassen worden von den Meistern derselben facultet" heisst es
im Freiheitsbriefe der Universität), so liesse sich darüber nur aus den
Statuten, welche die Facultät, laut ihr vom Magistrat durch die
Stiftungsurkunde verliehener Befugniss, im Jahre 1464 feststellte, ver-
lässliche Kunde gewinnen. Aber diese Statuten sind uns nicht mehr
erhalten. In der späteren Fassung und Redaction, wie sie Theodor
Zwinger 1569 „ex antiquis tabulis, privilegiis, consuetudinibus" zu-
sammengestellt und revidirt hat, findet sich die Bestimmung, dass
fremde Aerzte, welche berufen oder aus eigenem Antrieb nach Basel
kamen, spätestens nach zwei Monaten die gesetzliche Prüfung
bestehen und als Mitglieder in die Facultät aufgenommen werden
mussten***). Eine ähnliche Bestimmung hat sich wohl (nach den
gleich zu besprechenden Vorgängen zu schliessen) auch in den zu

---

*) Fr. Miescher, die medizinische Facultät in Basel... Basel 1860. 4⁰. S. 5.
**) W. Vischer, a. a. O. S. 41 und 301. f.
***) Miescher, a. a. O. S. 6 Anmerk. 3.

Hohenheims Zeiten gültigen Statuten befunden. Der in dem Freiheitsbrief der Universität statuirten Approbation durch die facultas medica war der auswärts doctorirte Stadtarzt Hohenheim offenbar gleichfalls unterworfen. Es fragt sich nur, ob ihm davon etwas bekannt war, ehe er in Basel sich niederliess.

Dies zur Einleitung in die in Folgendem zu besprechenden Conflicte!

I.

Bei dem tiefen Ernste, mit welchem Hohenheim seine Stellung und Pflichten als Arzt auffasste*), ist es natürlich, dass er seine stadt-ärztlichen Functionen mit aller Energie zu handhaben suchte und die nothwendig befundenen Massnahmen, auch wenn sie auf das allseitigste Widerstreben der betheiligten Kreise stiessen, durchzusetzen sich bemühte.

Sowohl über diese seine Bestrebungen in der Handhabung seines Stadtphysicates, als auch über seine Streitigkeiten mit der facultas medica gibt uns Aufschluss eine von Johannes Huser aufbewahrte und von dessen Erben im chirurgischen Bande der Folio-Ausgabe der Werke Hohenheims (Strassburg 1605 u. 1618) Seite 678/79 zum Ab-druck gebrachte Eingabe „An einen Ersamen Raht der Stat Basel". Huser konnte aber dies Actenstück nicht im Original benutzen, son-dern, wie er Seite 525 (verdruckt für 523) angibt, „ex manuscripto alterius", hat es auch wohl in der Orthographie seiner Zeit angepasst.

Wir haben gefunden, dass dies in der Huser'schen Sammelausgabe abgedruckte Schriftstück, nicht die dem Magistrat eingereichte Eingabe ist, sondern nur ein vorläufiger Entwurf, der vom Autor noch einer eingehenden Umarbeitung unterzogen wurde, ehe er ihn dem Rath vorlegte**).

---

*) Heinrich Haeser sagt in seiner „Geschichte der Medicin" (welche gewiss nicht einseitig für Hohenheim Partei nimmt), 3. Aufl. II. Bd., Jena 1881. 8°. S. 105: „Kaum jemals hat ein Arzt mit reinerer Begeisterung die Auf-gabe seines Lebens erfasst, mit treuerem Herzen ihr gedient, mit grösserem Ernste die sittliche Würde seines Berufes im Auge behalten, als der Refor-mator von Einsiedeln".

**) Ein ähnliches Verhältniss findet sich bei den auf S. 679/80 desselben Huser'-schen Bandes abgedruckten zwei Briefen an die „Herren von Nürnberg",

Die Original-Eingabe Hohenheims findet sich nämlich noch heute in den Acten des Staatsarchivs von Basel vor. Sie ist nicht von Hohenheim selbst geschrieben (wohl wegen seiner berüchtigten schlechten Handschrift), auch nicht einmal von ihm selbst unterschrieben, sondern von einer sonst unbekannten Hand auf gleichzeitigem Papier, mit gleichzeitigen Schriftzügen; sie ist auch mit allen sonstigen archivalischen Zeichen der Echtheit versehen. Sehr zu bedauern ist es, dass eine Datirung vollkommen fehlt. Erwähnen wollen wir noch, dass die in Basel wohlbekannte Handschrift des Hohenheim'schen Amanuensis Joh. Oporinus, von welchem unten noch weiter die Rede sein muss, mit der des Schreibers des in Rede stehenden Actenstücks nichts gemein hat.

Zur bequemen Vergleichung der Baseler Original-Eingabe mit dem Huser'schen Concepte, setzen wir beide Redactionen neben einander hierher:

Huser's Concept:	**Das Baseler Original:**
Strengen, Frommen, Ehrenvesten, Fürsichtigen, Ersamen, vnd Weisen, gnedig vnd günstige Herren, wiewohl jhr, als meine Gnedig vnd Günstig Herren, mich vergangnen Tagen berufft, vnd mich zu E. G. Statartzet zubestellen anlangen lassen, als dann beschehen: des ich E. G. meins Vnterthenigen dinsts hochen danck sagen, mich in solchen meinem höchsten fleiss meins vermögens gegen Euch vnnd den Ewern, zugebrauchen haben. Langt mich darunder glaublich	Edlen strengen frommen vesten fürsichtigen ersamen, wysen gnedigen und gunstigen myn herren demnach ich durch uwer streng ersam wißheit zu eim phisicum und ordinarium bestelt und verordnet worden byn, under anderm mir furkompt, wie das die doctores und ander artzet, so hie zů Basel sich erhallten, hinderwert min in clöstern und uf den gassen mins stands halb, den ich

---

wo Huser zuerst die wirklich abgesandte Epistel abdruckt und nachher eine „alia dispositio Epistolae". Eine solche frühere Disposition der Eingabe an den Baseler Magistrat, war Huser allein zu Handen gekommen. Ueber den Nürnberger Brief' siehe das I. Heft dieser „Paracelsus-Forschungen" Seite 72.

an, *wie das etlich Doctores vnd Medici on mein schuldt vnd vervrsachen, so sich auch in E. G. Statt, Basel, erhalten, mich hieder zuruck*[a)] *schmehene vnd der gestallten mit worten anzihen*[b)]*, so mir zugedulden nit möglich sein: vnd nemlich, dieweil vnd ich in E. G. Collegio gelesen, vnd noch teglichs zuthun willig vnnd bereit were: vnderstondt sie mich daran zuvorhindern, vermeynend auch etlich, ich das zuthun (ohn vorwissen vnnd bewilligung jhren) nicht gewalt noch macht habe: lassen sich auch vermercken, das mein lesen vnnd offenbarung meiner Kunst, vnnd der Artznei, nie in gebrauch gewesen, also jederman zu vnderrichten: Zubesorgen, es möchte jhnen hienach*[c)] *an jhrer Nahrung vnnd leibs vnderhaltung grossen nachtheil vnd abbruch bringen: Reden mir auch schmehlichein zu, man wiss nit, woher, oder ob ich Doctor sey oder nit, mit begehr jhnen im Collegio auff jhr fragen zu antworten, etc. Mit viel der vnd mehr dergleichen neydischen Worten, dadurch ich ge-*

dann von uwer streng ersam wißheit empfangen, schenden lestern und schmähen, dardurch dann mir min pratick und der krancken nutzbarkeit mercklich entzogen wirt, sich ouch berümen, sy sigen die facultet und decanen und deshalb ich onduchtig oder onbillich solchen stand versehe, und der ouch mir durch uwer streng ersam wißheit als eim onbekanten gegeben worden sige, des dann mich nit ein klein beschwërt, sonder mir vil lieber (wa dem also sin solt so dann nit ist) das ich uwer streng ersam wißheit deshalb onbenügt glassen und in der gstalt nit angnomen, damit ich sollich irs schenden und ußrichtens (so mir von inn begegnet) uberhept vertragen[α)] und uberbliben were.

Dwyl aber ich die ihenigen, so durch sy verderbt und uß onwissenheit halben gewichen[β)] sind, mit der hilff gott des allmechtigen widerumb ufgericht hab, vermeint

---

a) *hinterrücks* („*hieder*" *Druckfehler für* „*hinder*").
b) *beschuldigen.*
c) *später.*

α) verschont, davon befreit.
β) verfallen, heruntergekommen, geschwächt.

vrsacht werden möcht, in ferner Irrung vnd Zwytracht mit jhnen (so es nit fürkommen[a]*) vnd abgestellt würde) zu kommen.*

So ich nun alle meine Ständ vnd Dienst, bey Fürsten, Herren, vnd Stätten begeben, vnnd auff beger E. G. vnd Gunst allhier in euer statt zogen, Bitt E. G. vnd Gunst, ich vnterthäniglich, mit allen Medicis vnd Doctoribus allhie zuverschaffen[b]*, vnd sie anhalten, dass sie mich als einen bestellten vnd angenommenen Artzt, Medicum vnd Ordinarium am Lesen im Collegio, auch sonst mit andern verletzlichen hinderrucks zugefügten Worten, vnbeleidiget, vnangeregt, vnd vndersagt, bleiben lassen: Mögen sie auch vnverhindert meiner, als gelert Leut, die [sic] sich schreiben vnd nennen, lassen gelert seyn, lesen, vnd Lection halten: Wie ich E. G. vnd Gunst hiebey vnverhalten, dass viel frembder von Tübingen, Freyburg, vnnd anderswo mir nachzogen, versehenlich, mehr bestehen werde, bey mir etwas zu erlangen: welchen ich auch alles dess, so mir Gott durch sein Gnad verliehen, zu gut armer*

ich des eer und nit schmach und schmutzens erlangt zů haben, und dwil ich doch von uwer streng ersam wißheit als verordnetter ordinarius und phisicus bestelt bin ich ongezwifelter hofnung mir solle nit mer zůgsagt sin dann geleist werden mög, also das ir myn obern herren decanen und facultet (und nit die ihenigen) sigen, uf das ich billich mög als ein ordinarius promoviern in doctores.

So aber solcher gwalt by andern artzetten wie gemeldt ist hie were, bekennte ich der ursach verfůrt sin, fursten und stett verlassen wa mins furnemens halben (wie angezeigt) nit statt und vollen[α]) beschehen mocht, so ist an uwer streng ersam wißheit min ganz demůtig underdienstlich bitt, die welle mir mins stands fryheit anzuzeigen und denen so darwider reden ir zůgehören ouch eroffnen.

---

a) *verhüten (hindernd zuvorkommen).*
b) *verhandeln, ausmachen, anordnen.*

α) stat und vollen = vollkommen unbehinderte Gelegenheit, vollkommen freie Bahn.

Krancken, nützit[a) verhalten wil,
wie dann bissher von andern
Doctorn beschehen ist.

Trawen sie auff ein vermeynte
Freyheit[b), sie haben dadurch sie,
die meynen, so inn mein Lection
gehen, zu Doctoriren hindertrieben,
so mir schwerlich seyn würd:
Aber in Hoffnung, E. G. hab die
Freyheit, mich als jhren Ordinari
vnd rechten Stattartzt dess vnd
anders zu erhalten.

Weiter gnädig vnd günstig
mein Herren, dieweil vnd ich von
E. G. bestellt männiglichen, vnd
denen so mich beruffen, vnd meiner
nottürftig sind, meins vermögens
berahten zu seyn: So weiss ich mich
schuldig vnd pflichtig, all mängel
vnd gebrechen, so dann E. G. vnnd
den jhren nachtheilig seyn, anzu-
zeigen, mit vnterthäniger Bitt, die-
selben, wie hernachfolgt, zu ver-
nemen.

Erstlich mag E. G. vnd Gunst
wol selbs ermessen, so ich armen
krancken Leuten auff jhr begeren in
die Apotecken schreiben, was jhnen
von nöhten, behilff jhrs Leibs vnd
Lebens daselbst zumachen: Dass
ich dann auch wissen mög, vnd
tragen, das sey jrer Apoteck kochen

Witter gnedig und gun-
stig min herren erfordert
ouch die notturft, in kunf-
tigem villicht mir und minen
krancken zů grossem nach-
teil und schaden dienen und
erwachsen möcht, die appo-
tecken betreffent, nemlich
das die nach ordnung, so
oft die noturft erheischen,
durch verstendig gevisitiert
würden, damit was zů schaden entspringen und er-
wachsen möcht hindan gno-
men und gsetzt wurde, sodann
ouch in eidespflicht genomen
unduchtiger[α) recepten einem
stattartzet fúrtragen, ob die
ienen fúrkemen, durch welche
mancher zů nachteil kompt,
die zů cassiern bevolhen wúrd.

---

a) *nichts.*
b) *Privilegium, verbrieftes Recht.*

α) untauglich.

*gnugsamlich, vnnd dess von mir
ersuchet[a), ob sie der Kunst bericht
seyn, vnd die Krancken nit versaumt, auch dieselbigen Apotecker
kein heimlich Pact mit etlichen
Doctorn vnd Artzten haben, sonder von E. G. beschickt, vnd in
Eyd genommen werden. Dass sie
jhrer Apotecken zu tag vnd nacht
trewlich warten: Demnach jre
Apotecken visitiren vnnd ersuchen[b),
ob sie deren, wie sichs gebürt, ge-
rüst vnd versehen seyn, jhnen in
bemelten Eyd gebunden werde,
Arm vnd Reich in ziemlichen Tax
jhrer Wahren vnvberschätzt zu
halten. Dann es sich viel begibt,
dass Doctor vnd Apotecker pact
vnnd geding[c) mit einander machen,
der Apotecker dem Doctor Penss
von seinen Recepten gibt, es sey
verlegen[d) oder vnverlegen, lässt man
semlichs dem Krancken zukommen,
so den jhnen zu grossen Nachtheil
vnnd Schaden reicht, vnd offt
grösslich versaumt, vnd gar noch
etlich in Todt gericht werden.*

*Solchs als obsteht, hab ich E. G.
vnd Gunst vnterthäniger meynung,
zu gut männiglichen nit verhalten,*

a) *untersucht.*
b) *durchforschen, untersuchen.*
c) *Vertrag.*
d) *durch liegen verdorben.*

Sodann ouch kein appo-
tecker mit den doctorn in
einicher theilung oder schen-
ckung verwant und gemein-
schaft zu haben.

Ouch das sy examiniert
würden ob sy irs ampts
gnug erfaren und geschickt
weren, damit durch ir on-
wissenheit keinen krancken
irs libs halben schaden
gebern und entstan möchti.
und das ouch solichs durch
sy die appotecker selbs us-
gericht, und nit durch kinder so der gschrift und ma-
terialia noch onerfarn und
keinen verstand haben, wurde,
sich ouch einer zimlichen und
gepürlichen tax erhalten, uf
das mengclichs onbeschwärt
pliben mög, und das sollichs
wie gemelt durch verstendige
erkennt werden. sollichs alles
hab ich uwer ersam wißheit
nit verborgen, sonders im
besten, güter und getrüwer
meynung, damit richen oder
armen parthiescher wiß halber kein ubels entstan möge,
hiemit uch mit allen gnaden
bewysen und erzeigen. das
beger umb dieselb uwer streng
ersam wißheit ich mins stands

sonder anzeigen wöllen: *Mit vnterthäniger Bitt vnd Beger*, E. G.
*darinn gnädigs Einschens zuhaben,
damit vnd ich bey meiner fürge-
nommenen Lection bleib, vnd dess
Collegiums, so E. G. vnnd nit der
Doctorn ist, dermassen zu erhalten, dass ich als ein Ordinari vnnd
Stattartzt, dess gantz vnverhindert
[von] männiglichen bleiben möge.*

*Wil ich meins höchsten ver-
mögens dermassen lesen vnd Lec-
turen halten, E. G. dess ist wenig
Ruhm, sonder Nutz, Ehr und
Wolgefallens empfahen soll. Dann
womit ich E. G. vnnd den jhren,
vnterthenigen Dienst beweisen, weiss
ich mich gantz geneigt vnd willig,
deren ich mich hiemit in gnädigen
Schirm befohlen haben will.*

und pflichts halben mit nutz
und eer gegen iegclichem insonderheit mit undertheniger
dienstbarkeit gutem willen
vlyssig gegen gott und der
welt zugedienen, mich hiemit
u. s. e. wißheit bevelhende

u. s. e. wyßheit
undertheniger
Theophrastus von Hohenheim
beider artznyen doctor.

[Staatsarchiv Basel-Stadt. St. 73. D. 17.
Nach einer durch Herrn Staatsarchivar
Dr. R. Wackernagel urkundlich be-
glaubigten Copie gedruckt.]

Man sieht auf den ersten Blick, wie wesentlich das Baseler Original dem früheren Entwurfe gegenüber umgearbeitet, vielfach gekürzt, und stellenweise erweitert worden ist. Kaum ein Satz ist aus dem Concept unverändert herüber genommen worden. Doch ist das Huser'sche Concept wegen einiger nur in ihm stehender Angaben auch neben dem aufgefundenen Original von hohem sachlichen Werthe*).

*) Auch Friedrich Fischer in seiner Abhandlung über „Paracelsus in Basel" (Beiträge zur vaterländischen Geschichte. Herausg. v. d. hist. Gesellsch. zu Basel. 5. Band. Basel 1854. S. 107—137), worin er das über den Baseler Aufenthalt Hohenheims damals Bekannte zusammenstellt, hat nur die Huser'sche Redaction der Eingabe gekannt und allem Anschein nach nicht einmal bei Huser selbst eingesehen; denn der letzte Satz (S. 120) „die Apotheker spielen gar gerne den Arzt, da doch derjenige, der einen Fisch sieden kann, kein Fischer, und der, welcher Wein trinken möge, kein rebmann

So erfahren wir z. B. nur aus dem Entwurf, dass Hohenheim
ehe er nach Basel berufen wurde, in Tübingen und Freiburg sich
aufgehalten hat, aus welchen Städten und anderswoher ihm viele
Schüler auch nach Basel hin folgten *). Ebenso lässt nur sein
Wortlaut einwurfslos erkennen, dass die von Lessing, Locher,
Fischer und andern ausgesprochene Vermuthung, Hohenheim sei

sey" [das geht aber trotz Fischers ausdrücklicher Verneinung auf das
„Medicastriren" der Apotheker!!] gehört gar nicht zu der Eingabe an den
Baseler Magistrat, sondern steht (Huser Chir. B. u. Schr.-Fol.⁰ S. 173) im
zweiten Buch der „Imposturen". Bei H. Locher (1851), der sonst Marx
ausschreibt, findet sich schon dieselbe unrichtige Verschmelzung der beiden
Stellen und zwar gleichfalls mit der Angabe, das ganze stehe in dem „Briefe
an den Stadtrath" (S. 29). —
 Auch Wilhelm Vischer wusste noch nichts von unserer Urkunde
im Staatsarchiv [cfr. l. c. S. 252].

*) Nach den von Vischer (l. c. S. 258) gemachten Angaben ist das Steigen
der Frequenz der Universität Basel Anno 1527 auf 31 Neuzugegangene —
nachdem dieselbe 1525 auf 15, 1526 gar auf 5 gesunken war — auffallend,
namentlich da diese Zahl der Neuinscribirten 1528 auf einen wieder herunter-
ging. Man könnte sich auf den ersten Blick versucht fühlen, anzunehmen,
dass diese gesteigerte Frequenz auf das Conto der Hohenheim'schen Vorlesungen zu setzen wäre; aber Bemerkungen in der Matrikel ergeben, dass
1526 die Pest in Basel regierte und 1527 erlosch, was also zur Erklärung
des Zuwachses genügte. — Unter den Immatriculirten des Jahres 1527 ist
mit Sicherheit kein Paracelsusschüler zu entdecken. Mag sein, dass dieselben
sich nicht immatriculiren liessen, ja, dass die Regenz ihnen gar die Imma-
triculation verweigerte (etwa als „Chirurgen" etc.?). Die Schüler, deren
Namen wir noch kennen, wie Basil. Amerbach, Joh. Oporinus, Alban
Thorer, waren schon länger in Basel, stehen also nicht in der Liste der
Neuzugegangenen. — Ueber die Baseler Pestepidemie im Jahre 1526 findet
sich in der „Narratio rerum, quae reformationis tempore Basileae ... auctore
fratre Georgio Carpentarii de Brugg Chartusiani" (Basler Chroniken, Leipzig
1872. 8⁰. S. 408) folgende Schilderung: „Postmodum pestis epidemia, quae
etiam in aprili, sed magis ac magis in maio, junio, julio, maxime vero in
augusto, septembri et octobri vigere coepit, vehementer civitatem hanc urgere
tentavit et quam plurimos e medio tollere. Tamque saeva fuit, ut nec remedia consueta proficerent, quin et ipsos expertos medicos invaderet et ex-
tingueret, praeterea senes et veteranos septuaginta vel amplius annorum,
paucos autem pueros, sed robustos et adolescentes, maxime autem sauguineos
et naturaliter jocundos auferebat, ita quod in 24 annis tanta glades non ex-
titerit, quanquam et nonnulli convaluerint, sed admodum pauci. Plerosque
tamen cholica passio plus gravavit quam epidemia, quos tamen epidemia
postea invadens extinxit, indifferenter Lutheranos et Antilutheranos, juvenes
et senes conturbans et auferens."

schon längere Zeit vor seiner Ernennung zum Stadtphysicus, seit 1525, in Basel ansässig gewesen, unrichtig ist; denn das Huser'sche Concept sagt ganz direct, er sei, „auff beger E[uer] G[naden] vnd Gunst allhier in ewer statt zogen". Indirect liegt dies ja allerdings auch im Wortlaute der definitiven Redaction.

Zu beachten sind ferner die Worte des Entwurfs „dieweil vnd ich in E. G. Collegio gelesen, vnd noch teglichs zuthun willig vnnd bereit wäre". Paracelsus hat also im Universitätsgebäude am „Rheinsprung", dem später sogenannten „untern Collegium" (im Gegensatze zum jetzigen „Museum", dem „obern Collegium") seine Vorlesungen gehalten, worin sich ein Lectorium (Hörsaal) für die Mediciner befand (cf. Vischer, l. c. S. 85). — —

Die Eingabe (in beiden Redactionen) besteht aus zwei Theilen.

Im ersten Theile beschwert sich Hohenheim über die Hindernisse, welche ihm die Mitglieder der Facultät, also die Gesammtheit der übrigen Baseler Aerzte, „Doctores vnd Medici", in den Weg legen.

Die Doctores und die übrigen nicht promovirten Aerzte verleumden ihn hinterrücks, im Geheimen und öffentlich, in den Klöstern und auf den Gassen aus Anlass des ihm von der Weisheit des Magistrats verliehenen Amtes als „Physicus vnd Ordinarius". Er solle zu der ihm gegebenen Stellung als ausübender Arzt, Stadtphysicus und Universitätslehrer nicht befähigt sein, vielmehr wäre die Facultät berechtigt, vorher über seine Befähigung als Arzt durch ein Colloquium mit ihm zu entscheiden. (Neben seiner practischen Thätigkeit wird besonders auch seine Lehrthätigkeit, zu der er doch verpflichtet war, sehr energisch angegriffen, weil sie wohl noch grösseren Anstoss erregte. Aus dem Huser'schen Entwurfe, welcher, der die Praxis mehr in den Vordergrund stellenden Eingabe selbst gegenüber, vorwiegend die Docententhätigkeit betont und im ersten Theile weitläufiger gefasst ist, scheint sich geradezu der Schluss ziehen zu lassen, dass die Facultät [durch den Decan] diese Vorlesungen Hohenheims wegen ihrer Gefährlichkeit für die ärztliche Praxis der Galeniker untersagt oder geschlossen hat; zu einer zeitweisen Verhinderung oder Suspendirung derselben muss es durch Einschreiten der Facultät in irgend einer Weise gekommen sein, wozu diese allerdings nicht befugt war.)

2

Solle er aber solche Störungen und Behinderungen seiner ärztlichen und Docenten-Thätigkeit, solche Schmähungen und Anfeindungen wehrlos erdulden müssen, dann wäre es ihm, so erklärt Hohenheim, viel lieber, er hätte diese ganze Zwitterstellung gar nicht übernommen. Und doch habe er ja so manchem von den andern Aerzten „verderbten" Kranken wieder Genesung verschafft*), damit also seine ärztliche Befähigung zur Genüge bewiesen. Dafür habe er Ruhm und Ehre, nicht Schmach und Beschmutzung verdient.

Der Rath der Stadt habe ihn berufen und ernannt, dieser sei darum seine vorgesetzte Behörde, seine „Decane und Facultät". Als vom Rathe berufenem Ordinarius müsse ihm auch das Recht der Doctorpromotion bei seinen Schülern zustehen.

Hätten aber die andern Aerzte (der Facultät) das Recht, über seine Befähigung erst noch eine Entscheidung zu fällen, so habe man ihn mit falscher Vorspiegelung aus früherer Stellung bei „Fürsten und Städten" **) weggelockt. Da man ihm von gegnerischer Seite seine volle Stellung nicht einräumen wolle, so sei es am Magistrat, ihm freie Bahn zu schaffen und seine Gegner in die gebührenden Schranken zu verweisen. — —

Wenn wir uns die in der Einleitung dargelegten gesetzlichen Bestimmungen für die in Basel practicirenden Aerzte vor Augen halten, so können wir uns der Erkenntniss nicht verschliessen, dass die Baseler Aerzte — an ihrer Spitze wohl der Decan der Facultät und einziger

*) Bekannt ist uns heute noch als solcher in Basel von andern Aerzten aufgegebener und von Hohenheim geheilter der berühmte Buchdrucker Froben, auf welchen wir unten noch zu sprechen kommen. - Die seit 1524 bald mehr bald minder stark in Basel grassirende Pest und vielleicht mehr noch die den alten Galenischen Mitteln so hartnäckig widerstehende Syphilis hatten wohl auch der neuen Therapie des jungen Stadtarztes ein rasches Ansehen verschafft. — — Wie sehr solche glückliche Heilresultate Hohenheims seinen Gegnern ein Dorn im Auge waren und wie sie dieselben allenthalben zu verkleinern oder als „durch Beelzenbock" geschehen zu verdächtigen suchten u. s. w. u. s. w., das schildert Hohenheim auf Seite 134 des 5. Bandes der Quartausgabe seiner Werke (Fol.-Ed. I. S. 131/32).

**) Wir verweisen auf die Vorrede zum „Spitalbuch", wo Hohenheim berichtet: „Dieweil ich doch offenbarlich 18 Fürsten, durch euch verlassen, in Physica" [d. h. an internen Krankheiten] „auffbracht hab (ohne Rhum zu schreiben)". Das schrieb er 1529 oder Anfang 1530 (Chir. B. u. Schr. Fol.º-Ed. S. 310).

Professor ordinarius der Medicin Oswald Bär (genannt Athesinus d. h. von d. Etsch)*) — in ihrem Verlangen, dass Hohenheim ihrer Approbation zur ärztlichen Praxis bedürfe, vollkommen in ihrem Rechte waren. Anders jedoch liegt es mit der venia legendi.

Nach den Bestimmungen der späteren Statuten (seit 1569) war ausdrücklich auch für die berufenen Aerzte eine Disputation oder Probevorlesungen vor der Facultät, wobei der zu Prüfende über aufgestellte Thesen interpellirt werden durfte, vorgeschrieben (Miescher, S. 6), falls der Betreffende auswärts doctorirt hatte. Bei dem Verlust der um 1527 gültigen Statuten der facultas medica lässt sich aber über die rechtliche Lage dieser Dinge zu Hohenheims Zeiten volle Klarheit heute nicht mehr gewinnen. Namentlich lässt es sich durchaus nicht sicher feststellen, ob der als Stadtarzt berufene Theophrastus zum Antritt seiner Lehrthätigkeit, wozu er doch ausdrücklich verpflichtet war, noch der vorherigen Zustimmung der Universität oder wenigstens der medicinischen Facultät bedurfte**). Und um diese Lehrthätigkeit, um seine Vorlesungen im „Collegium" dreht sich nicht minder der Streithandel als um das Recht zur Ausübung der Praxis, welches zweifellos die Facultät verlieh.

Eine genaue Prüfung der Eingabe Hohenheims lässt es zweifellos erkennen, dass bei den Verhandlungen des Magistrats oder seines Abgesandten mit Hohenheim, welche der Berufung zum Stadtarztamte und der damit verbundenen zweiten ordentlichen Professur der Medicin vorausgingen, von eventuellen, der Facultät gegenüber abzulegenden Prüfungen etc. keine Rede gewesen ist. Oder sollte schon damals Hohenheim solche Bedingungen für seine Berufung abgelehnt haben? Der Wortlaut des Actenstückes spricht nicht für diese letztere

---

*) Cfr. Vischer, l. c. S. 251 u. öfter; Miescher, l. c. S. 10 f.; Melchior Adam, Vitae Germ. medic. Francof. 1706. Fol. p. 81; Kestner, medic. Gelehrten-Lexic. Jena 1740, S. 108; Athenae Rauricae S. 176 u. 462. Fehlt in dem „Biogr. Lexicon der Aerzte".

**) Anscheinend verfuhr der Senat damals vollkommen selbständig bei der Anstellung der Universitätslehrer. Wenigstens berichtet E. Probst (Bonif. Amerbach, Basel 1883. 4º) S. 22: „der Rath und nicht mehr der Lehrkörper der Universität, wie zu Anfang, vollzog damals [1524] die Wahlen". Joh. Oecolompad wurde 1523 ebenfalls vom Rath zum Professor ernannt und der Widerspruch der Universität blieb ohne Wirkung.

2*

Vermutbung; denn der Angegriffene würde sich dann dem Magistrate gegenüber direct auf diese früheren Abmachungen berufen haben.

Alle Wahrscheinlichkeit spricht dafür, dass Hohenheim nach Basel kam und seine stadtärztlichen Functionen übernahm, ohne von dem dort herrschenden Usus, bezüglich der practischen Ausübung der Medicin, unterrichtet zu sein. Die Facultät wird wohl auch nicht sofort klar mit ihren Ansprüchen hervorgetreten sein. Sie liess den mit einem grossen Rufe auftretenden jungen Arzt wohl anfänglich frei gewähren und wenn sie nun eines Tags (nach Ablauf der vorgeschriebenen Zeit?) an denselben die Aufforderung ergehen liess, sich der vorgeschriebenen Prüfung zu unterwerfen, ja, wenn dies Verlangen. wie es scheint, auch nur gesprächsweise und nicht gerade in officieller. aber recht plumper Form auf der Strasse und in den Klöstern geltend gemacht wurde, so kann es uns nicht wundernehmen, dass Hohenheim im Bewusstsein seiner geistigen Ueberlegenheit und seines grösseren, auf Reisen und in Feldzügen gesammelten Erfahrungswissens, diese Forderung, die ihm particularistisch und autoritätssüchtig, wenn nicht schlimmer, erscheinen mochte, entrüstet von sich wies.

Mit dieser Forderung der Approbation hatte die Facultät eine zeitweise Suspension der Vorlesungen verlangt, vielleicht sogar die Vorlesungen direct verboten, bis die Approbation ihrerseits erfolgt sei. Sie hat sich dabei gewiss auf ihr codificirtes Recht berufen; denn der Ausdruck „Freyheit" in dem Actenstücke ist in diesem Sinne aufzufassen *).

Die Gründe für das Einschreiten der Facultät gegen ihn als Docenten, welche der Huser'sche Entwurf ausserdem noch weitläufiger ausführt, sind vielleicht nur Vermuthungen Hohenheims, durch welche er sich das Vorgehen des Collegiums der Aerzte zu erklären suchte. Oder es sind, was uns wahrscheinlicher dünkt, Ausstreuungen und wirklich erhobene Vorwürfe seiner Gegner, welche ihm zugetragen worden waren.

---

*) In Erinnerung an diese auf den päpstlichen Freibriefen beruhenden Rechte der Facultät, welche gegen ihn geltend gemacht wurden, schrieb Hohenheim in einer seiner 1528 in Colmar verfassten Schriften (Chir. B. u. Schr. Fol.Q.-Ed. S. 254A.) spottend von der „Facultas Medica, wie sie nach Bäpstlichen Freyheiten geweicht [geweiht] ist".

Gewiss mussten seine bis dahin unerhörten Lehren und die noch
unerhörtere deutsche Vortragssprache den in der Schule Galens und
der Araber, in der dialectisch-scholastischen Methode und ihrer alt-
überkommenen Fremdsprache aufgewachsenen und graugewordenen
Facultätsmitgliedern als grosse, aufs schärfste zu bekämpfende
Ketzereien erscheinen. Sie werfen ihm vor, sein „lesen vnnd offenbarung seiner Kunst vnnd der Artznei sei nie in gebrauch gewesen:"
damit ist vielleicht nur die Neuheit, das Reformatorische seiner ärztlichen Lehren gemeint; wenn er dann aber fortfährt, „also jederman
zu vnderrichten", so ist damit doch wohl auf die deutsche Vortragssprache angespielt, welche eben „jedermann", auch den des Lateins
Unkundigen, die Möglichkeit gab und geben sollte, seinen Vorträgen
zu folgen und die von ihm neugeschaffene Heilwissenschaft zu erlernen.
Damit ist aber auch erklärt, warum die Galenischen Aerzte gegen die
Hohenheim'schen Vorlesungen angingen; sie fürchteten die rasche Aus-
breitung seiner sie, wie sie schon merkten, in ihrer Praxis bedrohenden
neuen Diagnostik und Therapie.

Wir sind auf blosse Vermuthungen angewiesen, ob sich wirklich
schon in Basel zu Hohenheims Vorlesungen (und besonders zu den
Chirurgischen) viele solche des Lateins unkundige, ungelehrte
Elemente, wie Alchemisten, Chirurgen, Bader und „Balbirer" u. s. w.
drängten, die dann freilich ebensowenig in der Universitätsmatrikel
sich finden könnten, als andererseits grade dieses Zuströmen ungewohnter, nur nach deutschen Vorlesungen verlangender Hörer, die
Conservativen des Mittelalters auf's neue stutzig und noch mehr erbost
gemacht haben wird*).

---

*) Eine sehr selten gewordene und in den Schriften über Paracelsus nirgends
genannte Streitschrift gegen Hohenheim: „Epistola Δηλωτική. De Medicina
Praestigiatrice Paracelsi. Ad .. D. Johannem Episcopum Monasteriensem, &c.
A D. Ernesto Revchlino apud Inclytam vrbem Lubecam, Medico publico
scripta .. [Colophon: Lubecae .. Johannes Balhornius .. 1570* 4⁰ 16 Bll.
— Lüneburg, Stadtbibl.] berichtet darüber: „quo tempore Paracelsus primum
Basileam venerit, nempe in Scholae dissipatione eruditis Medicis partim fu-
gatis, partim vero sponte discedentibus, ac quomodo ibi Medicinam publice,
non certe ut moris recepti & inoleti est Latina & Graeca lingua,
sed vernacula incredibili auditorum concursu, docuerit: ita
ut cum non solum ἀναλφάβητον rudium tonsorum & Physan-
thracum Chymistarum vulgus, Sed & multi praeclare docti
vetustissimis quibusque Medicis anteferre non sint veriti.

Ob solche Elemente schon in Basel das grösste Contingent der Hörer Hohenheims gebildet haben, darüber liegt uns keine zweifellos sichere Nachricht vor. Wir wissen jedoch, dass dies gewiss nicht die einzigen seiner Zuhörer waren; denn es sassen auch gelehrte Männer, junge und ältere, nachschreibend vor seinem Catheder. Keinesfalls aber hat Hohenheim die ungelehrten Schüler von sich gewiesen; denn er wollte ja grade hinaus aus den engen Schranken der kleinen Gelehrtenwelt, hinaus aus dem Schulzwang und Schulschlendrian mit seinen neuen bahnbrechenden, das im mittelalterlichen Traumleben heilig Gehaltene zu Boden stürzenden Lehren. Aus späteren Jahren haben wir in seinen echten Schriften zahlreiche Erwähnungen von Schülern aus den Kreisen der niederen Heilthätigkeit, welche Hohenheim um sich duldete, an denen er aber die schlimmsten Erfahrungen machen musste, was ihre Befähigung und ihren Character betraf*).

Quod haud dubie ob rei nouitatem accidisse autumo . ." [A₂ᵛ—A₃ʳ]. Bischof Johann von Münster war Hohenheim'schen Lehren zugeneigt. Weitere Schriften Ernst Reuchlins nennt Haller, Bibl. med. pract. II. pag. 151.

*) Er klagt, er habe keinen gefunden, auch den „frömmsten" nicht, der ihm über drei Monate treu blieb [4⁰-Ed. Bd. V. S. 311; Fol.-Ed. I., 634], der Henker habe ihm „zu seinen gnaden genommen ein vnd zwentzigk Knecht, vnd von dieser Welt abgethan" [4⁰-Ed. II. S. 184; Fol.-Ed. I., 261]. Diese und viele andere Stellen über seine Schüler können doch nur auf derartige Leute gehen, so viele ehrsame Aerzte sich auch dadurch aufs höchste beleidigt gefühlt haben. — Doch auch über Schüler aus gelehrten Kreisen muss er sich bitter beklagen. über ihre „Lästerung, Schendung, vnd vnredlichs Blasphemieren wider mich, mit grossem Hinderreden vnd Lästern, vnd nehmlichen am mehristen von denen, die jhren Leib dieblich bey mir gemehret haben, vnd jhr Religion [d. h. Wissen höherer Art] von mir empfangen ... Solcher Schälck hat mir Basel, als ich Ordinarius der Hohenschul gewesen, auch andere ort, vil geben, die nachdem vnd sie genug gesehen hatten, nit allein wider mich stünden, sondern verlugend vnd verrieten, wie jhr art war" [Chir. B. u. Schr. Fol.-Ed. 254. f.]. Von mehrfachem Interesse ist die folgende Stelle (1528 geschrieben): „Welche von mir haben gelernt, oder weiter lernen werden, durch den Mund oder durch Schrifften, will ich zu Beschluß geben denselbigen, das sie noch Jar vnd Tag müssen haben, biß sie gewiß werden die Zimmeraxt zu brauchen. Aber jhren sind viel die vber solchs, ehe ich gar den Mund zu beschleuß, mehr können dann ich vn also ohn versucht vnnd ohn Erfarenheit vber mich vnnd wider mich schreiben, fliegen, ꝛc. Dann wann ich gedenck an drey auß meinen Schulern, die an allen jhren Geschrifften vnd sonst verzweiflet waren, vnnd der werck Galeni halben, Hippocratis, Rasis, Savonarolae, Montegnani, Avicennae, Azararii, ꝛc. nicht mußten

Der calumniöse Vorwurf, „man wisse nicht, woher und ob er Doctor sei oder nicht" begegnet uns schon hier bei Hohenheims erstem Auftreten in der wissenschaftlichen Welt. Er wird von ihm hier als Verleumdung kurz zurückgewiesen. Noch oft ist ihm später dieser Zweifel entgegengehalten worden. Und das hartnäckige Schweigen über Ort und Zeit seiner übrigens unzweifelhaften Doctorpromotion in allen seinen Schriften ist für ihn von grösstem Nachtheil gewesen. Weshalb er darüber schwieg, ist ebenso unerklärlich, wie sein Schweigen über die Namen der von ihm besuchten Universitäten *). Indess konnte

oder möchten in einicherley weg sich der Artzney behelffen, von mir im Grund der Artzney vnderricht, vnd ehe die Pfann erkält ward, da dorfften sie weder meiner, noch der bemelten Authorum keins mehr, vnd das so ich mit Sorgen gegen Krancken brauche, trugens mit leichten flügeln in das Gew [Gau, Land], würgen ab einen dem andern nach. So ich gedenck das so schnell solcher Lecker drey auff der Bahn zu Besch .. en gericht waren, vnd mir als jhrem Praeceptori absagten .... Darumb so wart ich von niemands kein Danck. Dann zwo Secten werden erstehn auß meiner Artzney. Eine, die es zu Besch ... rey brauchen wirdt, dieselbigen sind deß Geblüts nicht, das sie weder Gott noch mir dancken, sonder mehr verfluchen wo sie möchten. Die ander so da wol gerahten, die werden vor Freuden des Dancks vergessen .... je grösser Dienst, je grösser Vndanckbarkeit: Vnd sonderlich in der Artzney, ist Vndanckbarkeit das gemeinest, das durchlaufft. Vnd nicht allein Vndanckbarkeit, sonder auch je mehr einer den anderen vnderricht, je mehr er jhn nachfolgends schendet. Dann wann ich mir gedencke, das mich die vorbemeldten Lecker, die ich erzogen vnnd erneret hab darinn, gespeißt vnnd getrenckt, vorgearbeitet, vnd in sie gegossen, wie den Wein ins Faß, vnd das so ich mit schweren Sorgen erfaren hab, angezeigt, ohn Scrupel gelert, so auß den dreyen also von stund an der Galenus ward, vnnd wider mich zu schelten vnnd zu schenden angericht, die von mir, als von jhrem Professori, kein schenden nie gelernt hatten, vnnd die mich hundertfach gelestert haben, als wer Galenus da. Dörffen sie die art Galeni an sich nemmen, da weit fehl ist, was wolt jhr dann vor solchen Leckern vnd jhrs gleichen vnangriffen bleiben?" [Chir. B. u. Schr. Fol.-Ed. S. 301ᶜ fg.]. Auf die Machwerke der hier erwähnten drei abgefallenen und anderer Basler Pasquillanten kommen wir unten bei Besprechung des zweiten Basler Actenstücks näher zu sprechen. Von sechs besseren Schülern, die Hohenheim freundlich hervorhebt, hatten wir schon im I. Hefte (S. 52—55) Gelegenheit zu sprechen.

*) Es lässt sich einstweilen keine Universität sicher namentlich nachweisen, welche er besuchte, wie viele Hochschulen er auch gelegentlich nennt; aber er berichtet, „hab also die hohen Schulen erfahren lange Jahr bey den Teutschen, bey den Italischen, bey den Franckreichischen, vnnd den Grund der Artzney gesucht". Jedenfalls ist die Angabe Lessings

er doch unmöglich den Doctorgrad zu vergeben verlangen, wenn er ihn nicht selber besass. Da es überdies Bedingung war, dass der Stadtarzt und Professor „Doctor in der Arzneiwissenschaft" sei, so wird Hohenheim, nachdem der Rath ihn berufen (und sich mithin von dem Erfülltsein dieser Bedingung doch wohl überzeugt hatte), es nicht weiter seiner würdig gehalten haben, den Dii minorum gentium darüber weitere Eröffnungen zu machen Erasmus nennt Hohenheim „doctor", ohne dass dieser sich in seinem Briefe an ihn mit diesem Titel geschmückt hatte, während er in der obigen und späteren Eingabe an den Magistrat und in den weiter unten aufzuführenden vertrauten Briefen sich allerdings „doctor" unterschreibt.

Er selbst hat vielleicht keinen grossen Werth auf diese Dignität gelegt und hielt nur seiner Schüler wegen an seinem Professorenrechte der Promotion fest. Wir wissen zudem auch, dass er es verschmähte, in der blutrothen Amtstracht der mittelalterlichen Aerzte zu erscheinen und so corporaliter, wie oft genug verbaliter*), gegen rothen Talar

und Lochers, Paracelsus habe 1516 in Basel studirt, durch nichts zu beweisen bis heute. Die Quelle derselben ist vielleicht bei Hermann Sude. „Der gelehrte Criticus .. dritter u. letzter Theil. Leipzig 1706" 8⁰, zu suchen. Denn dieser richtet folgende Verwirrung an. S. 998 berichtet er, dass der Vater seinen Sohn „zu rechter Zeit auf die Universität nach Basel schickte, woselbst er zwar fleissig studirte, aber dabey übel lebete; daher er sich aus Furcht vor dem Richter auf die Flucht begab..." und erzählt dann S. 999—1001 nochmals die bekannten Geschichten von seiner Professur in Basel und der Flucht wegen Beleidigungen der Richter und des Magistrates: die Confusion ist evident. — Pagel schreibt in seinem auch sonst sehr mangelhaften Artikel über Hohenheim (Biogr. Lexicon d. Aerzte Bd. IV. 1886 S. 482 ff.): „Er bezog 1506 [!] die Universität zu Basel, gab sich hier besonders chem. Studien hin". Schade, dass uns Pagel nicht auch den Namen des Professors verräth, in dessen Laboratorium der 13jährige Knabe sein chemisches Practicum absolvirte! Der erste chemische Lehrstuhl wurde erst 100 Jahre später in Marburg errichtet. — Auf seinen Doctoreid beruft Hohenheim sich des öfteren z. B. „oder wem hab ich als ein Doctor geschworen? dem Apotheker zu helffen auß seinen Secken in sein Kuchen? oder den krancken ..?" [4⁰-Ed. II. S. 185; Fol.-Ed. I. S. 262]. Im Paragranum [4⁰-Ed. II. S. 97] führt er als ihm angehängten Spottnamen sogar „Doctor Helueter" auf, was er wohl sonst ignorirt hätte.

*) Wie oft spottet Hohenheim über die rothe Amtstracht der Collegen! Er nennt sie nicht (des viereckigen Barets wegen) „gehürnte academische Bacchanten [angehende Studenten]", „gekrönte Bacchanten", „gemalte Aerzte" und kurzweg „die in roten Kappen ... vnd Röcken" oder „Baretlins Leut", sondern sagt gradezu, dass sie „jhre thorheit .. mit Roten Hütlen vnd Talaren be-

und Gugel und das rothsammtene Baret nebst goldenen Halsketten und
Ringen entschieden Front machte, um auch in dieser Beziehung eine
neue Zeit dem alten Schlendrian gegenüber anzubahnen. Den „Doctor"
konnte man ihm so freilich nicht auf der Strasse ansehen in seiner
einfachen Tracht, und die Collegen in Roth fühlten sich durch diese
Neuerung umsomehr in ihrem Rechte, den allem Altehrwürdigen so
auch äusserlich wie sonst innerlich opponirenden Mann nicht als
Doctor und Collegen anzuerkennen. Auch Heinrich Bullinger,
der in seiner theologisch-überweltlichen Unbefangenheit dem Heidelberger Professor Erastus Material gegen die Persönlichkeit des
medicinischen Reformators lieferte, mag vielleicht bei Hohenheims
Aufenthalt in Zürich im Herbste 1527 schon aus diesem Grunde den
Mann nicht für voll genommen und in der Erinnerung an dieses un-
doctoralische Auftreten geschrieben haben, er habe wie ein Fuhrmann
ausgesehen — und dem Bürgermeister, dem Pfarrer und dem Prediger
von Sterzing, über welche Paracelsus in der Vorrede zu seiner Schrift
über die Pest an die Stadt Sterzing klagt, mag es nicht anders gegangen sein. Kleider machten damals erst recht Leute! — Und dass
nun gar in Basel der Professor ordinarius die feierliche rothe
Amtstracht mit anderm alten Plunder über Bord warf, welch' ein

---

decken" [4⁰-Ed. IV., 364; Fol.-Ed. I., 607]; „also geziert, wie ein Bildt
[Heiligenbild] vmbtretten, das ist ein grewel vor Gott" [4⁰-Ed. II., 180;
Fol.-Ed. I., 260]; „vnd so sie nicht gemalet giengen pro forma, wer wolte
sie für Ärtzt erkennen?" [4⁰-Ed. II., 9: Fol.-Ed. I., 199] und an einer andern
Stelle: „Auß dem volgt, ein Artzt soll wol gekleidet gehn, soll sein Talar
antragen mit knöpffen, sein Rothen Jugel, vnnd eyttel Rot: Warumb Rot?
gefalt den Bawren wol, vnnd das Haar fein gestrelet, vnnd ein Rotts Pareth
drauff, Ring an die Finger . . . so mag der kranck ein glauben in dich
haben . . O du mein Herr Doctor. Ist das Physica? ist das Jusjurandum
Hippocratis? Ist das Chirurgic, ist das kunst, ist das der grund? O du
Katzensilber . . . das heisst pro forma gangen, pro Doctore, . . ." [4⁰-Ed.
II, 116 117; Fol.⁰-Ed. I., 238]. „Es soll sich auch kein Artzt auff die roten
Paretlein geben, dann in jnen ist kein grund, die also eylen . . . die hohen
Schulen . . . geben allein den roten Rock, Paret, vnd weiter ein viereckten
Narren . ." [Chir. B. u. Schr. Fol.⁰-Ed. S. 648b]. „Solcher erfarenheit soll
der Artzet voll sein, vnd nit mit roten Röcken vnd spenglwerck vmbhenckt,
wie ein Bettler mit Muschelen" [4⁰-Ed. II. S. 315; Fol.⁰-Ed. I. S. 307c] usw.
Ganz ähnlich spricht sich Agrippa von Nettesheim in seiner 1526 verfassten Schrift „De incertitudine et vanitate scientiarum" über den Pomp
der damaligen Mediciner aus. —

Affront für die steifen, würdigen Herrn der facultas medica, welche
den ganzen Aristoteles, Galen und Avicenna im Kopfe hatten
und als non plus ultra der Wissenschaft auf dem Katheder und im
Krankenzimmer verkündeten (sich aber doch von ihm das Wissen um
Grund und Kunst der alten Autoren absprechen lassen mussten, wie
ers bald darauf in einer seiner Kolmarer Schriften niederschrieb*). Ohne
Begeiferung konnte das für den wissenschaftlich unfassbaren Neuerer
freilich nicht abgehen!

In der definitiven Redaction der Eingabe hat Hohenheim die specialisirte Aufführung aller der oben besprochenen verschiedenen Streitpunkte und Verleumdungen unterlassen. Er hielt es
wohl nicht für nöthig oder nicht für opportun, sondern begnügte sich
kurz mit dem Hinweise auf bestehende Dissidien zwischen ihm und
der Facultät und verlangte nur Klarheit darüber, ob und dass er durch
die Anstellung seitens des Magistrates in den Vollbesitz aller Rechte
als ordentlicher Professor und Stadtphysicus und als ausübender Arzt
und Chirurg eingesetzt sei, ohne sich um die Approbation der Baseler
„Facultät" kümmern zu müssen, also seine verliehenen Competenzen
(„Freyheiten") nicht überschreite, wenn er nach seinem Gutdünken
practicire, Vorlesungen halte und „promoviere in doctores".

Es ist uns keine Nachricht darüber zugekommen, wie dieser
Streit des Reformators mit den Ketzerrichtern**) auslief. Aber es
scheint uns unzweifelhaft, dass der Rath dem Verlangen seines Stadt-

---

*) Chir. B. u. Schr. Fol.-Ed. S. 289ₐ.
**) Dass man sein Verhalten als Ketzerei ansah und bezeichnete, dafür mögen
folgende Stellen aus dem Paragranum (1530) als Beleg dienen: „ich sol ein
verworffen glied sein der Hohenschulen, ein Kätzer der Facultet, vnnd ein
verfürer der Discipeln" . . „ich sey Luthers Medicorum? mit der auflegung,
ich sey Haeresiarcha" . . „Nun vrtheil, . . ob ich wider die ordnung der
artzney ein Doctor soy, oder ob ich ein Ketzer hierinn sey, oder ein zer-
brecher der warheit, oder ein Toller Stierskopff?" . . . „vnd ich soll ewer
Ketzer vnnd ein Vagant sein?" . . u. s. w. [4⁰-Ed. Bd. II. S. 14, 16, 18 u. 77;
Fol.-Ed. I. S. 201ʙ, 202ₐ, 203ʙ, 224c]. Das sind wohl noch alles Nachklänge
aus der Baseler Zeit und auch insofern von Interesse. Das Scheltwort
„Lutherus Medicorum", welches ihm in Basel neben unzähligen anderen angehängt wurde, weist darauf hin, dass dort seine Gegner vorzugsweise im
katholischen Lager zu suchen waren. (Dass die Universität von Paris
ihn „un second Luther" genannt habe, wie Laboulbène [Union médicale
1886 p. 393] behauptet, ist uns fraglich).

arztes entsprochen und den Streit zu seinen Gunsten geschlichtet hat.
Einer Prüfung vor Decan und Facultät hat sich der stolze „Monarcha
Medicorum" [4⁰-Ed. II. S. 16; Fol.⁰-Ed. I. S. 202ᴮ u. öfter] gewiss
nicht unterzogen. Kein Freund, kein Gegner meldet etwas davon.

Jedenfalls fällt dies Actenstück in die ersten Monate des Baseler
Aufenthaltes Hohenheims, wohl in den Anfang des Jahres 1527. Denn
dass das Programm vom 5. Juni 1527 keineswegs mit Nothwendigkeit
an den Anfang seiner Lehrvorträge zu setzen ist, haben wir schon im
Beginne dieses Abschnittes (S. 6) auseinandergesetzt. Es mag den
Moment bezeichnen, wo er über die Contremine der Gegner triumphi-
rend in den Vollbesitz seiner ärztlichen und professoralischen Rechte
trat. Es lässt sich recht wohl als eine würdige, rein sachliche Ent-
gegnung gegen die vielen Angriffe seiner Widersacher betrachten,
welche er im ersten Semester erduldet hatte.

Vielleicht hatte die Verzögerung der Senatsentscheidung die ver-
spätete Ansetzung der Vorlesungen im Juni bewirkt; das Sommersemester hatte ja schon Anfang Mai begonnen. Als Ersatz für die
hierdurch verlorene Zeit hielt Hohenheim aber dann auch in den
Hundstagen 1527 Vorlesungen*), zu welcher Zeit die Professoren
vom „Lesen" befreit waren und nur die Baccalaurei Vorträge und
Disputationen halten mussten**). Er war also von grossem Eifer für
sein Lehramt erfüllt, nicht weniger aber für die Ausübung seiner stadt-
ärztlichen Pflichten, wie sein Recurs an den Magistrat uns weiter zeigt.

---

*) Er las in diesen Hundstagen „De Urinarum ac pulsuum judiciis . . . Anno
1527. Basileae . . . discipulis suis privatim in diebus Canicularibus prae-
lectus" [4⁰-Ed. Bd. V. Appendix S. 99; Fol.-Ed. I. S. 731]. Der erste Neysser
Druck [1566] gibt ein noch genaueres Datum „Anno M.D.XXVII Augusti
XVII. die", welches wohl die Schlussnotiz eines Collegienheftes darstellt.
— In dem Vorwort sagt Hohenheim: „Cum iam saepe discipulorum quidam
hortentur, ac precibus plane contendant, ut libellum de Lotio inspiciendo
conscribam. . . . auditores candidissimi . . vobis gratificans . . . plane mea
sponte ac lubens id oneris suscipiam; Idque otii, quod per aestivas iam ferias
non literis, sed genio aliis indulgendum concessum est, huic ego labori . . .
impendam". Der Tenor dieser Stelle lässt wohl auch darauf schliessen,
dass Hohenheim schon länger als 6 Wochen Vorlesungen hielt. (Ueber die
Hundstage schreibt O. Brunfels [c. 1530] „die faben an im ꝓvij tag des
Hewmonat, vnd enden sich des ꝗꝗ tag des Augst" [New Badenfart. Strassburg
s. a. 4⁰. Bl. 27], während wir heute etwas anders rechnen.)
**) Vergl. W. Vischer, a. a. O. S. 136, 151 u. 155.

Der zweite Theil seiner Eingabe behandelt ein Thema, das Hohenheim auch später noch vielfach ventilirte*), die Missstände des damaligen Apothekenwesens.

Die Reformen, welche er hier einführen wollte, betreffen namentlich die Einsetzung einer Aufsicht und Controlle über die Stadtapotheken im Auftrage des Magistrats durch einen Sachverständigen. So oft es die Nothdurft erheischte, sollten dieselben auf Anordnung des Raths „durch verstendig gevisitiert werden", um jedem Schaden für die Kranken vorzubeugen. Ja, er verlangte sogar eine indirecte Controlle über die Aerzte dadurch, dass die Apotheker verpflichtet sein sollten, „vnduchtige" Recepte (was natürlich nur pharmaceutisch bedenkliche heissen kann) dem jedesmaligen Stadtarzte zur Begutachtung und eventuellen Cassirung vorzulegen. Auch sollte jeder Art von Pactirungen und Theilgeschäften zwischen Aerzten und Apothekern gesteuert werden.

Weitere Forderungen Hohenheims sind Prüfungen der Apotheker durch ihresgleichen auf ihre pharmaceutisch-technischen Kenntnisse, Anfertigung der Arzneien allein durch die Geprüften selbst und namentlich Verbot des Dispensirens durch Kinder, endlich eine gleichmässige, fixirte Arzneitaxe. Zu allen diesen Bestimmungen sollen die Apotheker durch Eidesabnahme feierlich verpflichtet werden.

Man sieht, Hohenheim hatte ein scharfes Auge für die Schäden des damaligen Apothekenwesens, er hatte sich eingehend mit diesem Gegenstande beschäftigt. Es waren für seine Zeit recht weitgehende und meist recht neue Forderungen, von deren Erfüllung man damals noch weit entfernt war, deren Berechtigung aber heutzutage fast in allen Puncten anerkannt ist. Hätte er seine Intentionen zur That werden lassen können, so wäre er auf diesem administrativen Gebiete der Reformator des Apothekenwesens in Deutschland geworden**).

*) Vergl. z. B. in den „Defensionen" (1537) 4°-Ed. II. S. 185; Fol.-Ed. I. S. 262 und an vielen andern Stellen seiner Schriften.

**) Seine wissenschaftlichen Verdienste um die Pharmacie und pharmaceutische Chemie können wir hier nicht weiter erörtern; was er hier geleistet, gehört zu seinen grössten und bleibendsten Verdiensten. A. N. Scherer, Professor der Chemie in St. Petersburg (1820) sagt in seiner Festrede (1820) über Theophrastus Paracelsus (St. Petersburg 1821. 8°. S. 52): „Die Pharmacie hat ihm eine grosse Revolution zu verdanken". Um an diesem absolut richtigen Satze eine Correctur anbringen zu können, citirt ihn Professor

Greifen wir nur den einen Punkt, die behördliche Apotheken-
revision heraus, so finden wir zwar schon schüchterne Anfänge dazu
in manchen Städten vor 1527 (z. B. Nürnberg)*). Eine reichsrecht-
liche Regelung dieses Gegenstandes wurde 1548 von Kaiser Karl V.
auf dem Reichstage zu Augsburg erlassen. Doch fand dies Decret nur
langsam durchgängige Beachtung im Deutschen Reiche**).

Ernst von Meyer in seiner eben erschienenen „Geschichte der Chemie"
(Leipzig 1889. 8⁰), welcher die neuere Literatur über Paracelsus unbekannt
geblieben ist, S. 60 folgendermassen: „Die Pharmacie verdankt
Paracelsus alles"!!

*) Vergl. Hermann Peters, Aus pharmaceutischer Vorzeit in Bild und Wort.
Berlin 1886. 8⁰. S. 31 u. 32; A. Philippe, Geschichte der Apotheker,
übers. von H. Ludwig, Jena 1855 u. 1859. 8⁰. In Frankreich wurde diese
Frage schon früher gesetzgeberisch in die Hand genommen.

**) Miescher, l. c. S. 7, Anmerk. gibt an, dass in Basel seit 1589 öfters von
der Visitation der Apotheken durch den Ausschuss der Facultät, das „Consilium medicum", die Rede ist. — Lucas Stengel, Physicus in Augsburg,
hebt es in seiner „Apologia adversus Stibii Spongiam... a Michaële Toxite
.. aeditam... Augustae Vindelicorum... 1569". 4⁰ [Nicht „Wien 1561;
1569" wie das Biogr. Lex. d. Aerzte, Wien 1884–87 Bd. V. S. 529 behauptet,
sondern in Augsburg bei Matthaeus Francus gedruckt; eine Ausgabe von
1561 ist schon deshalb unmöglich, weil die „Spongia Stibii" des Toxites erst
„M.D.LXVII Calend. Augusti" gedruckt war. Auch die „Quaestiones III"
Stengels sind nicht in Wien erschienen, sondern „Augustae Vindelicorum
Philippus Vlhardus excudebat. Anno 1566". 4⁰, 30 Bll.] als ein grosses
Verdienst hervor, dass in Augsburg auf Senatsbefehl jährlich die Apotheken
revidirt würden, woran sich alle andern Städte ein Muster nehmen sollten.
— F. H. Fränkel erwähnt in seiner „Geschichte der Medicin in den
Anhalt'schen Herzogthümern" Dessau 1858. 8⁰. S. 24 u. 26, die Revision der
Apotheke in Zerbst durch Caspar Peucer u. a. 1569. — Jacobus Horscht
(Horst) schreibt in „Ein Vorwarnung der Krancken, vor jhrem selbs eigenen
Schaden vnd Vorseumnuß. Darinn der Artzneyen vrsprung .. vnd kegen-
wertiger zustandt .. gelehret wird .. Görlitz .. 1574". 4⁰. (6 + 20 Bll.)
Fol. 12. „So ist zu vnsern zeiten, vnd für wenig Jaren auffkomen, das die
Apotecken, als die vornemeste Handreichung des Artztes, in wolbestalten
Regimenten, fleissig visitiret werden ... Wir in Silesien, dancken Gott vnd
der Oberkeit, das die Visitatio in vornemesten Stedten, Järlich mit allem
fleiß im Herbst gehalten wird, vnd so weit komen, das die Apotecker so vor
etlichen Jaren sich dagegen gespreusset, nu selbs das gern sehen vn begeren
... Gott gebe das es auch in andern Landen, besser in schwang komme.
Dann wieviel hieran gelegen, erfahren wir, die damit offter vmbgehen, von
Tage zu Tage mehr, Das ich derwegen. weil ich in sieben Stedten, innerhalb
zwelff Jaren, die Apotecken zu visitiren erfordert, vnd ohne das auch Jerlich
die Apotecken der Stadt Schweidnitz mit meinen Mitgesellen visitiret, ein

Andere Punkte des Paracelsischen Memorandums wurden noch
später erst einer gesetzlichen Regelung unterzogen.

Für ihn, als den Gegner der in den „Lumina Apothecariorum" *)
und „Thesauri Aromatiorum" bisher unangefochten vorgeschriebenen
Syrupe, Decocte, Latwergen, Julepe u. s. w. („Suppenwust" nannte er
sie), war dies Vorgehen gegen Aerzte und Apotheker galenisch-arabistischen Schlages natürlich doppelt gefährlich, ja eine gradezu hals-
brechende Neuerung, die uns den kühnen Pionier in ganz anderm
Lichte zeigt, als die Geschichte bislang auf ihn hat fallen lassen. Er
suchte allenthalben auf seinem Gebiete den alten Schlendrian zu beseitigen und Exactheit an seine Stelle zu setzen. Diesen Augiasstall
zu reinigen, war aber eine Herculesarbeit, die erst nach Jahrhunderten
beendigt worden ist, als man von Hohenheims erster, aus unver-
kennbarer Noth der Praxis **) entnommener Anregung dazu längst
keine Ahnung mehr hatte.

Lateinisch Werck, de certa visitandae officinae Medicamentariae ratione,
zuuorfertigen, verursachet bin." Diese uns übrigens unbekannte Schrift des
späteren Helmstädter Professors mag die erste Apothekenvisitationsordnung
gewesen sein. — Ueber die Apothekenvisitationen, welche in Nürnberg schon
zu Hohenheims Zeiten von Aerzten vorgenommen wurden, spottet Hohenheim
im Paramirum II: „Ihr . . wissend nit was jhr sehend: das jhr in der handt
habt, das kennen jhr nit: Als zu Nürnberg die Doctores so sie Apoteken
visitieren, so haben sie in der hand nw, nach dem sie fragen, ob maus nit
auch habe: sollen dan solche leuth alle Teutschen der vnseren [meine
deutschen Anhänger] examinieren? O jhres betrogenen examinierens vnnd
jhrs falschen dargebens . . ." u. s. w. [4⁰-Ed. I. S. 172; Fol.-Ed. I. S. 61c].

*) Huser 4⁰-Ed. Bd. IV. S. 324; Fol.-Ed. I. S. 592ₐ spottet er: „die Lumina
Apothecariorum, Ach Gott des Liechts: der sicht mehr, dem die Augen aus-
gestochen werden, dann der Apotheker Augen sehen."

**) Noch im Jahre 1538 sagt er in der 7. Defension [4⁰-Ed. II. S. 188; Fol.-Ed.
I. S. 263]: „Wie kann ich müglich ding heilen, so mirs der Hagel in der
Apotecken schlecht? . . . Wie kan ich mit Quid pro Quo heilen . . . Wer
kan mit betrogen specerey aufrichten, das allein den gerechten zusteht?
wer kan das vollenden dz er für sich nimpt, soll mit grünen Kreuttern ge-
schehn, vnd man gibt jm die schimlichen? wer kan leiden, dz man für
Diagridium, succum Tithymalli gebe? wer kan leiden oder gedulden, das man
Picem Calceatorinam distillatam pro oleo benedicto gebe? vnd Kirschenmüss
mit Thyriac vermischt für ein Mithridatum? vnd so ich solt ewer simplicia,
vnd composita, wie die noturfft erfordert, erzehlen, wie es an jhm ist, wo
aufi mit demselbigen?" Vergl. 4⁰-Ed. Bd. V. S. 310 u. s. w.

Mit dem Baseler Magistrat hat Hohenheim damals anscheinend noch in einem guten Verhältnisse gestanden; denn der Ton des Actenstückes ist ein vollkommen ruhiger. Dass das beleidigte Ehrgefühl des Mannes sich in gehaltener Weise im ersten Theile der Eingabe zur Geltung bringt, steht dem weitgereisten und seiner Ziele im Vaterlande sich wohlbewussten Arzte recht gut zu Gesicht.

Das Verhältniss zum Rathe der Stadt Basel wurde aber auch bald ein gespanntes.

Wenn es auch alle Wahrscheinlichkeit für sich hat, dass der Magistrat in dem Streite zwischen seinem Stadtarzt und der Facultät den berechtigten Wünschen Hohenheims entgegenkam, so wurde damit doch wohl nur ein kurzer Waffenstillstand für den Sieger erreicht. So wenig der Streit zwischen Heinrich Glareanus und der Artistenfacultät zur Ruhe kommen wollte*), so wenig liessen sich auf die Dauer die Conflicte zwischen dem Vertreter der ungestüm hereinbrechenden Neuzeit und der altgläubigen, protzig - conservativen**) medicinischen Facultät vermeiden. Wenn auch Hohenheim seinem Grundsatze getreu geblieben wäre: „Mögen sie vnverhindert meiner" [d. h. unbehindert von mir] „als gelert Leut die [sie] sich schreiben vnd nennen lassen, gelert sein, lesen vnd Lection halten"; die Hetzereien der in ihrer bisher so sicheren Existenz bedrohten Practiker hörten nicht auf und — Hohenheim verlor leider auch die Geduld. Bedenken muss man, wie hochgespannt damals die ganze geistige Atmosphäre vom Rath bis zum Pöbel in Basel war, wie namentlich

---

*) Vergl. z. B. Vischer a. a. O. S. 195 ff.

**) Für die engherzig-conservative Anschauung der damaligen Universitätslehrer der Medicin, deren Lehrthätigkeit ja einzig darin bestand, irgend einen alten klassischen medicinischen Autor vorzulesen und schulgemäss zu commentiren (etwa wie noch heutzutage den Juristen die Pandecten vorgetragen werden), mag folgende Aeusserung Symphorien Champier's (der es übrigens nicht zur Professur brachte, aber damals im höchsten Ansehen stand) in der als Anhang zu seiner „Symphonia Galeni ad Hippocratem, Cornelij Celsi ad Avicennam" erschienenen Schrift „Clysterium Campi secundum Galeni mentem" (s. l. e. a. 46 SS. 8⁰. Vorrede 1528. 15. Februar) S. 20 als glänzender Beleg dienen: „Odiosum puto, et execrandum medicinae professorem, qui aegrotum medicamentis iam usu probatis curare non vult, sed novis experimentoque non cognitis". Also selbst dem Universitätsprofessor sollte es verboten sein, neue Mittel anzuwenden!!

die Religionsgegensätze sich schroff gegenüber standen*), denen sich
Hohenheim, wenn er auch über den Parteien stand, doch in seinem
ärztlichen Verkehr nicht immer so klug entziehen konnte und mochte,
wie der vorsichtige Erasmus von Rotterdam in seinen vier Wänden.

Doch mag dem sein wie ihm wolle: dass das Verhältniss auch
zwischen Stadtarzt und Magistrat ein gespanntes wurde, dafür haben
wir einen authentischen Beweis in einem **zweiten Actenstücke** aus
dem Baseler Staatsarchiv, das in vieler Beziehung noch ungleich be-
lehrender ist für unsere Kenntniss über den Baseler Aufenthalt
Hohenheims, als das erste, eben besprochene, welches ja ohnehin
schon durch Huser seinem Hauptinhalte nach seit Jahrhunderten
bekannt gegeben war.

Dies **zweite** bisher gar nicht an's Licht gezogene Actenstück,
das in einem sehr gereizten Tone geschrieben ist, am Schlusse sogar
in versteckte Drohungen ausbricht, gewährt uns einen tiefen Einblick
in die gegen Hohenheim gesponnenen Intriguen, die sich schliesslich
zu einer offenen Verfeindung auch mit dem Magistrate zuspitzen
sollten. Es führt uns mitten in die heftigen Kämpfe auf der Höhe
der Docententhätigkeit unsers Reformators hinein. Man sieht, wie es
in dieser schwülen Atmosphäre nur eines geringen äusseren Anlasses
bedurfte, um das drohende Gewitter mit Knall und Fall zum Ausbruch
zu bringen.

II.

An den Thüren des Domes, der Kirchen zu St. Martin und
St. Peter und an der neuen Burse in der kleinen Stadt**) war

---

*) Vergl. Vischer, l. c.; Ochs, Geschichte der Stadt und Landschaft Basel
5. Bd. S. 748—51; Fechter in der Biographie Amerbachs (Beiträge zur
vaterländischen Geschichte. Basel. Bd. II.).

**) Cfr. Vischer, l. c., S. 183. In dieser ‚bursa nova‘ wohnte vielleicht die
Mehrzahl der Schüler Hohenheims, unter den Studenten; Hohenheim
selbst soll, nach von Murr a. a. O. S. 209, in dem später Leonhard
Thurneysser'schen Hause gewohnt haben. Es war dies die Iselin'sche
Liegenschaft am St. Leonhardsgraben (heute Leonhardsstrasse Nr. 1) nach
Dr. Carl Wielands Vortrag über Leonhard Thurneysser zum Thurm
in den Baseler „Beiträgen zur vaterländischen Geschichte" XI. Bd. Basel
1882. 8⁰. S. 294 und 318. — Wieweit die Angabe v. Murr's begründet
ist und aus welcher Quelle er sie geschöpft (aus persönlichen Erkundigungen
in Basel?), vermögen wir nicht zu sagen. Eine anderweitige Angabe darüber
wussten wir bisher nicht zu finden. In Basel selbst besteht, soweit wir ergründen konnten, keine Kunde mehr davon.

eines Sonntags in der Frühe ein Schmähgedicht auf **Hohenheim** angeschlagen worden, und das gibt dem Beleidigten Anlass, unter Beifügung des Corpus delicti an den Magistrat folgende geharnischte Eingabe zu richten:

Strengen edlen vesten ersamen fúrsichtigen wysen gúnstigen gnedigen min herren. in onlidlicher můg tratzung a) und mercklichem trang gepúrt dem lidenden sin oberkheit, die im gůts zethůndt pflichtig und schuldig ist, umb schirm rhat und hilff anzerůffen und mir als euwerm st. e. w. angenommen stattartzet not, euch min gnedig herren anzezeigen das einer uff sontag nechstverschinen b) wider mich nochteilige schmach und schandtverß under einem erdichten nammen an die thůmbkirchen, zů S. Martin, zů S. Peter, und an die núwen búrß frůg vor tag angeschlagen, welchen zedeln so angeschlagen mir darnach einer zů handen und ze verlesen worden, den ich e. s. e. w. hie by ligendt wie er angeschlagen zůstellen, zů besichtigen verhören und beraten das mir solche schmachverß nachteilig ze liden noch ze dulden nit muglich sind, dann derglichen und andere mer schmachwort und schand mir manigmal von solchen ettlichen minen auditoribus, die sich under ougen gegen mir frúntlich und zů ruck findtlich (als ich nun mercken mag) erzeigen, zůgelegt haben, welches ich alles umb fridens willen bißhar onverantwurt stillschwigendt hin hab lassen gan. dwyl nun aber dieser künstler sich beflissen under einem erdichten und nit under sinem eignen nammen hat bedörffen soliche schmachverß wider mich anzeschlahen und angeschlagen, hab ich uff söllichs uß gůter kundtschafft und erfarenheit sovil befunden, das man zů gůtem theil byleuffig uß disen solichen worten (so er mir zů schmach brucht in sinen versen, welche wort

a) Neckerei, Feindseligkeit, Beschwerniss. b) letztvergangen.

3

ich teglichen mit minem mund ußsprich und interpretiern) vermercken khan, das der uß minen teglichen geflissnen auditoribus und uffmerckern einer ist, dann ich vorlangst gespúrt, das ich ettliche auditores habe, die andere doctores der artzny wider mich ze schriben und ze schmächen anreitzend anstifftend und antastend. Darumb strengen edlen vesten ersamen fúrsichtigen wisen gnedigen min herren ist diß min endtlich forderung und beger e. s. e. w. welle uß solchen vorerzalten ursachen (dwyl uß denselben sich wol erscheint, das semliche schmachverß einer uß minen auditoribus gemacht hat) alle mine auditores für euch berůffen und inen die schmachverß fúrhalten und dardurch erfaren welcher under inen der sige, so sóliche geschriben angeschlagen und uff mich gelegt habe, und demnach mit demselbigen der massen wie sich gepúrt handlen . dann so ir min gnedig herren mir darvor nit sin wurden, und ich witer geursacht e. s. e. w. anzerůffen oder villicht uß hitzigem gemůt ettwas anfienge ungeschickts und hinfürter mer getratzet[a] solte werden, wëre mir mit keinem fůgen von den euwern ze liden noch múglich ze gedulden. solichs ich e. s. e. w. hiemit anzeigt haben will, welcher ich mich mit underthenigkeit gehorsamcklichen bevilch.

E. S. E. W.

ghorsamer undertheniger

Theophrastus von Hohenheim
der artzny doctor stattartzt.

---

[a] gereizt, geneckt.

Das beiliegende Exemplar des Schmähgedichtes ist sauber geschrieben und lautet:

Manes Galeni adversus Theophrastum,
sed potius Cacophrastum.

Audi qui nostrae laedis praeconia famae,
    Et tibi sum rhetor, sum modo mentis inops,
Et dicor nullas tenuisse Machaonis artes,
    Si tenui, expertas abstinuisse manus.
Quis feret haec? viles quod nunquam novimus herbas
    Allia nec cepas. novimus helleborum.
Helleborum cuius capiti male gramina sano
    Mitto, simul totas imprecor anticyras.
Quid tua sint fateor spagyrica sompnia, Vappa,
    Nescio, quid sit ares, quidve sit yliadus,
Quidve sit Essatum et sacrum inviolabile Taphneus,
    Et tuus Archaeus, conditor omnigenus.
Tot nec tanta tulit portentosa Africa monstra,
    Et mecum rabida prelia voce geris?
Si iuvat infestis mecum concurrere telis,

VENDELINVS
maior Theophrasto. Cur Vendelino turpia terga dabas?
Dispeream si tu Hippocrati portare matellam
    Dignus es, aut porcos pascere, Vappa, meos.
Quid te furtivis iactas cornicula pennis?
    Sed tua habet falsas gloria parva moras,
Quid legeres? stupido deerant aliena palato
    Verba et furtivum destituebat opus.
Quid faceres demens, palam intus et in cute notus,
    Consilium laqueo nectere colla fuit.
Sed vivamus, ait, nostrum mutemus asylum,
    Impostura nocet, sed nova techna subit,
Jamque novas MACRO cur non faciemus Athenas?
    Nondum auditorium rustica turba sapit.

Plura vetant Stygiae me tecum dicere leges,
Decoquat haec interim, lector amice vale!
Ex inferis.

Staatsarchiv Basel Stadt. St. 73. D. 18.

[Gleichfalls nach einer durch Herrn Staatsarchivar
Dr. Wackernagel beglaubigten Copie.]

Also diese an einigen für die Baseler gelehrte Welt frequenten Punkten der Stadt angeschlagenen Schmachverse waren Hohenheim hinterbracht worden. In seinem Zorne wendet sich der so öffentlich Angegriffene an den Magistrat, damit dieser die Sache in die Hand nehme und untersuche. Denn so was ruhig hinzunehmen, sei nicht möglich, jedenfalls sei er dazu absolut nicht geneigt.

Schon mehrfach seien dergleichen „Schmachwort und Schand" ihm von etlichen seiner Hörer angehängt worden, welche ihm Freundlichkeit in's Gesicht heuchelten und ihm hinterrücks Schaden zufügen wollten.

Um des lieben Friedens willen habe er das bisher stillschweigend hingehen lassen; da aber nun dieser „Künstler", durch ein Pseudonym gedeckt, öffentlich mit solchen Schmachversen hervortrete, habe er Erkundigungen eingezogen und erkannt (wie ja auch aus den im Gedicht spottweise angeführten, von ihm selbst täglich in seinen Vorlesungen gebrauchten und erläuterten terminis technicis zu ersehen sei), dass unter seinen Zuhörern sich angestiftete Aufpasser der andern Baseler „Doctores der Artzny" befänden, welche von diesen saubern Collegen veranlasst würden, schriftlich und mündlich Schmähungen gegen ihn auszustreuen. — Auch das vorliegende Schmähgedicht stamme sicher aus derselben unlauteren Quelle.

Man sieht, wie die unversöhnlichen Gegner aus der facultas medica nicht abliessen, dem verhassten Gegner, dem unbequemen Neuerer, welchem zu ihrem Aerger so manche gute Cur gelang, das Leben sauer zu machen.

Nähere Details über diese Clique von Pasquillanten sind uns nicht zugekommen*). Nur eine Notiz ist uns von Hohenheim selber

---

*) Eine Stelle aus der ersten Colmarer Schrift, welche die Schaar der Verleumder und Beschimpfer schildert und darunter besonders drei abgefallene Schüler

erhalten. Wir vermuthen nämlich, dass unter die von Hohenheim erwähnten, früher verbreiteten schmähenden Schriftstücke auch ein bis
heute leider noch nicht wieder aufgefundenes Pamphlet gehört, das er
in der wahrscheinlich 1526 verfassten und nachweislich einem Colleg
zu Grunde gelegten Schrift „De gradibus et compositionibus receptorum
et naturalium"*) am Ende des 7. Buches erwähnt, das Büchlein betitelt „Laudanum sanctum".

Die Stelle, wo Hohenheim dies Schriftstück erwähnt, lautet
[Huser's 4º-Ed. der „Bücher und Schrifften" H.'s Bd. VII. S. 60;
Fol.-Ed. 1. S. 976]:

„Ego enimvero arbitror, ac vere etiam affirmare ausim, alios, qui adversus me libellum, cui Laudanum Sanctum Titulus est,
conscripserunt, nec semetipsos quidem intellexisse, nec eos a quibus

---

hervorhebt, die ihn hundertfach gelästert hätten, „als wäre Galenus da",
haben wir schon S. 22/23 Anmerkung in extenso mitgetheilt. Sollten grade
diese drei Apostaten auch die Verfasser des Schmähgedichtes sein? Dann
wären die Worte „als wäre Galenus da" durch die Adresse des Pasquills
vollkommen erklärt.

*) Vergl. Heft I. S. 58. Hohenheim brachte dies Buch wohl im wesentlichen
vollendet Ende 1526 nach Basel mit. Es gehört zweifellos zu den „libri",
welche er seinen Vorlesungen zu Grunde legte. Er hat dasselbe dem
Züricher Arzte Christoph Clauser gewidmet, „Basileae quarto Idus Novembris,
Anno XXVI". Diese Jahrzahl findet sich in allen Drucken des Dedications-
briefes vom frühesten Drucke an (Mook Nr. 26, 65, 245 u. s. w.), wir können
uns in Folge dessen nicht bereit finden lassen, wie Adelung (a.a.O.S.236)
auf vage Wahrscheinlichkeiten hin es thun möchte, die Jahrzahl in 1527
zu ändern, selbst heute nicht, wo wir doch wegen des Datums der Eintragung
Hohenheims in das Strassburger Bürgerbuch (vgl. S.3 u. 5) einige Schwierigkeiten fanden, den überlieferten Daten gerecht zu werden. — Damit ist jedoch
nicht gesagt, dass das „Laudanum sanctum" auch vor den November 1526
fallen müsste; denn die betreffende Stelle mag später als Epilog dem ganzen
Werke hinzugefügt worden sein. Angeblich soll das lateinische Gewand
dieser Schrift ganz von Joh. Oporinus herrühren, auch Huser huldigt
dieser Annahme. Sie scheint uns aber keineswegs bewiesen, zumal Huser
selbst nur zu Buch VI und VII das Autogramm dieses Amanuensis benutzen
konnte. Wahrscheinlich hat Oporinus, der erst 1527 zu Paracelsus als
Famulus kam, eben nur diese zwei letzten Bücher übersetzt, während das
Latein der fünf ersten Bücher von Hohenheim selbst herstammt. Das reiche
Material, welches in verschiedenen, theilweise recht umfangreichen Fragmenten
und Bearbeitungen dieser wichtigen Schrift existirt, bedarf einmal einer eingehenden Bearbeitung, bei welcher auch die hier aufgeworfene Frage ihre Erledigung finden muss.

ipsi suo tempore acceperunt universa. Qui cum in me suis gerris debacchati sint (id quod risu plane, quod aiunt, Syracusio *) excipio, tantum abest, ut me male habeat) probe iam cum libellum meum, tum etiam universum medicinae meae fundamentum, non expugnatum modo ac laceratum, verum etiam penitus eversum autumant, et me quoque omnino iam oppressum sibi pessime persuadent, haud cogitantes, interim et se et eos, a quibus ipsi sunt edocti, quibusque imprimis innituntur, a me dudum antea superatos. Tametsi inter alia praecipuum hoc et summum est eorum adversus me argumentum: Sensisse ita Veteres: Veteres ita scripsisse. Quam quidem Veterum autoritatem non modo non magnifacio, sed etiam rem ipsam potius probe excutiendam, atque ipsa quoque scripta, cuiusmodi in seipsis sunt, exacte discutienda censeo. Et in hanc sententiam, tum ipsis tum ipsorum Asseclis responsum volumus, planeque persuasum habemus, non ipsos modo, verum universos etiam suos conatus, quoniam nauci sunt, instar nivis, quae pridem fuit pridemque desiit, in nihilum abituros "**).

Das Pasquill „vom heiligen Laudanum" (dessen Titel selbstverständlich ironisch gemeint ist und dessen Inhalt sich natürlich, wie alle Schriften gegen Hohenheim, nur auf die Autorität der Alten berief, eine Berufung, welche als vollgültiger Beweis gegen neue Naturbeobachtungen uns heute nur schwer verständlich erscheint) ***)

---

*) So übersetzte offenbar O p o r i n u s, der vielgewandte Philologe, die deutschen Worte Hohenheims (s. die folgende Anmerk.); Philologen mögen entscheiden, ob die Humanistengelehrsamkeit hier das Richtige getroffen hat.

**) Wir geben auch den zufällig erhaltenen deutschen Originaltext dieser Stelle [4⁰-Ed. VII. S. 389; Fol.-Ed. I. S. 996]: „Dieselbigen so wieder mich geschrieben haben (deß ich billicher lach dann grein) vermeinendt, sie haben mir mein Libel vnnd Fundament der Medicin groß geschmecht vnd geschendt, vnnd mich gar vndertruckt: Haben nicht betracht, das sie vnnd die sie gelernet haben, vnd darauff sie gründen vnnd lenden, von mir vberwunden seindt worden. Nachfolgendt aber ist jhr höchste Prob gewesen wieder mich, vnnd Allegierung, die Alten, die Alten habens also geschrieben. Auff welches Alter ich nichts hallt, sondern auff den Grundt vnnd geschrifft, wie sie an jhr selbst seindt: Vnnd will jhnen vnd jhrem Anhangt hiermit geantwortet haben, vnnd acht darbey, sie werden erlöschen, vnnd schmiltzen mit dem vernigen Schnee."

***) Noch hundert Jahre später kann der Altdorfer Professor Ernst S o n e r sich von diesem Standpunkt der vollgültigen Autorität der alten Aerzte absolut

ist, soviel wir sehen, nirgends beachtet worden; man hat, wie über so vieles andere, auch darüber hinweg gelesen, obwohl über das berühmteste Heilmittel Hohenheims, das er Laudanum benannte, wahrlich oft genug hergezogen worden ist.

Der einzige Jacques Gohory erwähnt diese Spottschrift in seinem ‚Compendium', das er unter dem Pseudonym „Leo Suavius. J. P. G." 1567 in Paris herausgab (S. Heft I. S. 33). Er sagt darüber (Baseler Ausgabe 1568 pag. 244):

„De laudano tantùm hic dicam librum fuisse conscriptum ab inuidis aduersus Paracelsum, cui titulum indiderunt, Laudanum

---

nicht frei machen. Alle seine Widerlegungen in der „Oratio de Theophrasto Paracelso, ejusque perniciosa Medicina" basiren nur auf der Unvereinbarkeit Hohenheim'scher Anschauungen mit den geheiligten Sätzen der antiken Weisheit. Dass Naturanschauungen nur aus eigenen Beobachtungen der Natur und Experimente widerlegt werden können, davon ist auch 1610 noch keine Rede bei dem „Galenisten"; von eigenen „Entdeckungen" eines selbständig denkenden Forschers ahnt ihm nicht einmal die Möglichkeit. Köstlich ist es z. B., wie es Soner absolut nicht in den Kopf will, dass Hohenheim aus sich selbst heraus, durch Beobachtung der Destillations- und Verbrennungsvorgänge veranlasst, den 2 „Principien" früherer Chemiker („Mercurius" und „Sulphur") das „Sal" als drittes hinzufügte und wie er sich in Folge dessen plagt, irgendwo einen Autor zu finden, der Hohenheims „Quelle" gewesen sein könnte, und endlich auf den Epicur verfällt („ei enim anima fert pro sale"). — Alle früheren (und noch viele spätere) Widerlegungen Hohenheims basiren auf diesem Standpunkt. Darum konnten sich die Anhänger der eigenen Naturbeobachtung, begründet durch Paracelsus, und der bloss dialectischen Durchforschung und Durcharbeitung der überlieferten Weisheit der Alten nie verstehen, geschweige auseinandersetzen. Der heutige Leser gewinnt unwillkürlich den Eindruck, als wenn die beiden Lager, wie beim Thurmbau zu Babel, verschiedene Sprachen redeten und darum ein gegenseitiges Verstehen unmöglich sei (vergl. Heft I. S. 76 u. 77).

Eine schöne Illustration für die absolute Abkehrung des vollständig verknöcherten Galenismus von eigener Natur- und Krankenbeobachtung findet sich noch bei dem Nachfolger Soners, dem Professor Physices zu Altorf Wolfgang Waldung († 1621), wenn derselbe in seiner „Medicina se ipsam discrucians suamque calamitatem deplorans . . ." [Altdorfi 1613. 4⁰. S. B₁"] die Frau Medicina klagen lässt über die „insana quorundam vox, qua medicinam non in scholis & theoria consistere, sed in suo usu & exercitatione. in nosodochiis, & ad lectos aegrotantium quaerendam esse clamitant". Es galt also dem Herrn Professor das Verlangen klar Blickender nach practischer Belehrung am Krankenbette, nach klinischem Unterricht, als eine schädliche, verwerfliche Ketzerei!

sanctum: in quo nouam illius in medendi arte methodum crimi-
nabantur, soli autoritatis veterum fundamento inniri, quae [quas]
ipse calumnias facilè elusit. Laudanum autem erat inter precipua
Paracelsi arcana."

Doch scheint G o h o r y auch nur durch die angeführte Stelle in
„De gradibus" davon zu wissen*); es ist ja auch sehr fraglich, ob
dies Pasquill im Druck erschienen war oder nur handschriftlich in dem
Baseler Interessentenkreise, für dessen Erbauung es geschrieben war,
cursirte. Dem Verlästerten selbst hatte man wohl schadenfroh eine
Copie dieser wahrscheinlich ersten Streitschrift gegen die neue Lehr-
und Heilmethode ins Haus gesandt. Es liefert zugleich den Beweis,
dass es ebenfalls die neuen M i t t e l waren, gegen welche der Widerspruch der mittelalterlichen Aerzte sich richtete. — —

Dieses „Famos-Libell" (wie man damals solche invectorischen
Flugschriften zu nennen liebte) mag also vermuthlich zu den Schmäh-
schriften gehören, welche H o h e n h e i m im Sinne hat, wenn er dem
Rath der Stadt in unserm Actenstücke berichtet, dass etliche Zuhörer
im Verein mit den feindlichen Doctoren der Facultät und im Auftrage derselben sich herausnahmen, „wider ihn zu schreiben und zu
schmähen" **).

Er hatte bisher diese jedenfalls recht derben Neckereien seiner
Widersacher mit Lachen aufgenommen, diesmal aber bei dem an den
Kirchthüren angeschlagenen unflätigen und mehr als rohen „Schand-
poëm" hat ihn im ersten Zorne diese Ruhe der Verachtung verlassen.

Er stellt an den Magistrat von Basel das etwas wunderliche,
aber für einen mit eigenen Gedanken und Ausarbeitungen so dauernd
Beschäftigten ebenso leicht erklärliche Ansinnen, derselbe möge alle
Hörer der H o h e n h e i m'schen Collegien vor sich entbieten und ihnen

---

*) Michael T o x i t e s nennt diese Streitschrift danach auch in den „Onomastica.
II." Argentorati 1574. 8⁰. S. 451 in dem Artikel über Laudanum.

**) Wenn H o h e n h e i m im Juni 1528 in einer Colmarer Schrift sagt: „Bewegt
mich darzu die Wolsche Zungen, die wider mich haben lassen aufgehn, ich
sey kein Artzt, dieweil ich leugne der Schelmen [Schulen?] Anatomey zu
sein ein grundt eines jeglichen Artzts" [Chir. B. u. Schr. Fol.-Ed. S. 250₂],
so ist dabei nicht an eine besondere Schrift gegen Hohenheim zu denken,
sondern an irgend eine gelegentliche Polemik eines Zeitgenossen in einer
grösseren Schrift irgend welcher Art, die wir leider bis heute nicht nachweisen können, vielleicht auch an eine Aeusserung in einem Colleg.

die „Schmachverse" vorhalten; dann würde der Thäter offenbar werden und nach Gebühr bestraft werden können.

Stehe ihm der Senat diesmal nicht mit seiner Strafgewalt zur Seite, so fährt Hohenheim dann drohend fort, und sollte er demnach abermals durch derartige Invectiven gezwungen sein, des Senats Hülfe anzurufen — oder sollte er gar in seiner hitzigen Gemüthsart zu unbesonnenen Schritten sich hinreissen lassen — so falle dem Senat die Verantwortung dafür zu. Er sei nicht imstande hinfürder ungesühnt weitere derartige Anfeindungen zu ertragen.

Man merkt es den Worten und der Satzbildung an, wie der kleine heissblütige Mann seinen aufkochenden Zorn nur mit Mühe meistert und sich äusserste Gewalt anthut, nicht selber in Schmähungen auszubrechen. Sehr bezeichnend ist die Wendung „oder villicht uß hitzigem gemüt ettwas anfienge ungeschickts". Er war sich seiner so vielfach bewiesenen und getadelten Heftigkeit und rasch übersprudelnden Rede wohl bewusst; er fürchtet sich vor seiner eigenen Leidenschaftlichkeit und will sich die Verantwortlichkeit für alles Weitere durch magistratliche Omnipotenz vom Halse schaffen. Das Maass der Kränkungen sowohl, wie seiner Kraft, sie ohne die Fassung zu verlieren zu ertragen, ist zum Ueberlaufen voll — und als dann später bei dem Process mit dem knauserigen Domherrn Cornelius von Lichtenfels das Votum der Richter gegen ihn ausfiel, riss ihm die Geduld — er vergass die Verpflichtung des gleichmässigen Gelassenseins, wie sie dem Bahnbrecher neuer reformatorischer Gedanken kleinen misslichen Aeusserlichkeiten des Lebens gegenüber geziemt hätte, und liess seinem leidenschaftlichen Temperamente nur zu frei die Zügel schiessen. Dass es so kommen könne, hatte er aber schon Monate lang vorher gefühlt, wie unser Actenstück zeigt.

In späteren Jahren freilich hat er auch über diese scurrile Anzapfung mit dem Kirchthürenpasquill die Ueberhebung des „syracusischen Gelächters" wieder erlangt; denn er macht sich über den ihm in diesem Poëm wahrscheinlich zum ersten Male beigelegten Schimpfnamen „Cacophrastus" vielfach in seiner ironischen Weise lustig *).

*) Der Taufname Hohenheims (so nennt er ihn deutlich genug!) wurde von späteren Gegnern noch öfters verdreht; z. B. Bartholom. Reussner, Physicus in Zittau, nennt ihn mit geringem Witz „Pseudophrastus" in: „Ein kurtze Erklerung vnd Christliche widerlegung, Der vnerhörten Gottes-

Ein deutlicher Hinweis auf unsern poetischen Sendbrief des Galen
aus der Unterwelt findet sich in der kaum drei Jahre nach der ver-
unglückten Baseler Professur geschriebenen Vorrede zu dem Paragranum, wo er nach weidlich spottender Verwendung des κακός in
‚Cacoplinius‘, ‚Cacoaristoteles etc. etc. so fortfährt [4⁰-Ed. Bd. II. S. 11;
Fol.-Ed. I. S. 200]:

„O eweres armen Galeni Seel, wer er untödtlich [d. h. unsterblich]
bliben in der Artzney, so weren seine Manes nit in den abgrundt
der Hellen vergraben worden, darauß er mir geschriben
hatt, des Datum in der Hellen standt [cf. das „Ex
Inferis" als Datirung des Schmähgedichts]. Ich hett nicht ver-
meinet. dass der Fürst der Artzten dem Teuffel" u. s. w. „Solt
das ein Fürst der Artzney sein, vnnd die Artzney auff ihm stehn?"*)

---

lesterungen vnd Lügen, welche Paracelsus in den dreyen Büchern Philosophie
ad Athenienses hat wider Gott, sein Wort vnd die löbliche Kunst der Artzney
außgeschüttet. . Gedruckt zu Gorlitz, durch Ambrosium Fritsch. 1570ᵃ. 8⁰. [68Bll.]
— Sonderbarerweise hat man ihm diesen Taufnamen Theophrastus zum Vorwurf gemacht, der doch allein seinem Vater zu Schulden kommen konnte;
niemand hat aber darin etwas gefunden, dass Paracelsus selbst von sich sagt,
dass er nicht blos Taufs- sondern auch Artshalber so heisse. Er billigte
damit die Bestimmung seiner Eltern und verwies nicht ohne gerechten Stolz
auf die ihm verliehenen Gaben, die er nicht unter den Scheffel stellte in
seinem ganzen Leben. — Dass Wilhelm von Hohenheim seinen Sohn
Theophrastus nannte, lässt einen Rückschluss auf seine eigene innige
Beschäftigung mit den Naturwissenschaften zu; speciell die Werke des Eresiers
standen gewiss bei ihm in hohem Ansehen. Zu beachten ist auch die Stellung
des Vaters zur katholischen Namengebung, welche keinen Theophrastus
kannte; desto mehr kennt diesen Namen die Naturwissenschaft, die zu dem
Tyrtamus Theophrastus, dem berühmtesten Schüler des Aristoteles, in
unserem Schweizer einen Aureolus Theophrastus erhielt, wie er sich
selber ersterem gegenüber nennt [4⁰-Ed. II. S. 25; Fol.-Ed. I. S. 206ₐ].

*) Eine andere Stelle ist hier noch zu erwähnen, welche sich in einer höchst
wahrscheinlich untergeschobenen Schrift, dem „Thesaurus Thesaurorum
Alchimistarum", findet und recht wohl nach dem Muster obiger Stelle
aus dem Paragranum fabricirt sein kann. Dieselbe lautet [4⁰-Ed.
Bd. VI. S. 399; Fol.-Ed. I. S. 935ₐ]: „Hetten deine Artisten den Fürsten
Galenum (also nennen sie jhn) in der Hellen gewist, darauß er mir
geschriben hat, so hettents sich mit dem Fuchsschwantz gesegnet.
Deßgleichen Auicennam in der Porten der Vorhell, mit dem ich Disputiert
hab . . ." — Diese ironisirenden Stellen haben vielfach in früheren Jahr-
hunderten Anstoss erregt und sind als Beweis der furchtbaren „Gottlosigkeit"
Hohenheims mitverwerthet worden. Dem Baseler Professor der Medicin
Emmanuel Stupanus z. B. stehen vor Entsetzen darüber die Haare zu Berge

Diese ganze erzderbe Stelle, die wir ebendeshalb hier nicht vollständig wiedergeben mögen (so wenig wie eine deutsche Uebersetzung
des schmutzigen „Schandpoëms"), gewinnt sogar erst jetzt ihren richtigen Sinn und ihre grimmige Pointe durch die Auffindung des
Schmähgedichtes seiner Feinde, denen er so mit beissendstem Spott
den gegen ihn geschmiedeten Spiess in's Antlitz schleudert und ihren
Hohn doppelt und dreifach zurückzahlt!

Kann man es einem Manne aus der ersten Hälfte des 16. saec.
verübeln, wenn er, in frivolster Weise angegriffen, mit auserwählter
Grobheit sich wehrt? „Es möcht ein Turteltaub zornig werden mit
solchen lausigen zotten", sagt er ein andermal*) bei heftigen

---

in seinem famosen „Praeloquium ... Pro Antiquiss. Hippocr. Medic. Arsenic.
Bombast. adversum Suffitus . . . d. XX. Mart. Anno CIƆIƆCXX. Habitum ..
.. Basil. Typis Joh. Jacobi Genathii". 4⁰. pag. B₁ʳ. Er klagt: „Heu summam
impietatem! . . . in Thesaur. Alchymist. jactitat sese litteras, à Galeno, ex
inferno accepisse.." Falls Hohenheim bei dieser Stelle im Paragranum (und
im Thesaurus) an das Baseler Spottgedicht gedacht hat (und das scheint
uns evident), so gibt dieselbe in ihrer Ironie zu so extremen Vorwürfen natürlich noch weniger Anlass, als sie, auch abgesehen davon, nach unseren
heutigen Anschauungen schon ohnehin nicht bietet. — Michéa (Gazette
médicale de Paris, 1842, Nr. 20 S. 311) hielt den Spott über den Brief des
Galen aus der Hölle für eine Hallucination und sah darin eine „manifestation
positive de la folie". Wie manche Stelle aus Paracelsischen Schriften mag
uns gleich diesen nur darum so befremdlich erscheinen, weil wir ihre ganz
concreten Beziehungen nicht mehr kennen, welche allein ein Verständniss
ermöglichen!! — —

   In dem Baseler Spottgedicht und Hohenheims Anspielungen darauf
findet wohl auch folgende „fabula perquam lepida" ihre historische Grundlage,
welche Thomas Lieber (Erastus) in seiner „Disputationum De Nova
Philippi Paracelsi Medicina Pars Altera" Basel 1572. 4⁰. pag. 19 erzählt:
„Paracelsum dicunt Galeno apud inferos commoranti per spiritum seu diabolum
medicos aliquot libellos suos misisse, atque per literas orasse, vt perlectis
libellis indicaret, vtra medicina sanior iudicanda sit. Paracelsicá ne an Galenica?
Galenum porrò spiritui internuncio responsum hoc dictauisse, se post lectos
libellos Paracelsicam medicinam probare, suam verò damnare, vt quae ruitura
sit, illa tanquam vera remanente."

*) In der 6. „Defension"; 4⁰-Ed. II. Bd. S. 184; Fol-Ed. I. S. 261c. In der ganz
besonders schneidigen Vorrede zum Paragranum sagt der soviel Geschmähte
gradezu; „wil ich euch Auditores vnnd Läser ermanet haben, mir keinen Vor-
red iu kein hochmut zu vrtheylen, noch in ein Martialische arth, sondern
gleich zu gleichem verordnet", er wehrt sich also nach so tausendfachen
Angriffen einfach seiner Haut und zahlt nur mit gleicher Münze heim. In
höchst naiver Weise entschuldigt er sich dann selbst wegen dieser derben

Schmähungen — und er war keine Turteltaube, sondern ein heiss-
blütiger .Mann. Fast alle seine berühmt gewordenen erzgroben Aus-
lassungen gehen auf die Baseler Ereignisse, sind Antworten auf die
ihm dort in den Weg geworfenen, sein endloses Lebensunglück herauf-
beschwörenden Schandworte und Gemeinheiten.

Und so fallen denn all die gehässigen Aussprüche, welche fast
sämmtliche Schriftsteller der seitdem verflossenen Jahrhunderte wegen
seiner rohen und schmutzigen Sprache — allen voran seine Landsleute,
wie der Gottesgelehrte Heinrich Bullinger, der Heidelberger
Medicin-Professor Thomas Erastus und der ehrsame hannover'sche
Leibarzt (friedericianischen Angedenkens!) Joh. Georg Zimmermann.
der die schimpflichen Briefworte des ersteren deutsch aufwärmte, ohne
seine Quelle bei Erast zu nennen — auf Hohenheim gehäuft
haben, auf den oder die Verfasser des Baseler Pasquills und seine
Vorläufer (und vielleicht auch Nachfolger?) zurück, das an Grobheit
und Unflätigkeit, wenn auch in lateinischer Diction, in erster Reihe
schon kaum Glaubliches leistete gegen einen Mann, der in dieser Zeit
tiefsten Verfalls in Wissen und Sitte nichts als Förderung seiner
Wissenschaft und Kunst in logischer, ethischer und socialer Richtung
anstrebte!! — — —

So derb Hohenheim sich ausdrücken konnte, so findet sich
doch auch eine andere gleichfalls wahrscheinlich im Jahre 1529/30
geschriebene Stelle (cfr. Heft I. S. 46/47), in welcher er würdigere
Antwort auf diese und gleichlautende Lästerungen ertheilt [4⁰-Ed.
Bd. V. S. 133 f.; Fol.-Ed. I. S. 131]:

„Auß vrsachen wie sich Basileae begeben hatt, das ich in solchen.
billichen ein newe Theorick vnnd Philosophey vnnd anders angefangen hab, einzuführen: Nemmlich den Yliadum, Archeum, vnd
was dann auß dem Essaten verstanden mag werden, mit halb oder
weniger Declarierung entplöst seindt*). Die so sich selbst so

---

Gegenreden in der Dedicationsschrift an die Stände von Kärnten, so ethisch
wie nur möglich.

*) d. h. „nur halb oder noch weniger von mir offen dargelegt sind". Man ver-
gleiche dazu folgende Stelle in der Vorrede zu „de Caduco Matricis": „Nuhn
hab ich zu Basel vom Caduco [i. e. Epilepsie] gelesen: Aber nach dem vnd
dieselbige zeit die Auditores warendt: Anderst vnnd anderst wer gelesen
worden, so ich ander vnd ander Auditores gehabt hett" [4⁰-Ed. IV. S. 366;
Fol.-Ed. I. S. 608ₐ]. Ganz enthüllt hat er seine Lehre den Baseler

Witzig vnnd Hochuerstendig, Platonisch oder Indisch [?] einge-
trungen: Einer vermeint sich selbst darinn herfür zubrechen, vnd
sich selbst Theophrastum nennen, vnnd mich Cacophrastum: Ein
ander vermeint, ich stiell mein arbeit, deren keine nie an tag
gesein ist, noch heut den morgen*) .... Dieselben aber mein
Aemuli auß jhrem grossen Hochmut, dardurch sie mich zu verachten vnterstunden: Einer hielt mich für Taub**), dem andern
war ich ein Nig[ec]romantist***), vnd wz sie mehr mochten auß
dem Magischen erdencken, mich zuverletzen, antasten: Allein auß
der vrsachen, das sie vermeinten, sie hetten alle mein Inuentiones
erfahren, vnnd wolten jhnen selbst Ehr einlegen, vnnd mir mein
Tauffnammen Theophrastum nemmen, vnnd auß mir Cacophrastum
machen: Darzu vrsacht sie der Dieb vnnd Schalck, der jhnen hin-
dern Ohren sass:".....

Wenn das auch nicht gerade alles auf das Schmähgedicht geht,
so geht es doch auf die Baseler Zeit Hohenheims; von der Maul-
wurfsarbeit seiner zünftigen Gegner ist uns eben nur dies eine Blatt,
das Pasquill, erhalten; von ihm aus müssen wir auf das Weitere
schliessen. Wenn auch nicht alle Angriffe gleich unflätig gewesen sein
werden, so ist doch der Geist der zünftigen Coterie daraus klar zu
erkennen. Die Vorwürfe waren immer dieselben und blieben es in in-
finitum, so dass aus Paracelsus der Prügelknabe von Jahrhunderten
wurde, welchem jeder, der etwas auf sich und seinen Galen (später

Schülern noch nicht, weil sie ihm nicht reif dafür schienen. Gemeint ist
mit der Baseler Vorlesung der Liber III. Paragraphorum de Caducis [4º-Ed.
III. S. 371—379; Fol.-Ed. I. S. 456—460].
*) d. h. „auch bis zum heutigen Morgen nicht". Die Palthen'sche lateinische
Uebersetzung sagt: „vel nedum hoc mane" [Vol. I. p. 281. Francof. 1603. 4º;
ebenso ihr Nachdrucker Bitiskius, Genevae 1658, Fol. Vol. I. p. 165].
**) toll, närrisch („maniacum", Palthen l. c.).
***) Wie wir unten sehen werden (Abschnitt 2) ist Lorenz Fries „der andere",
der ihn zum Necromantisten stempeln will. Wir würden heute „Spiritist"
sagen. Der Spiritismus unserer Tage sucht sich auch Hohenheims als
Vertreter seiner Lehre zu bemächtigen. Diese neuesten Verunglimpfer unseres
Arztes müssen zu untergeschobenen Schriften greifen, um diesen Wahn zu
hegen und den Gläubigen als Quellenstudium vorzuführen. — Ein wirklich
reines, wahrheitsgetreues Bild des Reformators hat ja bisher noch kein Jahrhundert seit ihm geduldet, Verzerrungen desto mehr. Dazu haben stets, wie
auch zu dem grössten Theil der Schmähungen auf Hohenheim, die pseudo-
paracelsischen Schriften am stärksten herhalten müssen.

närrischer Weise auch den **Hippocrates**) hielt und dies der Welt zeigen wollte, einen derben Hieb applicirte oder seine Fusssohlen zu kosten gab.

Doch auch dem Gedichte selbst dient die angeführte Stelle mehrfach zur Erklärung: so dem ,Cacophrastus' (über den sich noch ganze Reihen anderer Stellen zur Beleuchtung anführen liessen), den fremdartigen Ausdrücken und dem gegen Ende des Gedichtes erhobenen Vorwurf des literarischen Diebstahles *), der ja absolut grundlos war, worauf hier einzugehen nicht nöthig ist, zumal wir schon im ersten Hefte dieser Forschungen auf die rastlose Thätigkeit des Vielgeschmähten hinweisen konnten und vielleicht noch bei anderer Gelegenheit diese Frage weiter erörtern müssen.

Die im Anfange des Gedichtes erwähnten tadelnden Aeusserungen **Hohenheims** über **Galen** beruhen auf Wahrheit und kehren so häufig wieder, dass eine Anführung von Belegstellen überflüssig erscheint. Schliesslich beruht ja die ganze Neuerung **Hohenheims** auf dem Abthun des griechischen Systematikers, bei dem die gesammte ärztliche Welt des Mittelalters in tiefem Schlaf verzaubert lag und eben langsam durch den Einfluss einzelner Hippokratiker wieder zu erwachen begann, als der naturwüchsige Neuerer in all seinem Ungestüm auf das vermorschte Gerümpel, das seine einstige Rolle ausgespielt hatte, mit wuchtigen Hieben losschlug. Es würde allerdings eine mächtige Lücke in unserer Wissenschaft entstanden sein, wäre es ihm, so wie er wollte, gelungen mit dem Umsturze alles Bestehenden.

„Zwiebel und Knoblauch" werden von **Theophrast** in den „Scholien zu den **Poemata Macri de Virtutibus Herbarum**", welche wahrscheinlich auch eines seiner Baseler Collegien bildeten, allerdings besprochen **), spielen aber in der Paracelsischen Therapie sonst keine Rolle.

---

*) Aufmerksam machen möchten wir hier auf die Thatsache, dass Hohenheim öfters darüber klagt, dass Baseler und auch andere Schüler Schriften veröffentlichten, worin sie bei ihm vernommene, aber nicht ganz verstandene Lehren als ihr eigenes Geistesproduct ausgaben. Man solle sich aber an seine eigenen Schriften halten, da werde man erkennen, wer der Meister und geistige Vater der Gedanken sei. Aus den Jahren 1527—'41 ist uns bis heute kein Druckwerk bekannt geworden, was dahin zu rechnen wäre. Offenbar galt aber damals noch auch handschriftlich Verbreitetes als „veröffentlicht" („ausgangen").

**) Bd. VII. der Quartausgabe S. 244 u. 275 [Fol.-Ed. I. S. 1074 u. 1087].

Der Vorwurf des pseudonymen „Galen". dass Hohenheim so gewöhnliche Sachen als Heilmittel empfehle, scheint auf den ersten Blick
dem Herold und Begründer der metallisch-chemischen Heilmethode
gegenüber recht schwach, ja ignorantenhaft. Aber es ist dabei zunächst
zu bedenken, dass die zeitliche Entwickelung, welche die aus ver-
schiedenartigen Quellen entspringende Therapie Hohenheims durch-
gemacht hat, sich auch in seinen Schriften abspiegelt, die nothwendig
chronologisch gelesen und durchgearbeitet sein wollen, weil man
andernfalls dem Manne absolut nicht gerecht werden kann. Weiter
ist zu berücksichtigen, dass Hohenheim offenbar hier in Basel für
Lehrzwecke sein reiches Wissen zu verwerthen begann und mit dem
Einfachsten beginnend, von den simpeln Kräutermitteln ausgehend
nach und nach in sein chemisch-therapeutisches System einführen
wollte. Der traurige Ausgang der Baseler Professur hat Hohenheims
Plan elendiglich gestört. Nachher ist fast alles Stückwerk geblieben,
weil er nie wieder als Lehrer auftrat. Drittens ist aufmerksam zu
machen auf den durchgehends von Hohenheim festgehaltenen Unterschied zwischen der auf seinen wissenschaftlichen Principien beruhenden
chemischen Therapie und den „Experimenten". d. h. rein empirisch
beobachteten und durch die Erfahrung bewährten Heilungsthatsachen,
zu denen eine theoretische Begründung nicht zu geben sei, noch sich
lohne, welche aber grosse Erfahrung, practischen Blick und Individua-
lisirungsfähigkeit, ja Intuition von Seiten des Arztes verlangen, die
sich nicht lehren lasse*). Endlich muss man nicht aus den Augen
lassen, dass Hohenheim die Masse seiner Schüler vielfach nicht für
voll nahm und ihnen die „Geheimnisse" seiner Kunst und Wissenschaft
nicht gleich von vornherein mittheilte, ja, dass er sie manchmal sogar
spottender Weise mit allerhand abspeiste, was gar nicht wirklich seine
Meinung war (wie wir dies weiter unten bei Oporinus finden werden).
Dies letztere Moment mag durch die damalige derbe Zeit eines Ulrich
von Hutten, Thomas Murner, Sebastian Brant u.s.w. verständlich
werden, jedenfalls hat man auf diese Schelmerei bei Paracelsus
und bei alchemistischen Schriftstellern überhaupt**) noch lange nicht
genug geachtet. Wir bedauern, auf all' diese hochinteressanten Fragen

---

*) Wichtig hierfür ist vor allem das 10. Buch der Colmarer Schrift „von
. frantzösischen Blatern" (Chir. B. u. Schr. Fol.-Ed. S. 300 ff.).
**) Siehe unser erstes Heft S. 87 f.

hier nicht weiter eingehen zu können, werden aber im Verfolg dieser
Schrift noch auf ein launiges Beispiel dieser Spottlust stossen.

Die Anführung des **Macer** am Ende des Gedichtes mag auch
darauf hinweisen, dass der Pasquillant ein Hohenheim'sches Colleg
über dies mittelalterliche Kräutergedicht mitangehört hatte, oder dass
mindestens die Absicht Hohenheims, ein solches Colleg zu halten, bekannt geworden war *).

Die Absicht mit der Anführung des **Helleborus** ist ohne
weiteres durch die Anspielung auf Anticyra evident; nebenbei bemerkt
ist der Helleborus und seine Präparate auch ein **Hohenheim'sches**
Mittel, dessen Bereitung sogar **Conrad Gesner** in seinem „Euonymus"
aus der darüber handelnden Paracelsischen Schrift mitzutheilen sich
herabliess.

Einiger Erörterung bedarf die Stelle über den „**Vendelinus**".

Aus der etwas unklar ausgefallenen zweiten Hälfte des Gedichtes
geht soviel hervor, dass **Theophrast** von einem gewissen **Vendelinus**,
der es mit **Galen** hielt, zu einer Disputation geladen war, die er
entweder ablehnte, oder in der er nach der Anschauung des Versifex
den kürzeren zog. Diese Disputation kann dann nicht wohl in **Basel**
stattgefunden haben; denn in den Augen des Verfassers hatte sich
Hohenheim am Orte des Wortkampfes dermassen unmöglich gemacht,

---

*) Man wolle übrigens nicht glauben, dass Paracelsus diesem unter dem Namen
des ‚Macer Floridus' laufenden Machwerk des 9. bis 10. Jahrhunderts
(vergl. Ernst H. F. Meyer, Geschichte der Botanik. 3. Band. Königsberg
1856. S. 426) einen besonders grossen Werth beigelegt habe. Im Gegentheil,
er spricht sich über dasselbe und seines Gleichen gelegentlich ziemlich ge-
ringschätzig aus, z. B. im Paragranum: „Wer will mir verargen, dass ich
den Plinium verwerff in seinen schriften... Oder wer will mir verargen,
dass ich die andern solche Scribenten, Macrum vnd seins gleichen nicht
hoch acht, oder nicht zu lesen verbeut?" [4⁰-Ed. II. S. 56; Fol.-Ed. I. 217ᴅ].
Bei Besprechung der Heilwirkungen der gewöhnlichen Kräuter (erklärt er
doch mehrfach, dass viele fremdländische pflanzliche Mittel oft ebensogut
durch gewöhnliche einheimische Mittel in ihrer Heilwirkung ersetzt werden
könnten) für ein nicht hochstehendes medicinisches Publikum mochte er für
den Anfang die Anlehnung an dieses gangbare Buch zweckmässig erachtet
haben, welches er einmal so characterisirt: „...in der Summ, es ist ein ge-
mischtes ding, Gutts vnnd Böß. Wahrs vnd Vnwahrs zusammengeflickt, vnd
darnach einem Poeten befohlen, sein arth auch darzu zulegen, damit daß
ein Pludermuß werdt". [4⁰-Ed. VII. S. 420 (vergl. auch 407); Fol.-Ed. I.
S. 1100 (u. 1095). Vergl. auch 4⁰-Ed. IV. S. 368; Fol.-Ed. I. S. 608c.]

dass er sich einen neuen Schauplatz für seine Lehrthätigkeit suchen musste, wo er noch hoffen konnte, für seine „Bauernmedicin" ein Auditorium zu finden. Vermuthen liesse sich, dass Tübingen oder Freiburg der Schauplatz dieser Disputation gewesen wäre. Es wird sich aber im Folgenden herausstellen, dass mit allergrösster Wahrscheinlichkeit Strassburg der Ort des Redekampfes gewesen ist*).

Aber, wer war denn dieser nur mit seinem Vornamen genannte Vendelinus? Offenbar eine damals renommirte Persönlichkeit. Es hat uns nicht gelingen wollen, etwa unter den damaligen Tübinger oder Freiburger Professoren einen Vendelinus zu finden, der hier gemeint sein könnte.

Es bleibt uns nur vermuthungsweise ein Mann zu nennen: **Wendelinus Hock,** von Brackenau im Württembergischen gebürtig.

Freilich hielt sich Hock meist in Italien auf, wie allgemein angegeben wird. Die Quellen über sein Leben fliessen aber sehr dürftig**). Nicht einmal Geburts- oder Todesjahr war festzustellen. Bekannt ist Hock in der Geschichte der Syphilis durch sein Werk: „Mentagra, siue tractatus de causis, preseruatiuis, regimine & cura morbi Gallici: vulgo Malafrançosz . . ." (Venet., 1502. 4°; *Argentinae, 1514 und

---

*) Disputationen mit seinen Gegnern (wie sie damals an der Tagesordnung waren) hat Hohenheim jedenfalls öfters gehalten, wie er denn auch in dem Schreiben an den Rath der Stadt Nürnberg sich dazu erbietet und auf früheres Erbieten sich beruft. „Der mangel oder zweiffel hierinn trägt, soll offentlicher Disputation mit mir eintretten, wie ich denn auch vormals, als jetzund, vrbietig geween" [Chir. B. u. Schr. Fol.-Ed. S. 680]. Dass er dies aber nur aus Lust am Wortgefecht gethan, ist eine mehrfach ausgesprochene Fabel, welche Gubler in den ‚Conférences historiques‘ Paris 1866. 8°. S. 304 auf die Spitze treibt: „Ardent à la controverse, Paracelse voyageait moins pour apprendre que pour lutter". — Von zwei Disputationen thut er selbst in köstlicher Offenheit Erwähnung in der einen Colmarer Schrift [Chir. B. u. Schr. Fol.-Ed. S. 291ᵇ]: „Vnd ob jhr schon in Dantzge oder zu Wilden auß boch etlich Sieg gegen mir erhalten haben, oder etwas triumphiert, geschach im ersten Abrennen. Die ander nachvolgende sind euch gebracht worden, aber der Burcardis, der erstickt in Astmate . . . ." Er scheut sich nicht vor dem Eingeständniss einer Niederlage in Danzig und Wilden (Wilna?), gegenüber einer aufpochenden Rechthaberei der alten Schule.

**) Das Biographische Lexicon der Aerzte erwähnt ihn in den Nachträgen, Bd. VI. S. 855; Kestner nennt ihn nicht; Eloy (1755, II. S. 52) hat eine kurze Notiz.

4

Lyon, 1529*). Um über den Werth dieses Werkes und damit des Verfassers selber zu orientiren, führen wir die folgende Stelle aus der als trefflich bekannten „Geschichte der Lustseuche" von Philipp Gabriel Hensler (Altona 1783, Bd. I. S. 69/70) in extenso hier an:

„Wendelin Hock 1502. — Hock, ein Deutscher von Geburt, aus Brackenau im Württembergischen, studirte und lebte aber in Italien zu Rom und Bononien, und gab 1502 zu Venedig sein Buch von der Mentagra heraus ... Man kan genug im Astrüc von ihm finden, der schon bemerkt, er habe viel aus dem Torella abgeschrieben. Und dessen ist sehr viel. Aus dem Almenar hat er ebenso ganze Stellen. Aber nicht blos aus diesen. Wenn man noch warm vom Lesen ist, und chronologisch gelesen hat: so ist man in diesem neuen Buche bereits allerwegen zu Hause So gings mir hier. Sachen und selbst Worte waren mir völlig bekannt. Er schneidet ganze Fetzen aus andern und näht sich seinen Rock daraus. Unter andern hat er den Pinctor stark ausgeschrieben. Eine Stelle habe ich schon oben angeführt. Bei der Merkurialkur macht er zwischen dem natürlichen und künstlichen Quecksilber denselben Unterschied; fällt auch wörtlich dasselbe Urtheil, was Pinctor fällt. Auch entlehnt er eben da etwas wörtlich aus dem Schellig. Aber eigentlich lustig ist folgende kleine Diebereì. Pinctor betet zuletzt, Gott möge von neuem Segen dazu geben, dass sein Herr, der heilige Vater, von dieser ansteckenden Krankheit ohne Schaden abkäme. Hock muss dies Gebet für pflichtschuldige Andacht geachtet haben. Da er nun sein Buch seinem Landesherrn, Ulrich von Würtemberg zueignet: so thut er auch für denselben dasselbe inbrünstige Gebet ganz wörtlich, wie Pinctor es vorgebetet hat ... Genug von diesem Zusammenstoppler. Kaum hat er einen Fehler, der ihm eigenthümlich ist."

Dieser „erzdumme Zusammenstoppler" **) wäre also der vermuthliche „grössere" Gegner; denn die fast allgemein anzutreffende Angabe, dass er in Italien sein Leben verbrachte, ist nur sehr theilweise richtig. Zunächst dedicirt er selbst die zweite Ausgabe seiner Syphilisschrift „Argentoraci [sic!] ad decimum Marcij . Anno Christi.

---

*) S. Haller, bibl. med. pract. I. S. 490; in Ch. G. Gruners „Aphrodisiacus" Jenae 1789. Fol. findet sich S. 117 ff. ein längerer Auszug aus dieser Schrift.
**) J. K. Proksch, die Antimercurialisten des XV. und XVI. Jahrhunderts. Wien, 1880. 8⁰. S. 34.

1514", hielt sich also damals in Strassburg auf. In der Vorrede sagt
er: „Relinquens ergo fines Italiae, post longas Medicae artis haustas
disciplinas Bononiae ad Doctoralis byrrhi confirmationem, ac ad praxim
non posterior caeteris eius professionis Romae probatus . . ." Sein
Aufenthalt in Bologna und Rom liegt also hinter ihm und er hatte
vielleicht Italien für immer valet gesagt; denn wir finden ihn auch
drei Jahre später noch immer in Strassburg, wie aus folgender Titel-
notiz des Schott'schen fliegenden Blattes von 1517, dem grossen
Eingeweidebilde von Wechtlin hervorgeht: „Ein contrafact Anatomy
der inneren glyderen des menschen durch den hochgelerten physicum
vnd medecine doctorem Wendelinū hock von Brackenaw, zū
Strassburg declariert vnd eygentlich in beysein viler Scherer vnd
Wundärtzt gründtlich durchsúcht" *).

Also Hock weilte schon im März 1514 in Strassburg und hat
ebendort im Jahre 1517 eine anatomische Demonstration abgehalten
(d. h. schlecht und recht vom Katheder seinen „gelehrten" Text verlesen, während unter ihm die „Meister" von der Chirurgie den Leichnam
zergliederten) — mithin konnte er auch wohl einige Jahre nachher
(Ende 1526?) gleichfalls in Strassburg eine Disputation mit Hohenheim veranstalten, deren Ausgang und Folgen der boshafte Pasquillant
für den Weggang Hohenheims von dort hämisch verantwortlich machen
möchte.

Wenn es wirklich dieser Wendelin war, der sich mit Hohenheim im Redeturnier gemessen hat, so ist die Randglosse des giftigen
Poeten „Vendelinus maior Theophrasto" vor dem Richterstuhl der Geschichte zur Unwahrheit geworden. Der Name des Theophrastus
geht eifrig genannt und vielgepriesen durch die Jahrhunderte, und
sein vermeintlich „grösserer" Gegner Wendelin ist verschollen und
kaum mehr aufzufinden als mit dem Brandmale eines Plagiators!**)

---

*) Vergl. Friedrich Wieger, Geschichte der Medicin .. in Strassburg. Strassb.
1885. 4⁰. S. 24 und Choulant, Geschichte und Bibliographie der anatomi-
schen Abbildungen 1852. S. 25.
**) Im Nachwort der Strassburger Ausgabe seines „Mentagra" an Herzog Ulrich
von Württemberg schreibt Hock (Fol. 52): „Dicta autem mea non mihi, sed
auctoribus ipsis ascribantur: ex quibus labore et sudore longis flosculos varios
scientiarum collegi . . . Verum fateor item: quod quaecunque scripta sunt
in hoc libello, a sapientioribus medicinarum et antiquioribus sunt pertractata:
ut quae in codicibus eorum reperi non modo in sententia, verum etiam in

Und wenn es ein anderer Vendelinus wäre als der Schwabe
Hock, so wäre ein solcher ganz klanglos untergegangen und das
einzige Zeugniss seiner ephemeren Existenz das Poëm unseres Baseler
Spottvogels!*) — —

Neben den vielen Vorwürfen und Schmähungen, die das Gedicht
enthält, fehlen einige der zahllosen Vorwürfe der späteren Zeiten,

propria nonnunquam verborum forma . . . . vereor ne imperitorum iudicio
obtrectationis subiturus sim crimen". Damit wollte er offenbar dem Vorwurf
des literarischen Diebstahls zuvorkommen. Aber so wenig er im Werke
selbst die Namen damals moderner Autoren nennt, welche er ausgeschrieben,
so wenig führt er dieselben im Index Auctorum an, welcher auf dem letzten
Blatte steht. — In den vielen Werken Hohenheims über Syphilis, die
bergehoch das armselige Buch Hock's überragen, ja zu dem Bedeutendsten
gehören, was jemals über diese Krankheit geschrieben wurde, wird nirgends
ein Wendelin genannt. während er sonst viele Autoren bei dieser Krankheit aufführt. Wir halten es für geboten, dies hier zu erwähnen, wenngleich
es nicht für unsere Vermuthung spricht, dass Hock der Gegner gewesen
sei; ein gewichtiger Beweis gegen unsere Annahme ist es freilich auch
nicht. Was hätte Paracelsus auch über den geistlosen Compilator sagen
sollen?! — Wir möchten indess doch noch auf eine Stelle in einem Fragmente
zur Syphilis (Chir. B. u. Schr. Fol.-Ed. S. 632ₐ) hinweisen: „Darnach kam
D. Myschmes mit seinen Humoribus, vnnd hat auf der Alb speculiert, dass
sich die Kranckheit reymen würd mit vier Seulen der Artzney [die 4 humores]:
darauff reymt sich wol Syrupen, Purgiren: Ach du mein Purgierer, Ach du
elender Suevus, du ein außerwehlter, ohn geschwitzt, hat ewer keiner, nie
keiner nichts gesollt". Beim D. Myschmes könnte man annehmen, es solle
„Dr. Mischmesch" [= Mischmasch; cfr. 4ᵒ-Ed. Bd. VI. S. 207 „die Naturales
ein Mischmesch durcheinander gemacht"] heissen und Hock darunter zu
verstehen sein, dessen „Mischmasch" Hensler dann wieder aufgespürt hat.
Der Dr. Myschmes könnte aber auch verlesen sein für Dr. Meychinger
und somit Dr. Johann Widmann gemeint sein, der von seinem Geburtsort
„Mechinger, Melchinger, Meichinger" genannt wurde (er soll in Melchingen
oder Möchingen auf der rauhen Alp geboren sein). Seine Schrift „De Pustulis",
welche die Syphilis in 4 Formen nach den 4 humores eintheilt, erschien im
Jahre 1497, nahezu gleichzeitig mit der des Wiener Professors Bartholomäus Steber, welchen Hohenheim an der betreffenden Stelle direct nachher
erwähnt. (S. oben S. 7 Anm. *)
*) Einen andern Arzt jener Zeit, der den Vornamen Wendelin trug, wollen wir
der Vollständigkeit halber hier noch anführen. Lorenz Fries nennt in seiner
„Defensio Avicennae" [Argent. 1530. pag. aₗʳ] in einer Reihe von Anhängern
des Arabers zu seinen Lebzeiten: „Vuendalinum Coronobachium pie
memoriae defunctum, cui tum ingenio & doctrina, tum etiam moribus pauci
in Germania medici aequipollent" (cfr. Jöcher s. nom.). Wir vermögen
aber diesen Wendelin nicht für den Gegner in der Disputation zu halten.

und wir halten es für die Biographie Hohenheims von Nutzen, darauf aufmerksam zu machen. Zunächst wird nichts gesagt von dem angeblichen Autodafé der Schriften Galens durch Theophrastus; das hätte sich der Autor des Gedichtes gewiss nicht entgehen lassen, wenn es schon stattgefunden hatte. Jedenfalls ist die namentlich in den romanhaften französischen Schilderungen des Paracelsischen Lebensganges anzutreffende Redefloskel, Hohenheim habe seine Lehrthätigkeit damit begonnen, dass er vor versammelter Zuhörerschaft im Hörsaale feierlich Galen's und Avicenna's Werke verbrannte (als Symbol seiner aufsteigenden „Monarchie" in der Medicin) durch keine Thatsache erhärtet. Oratorisch macht sich das freilich prächtig! —

Denkbar wäre es wohl, dass Paracelsus gerade durch dies Pasquill veranlasst, als Antwort darauf, in einem späteren Colleg den Manen Galen's dies feurige Opfer dargebracht, die verachteten Schriften ihm nach damaliger Anschauung, in den brennenden Höllenpfuhl nachgesandt hätte. Er selbst*) spricht freilich nur von der

---

*) und ebenso sein „Schüler" Michael Toxites in der Vorrede zu der Schrift seines Freundes und Gesinnungsgenossen, des Paracelsisten Alexander von Suchten, „Liber vnns De secretis Antimonij. Das ist, Von der grossen heymlichkeit des Antimonij die Artzney belangent.... Getruckt zū Straßburg .. Anno 1570". 8⁰ (142 paginirte SS.). S. 17 „sie wurden vil ihrer Bücher selbs ins feüwer werffen, wie Paracelsus dem Auicenna zū Basel gethan hat". — Sebastian Franck in seiner „Chronica, Zeytbuch u. Geschichtbibel .." s. l. 1565. Fol. berichtet dasselbe. Wir setzen die ganze Stelle hierher, weil sie wenig bekannt ist („die ander Chronick" CCLVʳ): „D. Theophrastus von Hohenheym, ein Physicus vnd Astronomus. Anno 1529 ist gemeldter Doctor gen Nürnberg kommen, ein seltzam wunderbarlich Mann, der fast alle Doctores vnd Scribenten in Medicinis verlacht. Den Auicennam sol er verbrennt haben zu Basel in öffentlicher Vniuersitet, vnd allein schier wider alle Medicos ist mit sein Recepten, Judiciis, Medicin, vnd vil widersinns mit vilen helt. Dess Practick schier wider Alle ist, gleichsam ein ander Lucianus". — Wurstisen l. c. S. dlv sagt: „Darumb er auch den Auicennam.... in der Uniuersitet verbrennet haben soll". — Joh. Fischart, bekanntlich der Paracelsischen Medicin geneigt, schreibt, derselbe habe den Dioscorides verbrannt (Gargantua [1590], Alslebens Neudruck, Halle a.. S. 1886. S. 6). — Nach Jacob Curio's Dialog „Hermotimus' (Basileae, 1570, 4⁰. S. 86) war es jedoch „Canonicum Auicennae volumen." — Einige moderne Autoren sind selbst mit der Verbrennung von Galen und Avicenna noch nicht zufrieden; sie lassen ihn eine halbe medicinische Bibliothek verbrennen. So schreibt z. B. M. Cap im Journal de Pharmacie et de Chimie III. Série. Tome XXI. Paris 1852. 8⁰. S. 138, Hohenheims Schüler hätten „dans la cour même de l'université,

Verbrennung „der Summa der Bücher" d. i. des „Canon" [Gesetzbuch, Compendium] des Avicenna (4⁰-Ed. Bd. II. S. 11 u. 103, Bd. IV. S. 372; Fol.-Ed. I. S. 200, 233 u. 610), des „Küchenautoris"*), des Repräsentanten der Galenisch-arabischen Heilmethode und ihrer „Suppenköche".

Von Galen's Werken selber kann also bei der Verbrennung nicht die Rede sein (die umfangreichen Opera Galeni hätten auch wohl viel Kosten und Qualm verursacht!), es war vielmehr das Compendium alles ärztlichen Wissens und Könnens seiner Zeit, der Canon des Avicenna**). Und da Hohenheim selbst sagt, er habe diesen Canon in's „Sanct Johannis fewer geworffen, auff daß alles vnglück mit dem Rauch inn Lufft gang", so könnte man mit grosser Wahrscheinlichkeit den 24. Juni 1527 als Zeitpunkt dieser symbolischen

---

les écrits d'Hippocrate, de Galien, d'Avicenne et d'Averrhoës" in's Feuer geworfen. Ad. Franck überbietet ihn noch (Séances et Travaux de L'Académie des sciences morales et polit. III. série, Tome XVI. Paris 1853. 8⁰. S. 381): „Dès son entrée dans l'amphithéâtre, où se pressait une foule impatiente de l'entendre, il réunit en forme de bûcher les différents livres, qui servaient alors de texte à l'enseignement de la médecine, ceux de Galien et d'Avicenna avant tous les autres, puis y ayant mis le feu . . ." Ebenso lässt G. A. Barbaglia („Sulla vita et sulle opere di Paracelso" in der „Rivista Europea" Vol. VII. Firenze 1878, pag. 530—44) aus „tutte le opere di Ippocrate, di Galeno e d'Avicenna" einen Scheiterhaufen zusammenbauen. Laboulbène (Union médicale 1886 p. 160) begnügt sich mit der öffentlichen Verbrennung der Werke des Galen, Avicenna und Razes. u. s. w.

*) Was in den „Medici libelli" Cöln 1567. 4⁰. S. 66 [Mook No. 55] von Balthasar Flöter marginal mit „s. [= sc.] Avicenna" erklärt wird. An einer andern Stelle (Chir. B. u. Schr. Fol.-Ed. S. 256) spricht Paracelsus von „Avicenna vnd Rasi, vnd Galeno, vnd andern Küchenmeistern". Rixner und Siber (II. Aufl. 1829 S. 11) behaupten, die verbrannte Schrift sei der „Liber de simplicium medicina secundum Platearium" gewesen, welchen Hohenheim allerdings öfters nennt; bei der Verbrennung kommt er aber nicht in Frage. — Wie geläufig die Bezeichnung „Summa" damals war, geht aus folgender Stelle in der 7. Defension Hohenheims hervor [4⁰-Ed. II. 187; Fol.-Ed. I. 263₄]: „Ich kans nit alles: Was können sie? die da meinen, nichts soll, dann das von der Summen [Huser hat fälschlich: von der Sonnen] gesund werd, dz ist, jhr Auicenna, jbr Rabi Moises, kurtz hindurch, es gehe wie es gehe . . ."

**) Ueber Avicenna, seinen Werth und den Schaden, welchen sein „Gesetzbuch der Medicin" gestiftet hat, möchten wir auf die lichtvolle Darstellung A. Müller's hinweisen in „Der Islam im Morgen- und Abendland". 2. Band, Berlin 1888, S. 67—70 (in dem bekannten Geschichtswerke: „Allgemeine Geschichte in Einzeldarstellungen", herausg. von W. Oncken).

Handlung, die stark an die Wittenberger Bannbullenverbrennung
(11. December 1520) mahnt*), annehmen; die meisten Autoren geben
an, dass es auf dem Markte — also wohl nur improvisirt bei zufäl-
ligem Zusammentreffen mit seinen Schülern an einem solchen Feuer
beim Verlassen des Collegs — geschehen sei. Im „Collegium“, im
Hörsaal wird wohl kein Johannisfeuer gebrannt haben.

Fällt aber unser Schmähgedicht wirklich vor den 24. Juni 1527?
Es ist nicht unmöglich; denn dass Hohenheim schon vor seiner „Intimatio“ vom 5. Juni 1527 wahrscheinlich Vorlesungen hielt, hatten
wir oben schon vermuthungsweise ausgesprochen.

Noch wichtiger ist es, dass der Vorwurf der Trunksucht hier
vollkommen fehlt (denn das mehrmals vorkommende Schimpfwort
‚Vappa‘ hat doch nicht den Sinn eines Trunkenboldes). Mithin liess
sich derselbe damals mit Recht noch nicht erheben, wenn es auch
Thomas Erastus nach einem Briefe Bullingers behaupten will**).
Unsere Untersuchungen führen uns unten nochmals auf diesen Punkt

---

*) Franz Hartmann, welcher vereint mit dem Historiker der „Monatsschrift
für die übersinnliche Weltanschauung“ („Sphinx“) Karl Kiesewetter den
Arzt von Einsiedeln spiritistisch verarbeitet, behauptet in „The life of . .
Paracelsus and the substance of his teachings . .“ London 1887. 8⁰. S. 19,
Hohenheim habe, sogar früher als Luther, eine päpstliche Bulle und
mit ihr die Schriften des Galen und Avicenna verbrannt. Sollte der Geist
des Paracelsus (wie Hartmann es mit erschreckender Deutlichkeit unserm
Jahrhundert gegenüber für möglich ausgibt) ihm „in visible and tangible
shape“ erschienen sein, um dies wichtige Factum der blinden Welt zu offen-
baren?! — Leider erklärt sich aber dieser spiritistische Anachronismus als
ein ganz gewöhnliches irdisches Missverstehen folgender Stelle Lessings
(Paracelsus etc. Berlin 1839. 8⁰. S. 61): „Schon früher hatte er sogar, wie
Luther die Bulle des Papstes, Galen's und Avicenna's Schriften öffentlich zu
Basel verbrannt“.

**) ‚Disputationes‘ (1571!) Pars I., pag. 239 sqq. Bullinger hatte bei seinem
Briefe die Zeit der Ausspannung Hohenheims in den Herbstferien 1527,
welche er mit Züricher Studenten zusammen verlebte, im Sinne. Die Anrede
„combibones optimi“ an die Züricher Genossen in dem Briefe über Frobens
Tod [Bd. VII. der 4⁰-Ed. S. αₑᵛ; Fol.-Ed. I. S. 953] hat, wie harmlos sie
auch ist, viel Staub aufgewirbelt. — Die Behauptung Oporin's, Hohenheim
habe erst in seinem 25. Lebensjahre (also etwa 1518 in England?!) angefangen, dem Bacchus zu huldigen, beruht selbstverständlich auf einer Fopperei
seines Lehrers, der dem 23jährigen Schüler als weiland Temperenzler zu im-
poniren aus irgend einem Grunde für gut fand. Oporinus fasste den
Scherz ganz in seiner Weise auf als ernstgemeinte Wahrheit und rächte
so die gutgemeinte Flunkerei.

zurück. Einstweilen wollen wir nur bemerken, dass die Sichtung des alten Materials uns zu dem Schluss geführt hat, die Beschuldigung, Hohenheim sei ein Gewohnheitstrinker gewesen, für eine Verleumdung seiner Feinde zu betrachten.

Ebensowenig wirft der Pasquillant dem Theophrastus die deutsche Vortragssprache vor, und zwar gewiss deshalb nicht, weil diesem Vorwurfe die erst später hinzugeschmiedete Spitze gefehlt hätte, er habe kein Latein verstanden. Dieser Makel konnte damals noch nicht auf Hohenheim geworfen werden, weil jedermann das Gegentheil wusste, da Hohenheim auch im Colleg lateinische Sätze als Leitfäden für seinen deutsch zu haltenden Vortrag zuweilen dictirte und gewiss oft in die gewohnte Fremdsprache zurückfiel in seiner sanguinisch quillenden Rede. Doch haben wir im zweiten Theil dieser Schrift noch Gelegenheit, uns hierüber des Näheren auszusprechen.

Endlich wird auch die später so häufig ausgesprochene Verleumdung noch nicht vorgebracht, dass dem Neuerer die Kenntniss der alten Aerzte abgegangen sei; im Gegentheil, er soll ihnen sein Bestes gestohlen haben, müsste sie also in den Augen des Schreibers nur zu gut gekannt haben. Und so ist denn dieser Vorwurf, ausserdem dass er sich durch gründliche Kenntniss der Werke Hohenheims von selbst widerlegt, in seiner Nichtigkeit schon daraus zu ersehen, dass Oporinus selbst erzählt, Theophrast habe grössere Abschnitte aus Galen verbotenus hersagen können, wie es von einem so tüchtigen Kopfe und eifrigen Arzte, der den Hochschulen, die er frequentirte, „eine nicht kleine Zierde" war, auch ohnedies vorauszusetzen wäre. Verleumderisch wie immer haben Erastus, Conring und Adelung dieses Bekenntniss des einfältigen Famulus, das ihnen nicht passte, bei Seite geschoben.

So liesse sich noch manche einzelne abgeschmackte Verunglimpfung von Hohenheims Thun und Lassen, wie man sie z. B. bei Adelung (Gesch. d. menschl. Narrheit 7. Theil. 1789. S. 243 ff.) in schönster Reihenfolge finden kann, an der Hand dieser Actenstücke aus der Welt schaffen und damit auch indirect einige nicht ganz unwichtige Resultate zur richtigeren Beurtheilung Hohenheims, des bestverleumdeten der letzten Jahrhunderte, gewinnen, wenn wir nicht noch später darauf zurückkommen müssten.

2. Briefe Hohenheims aus Colmar an Bonifacius Amerbach in Basel.

———

Durch die bekannte, oben schon angedeutete, Honorar-Streitigkeit Hohenheims mit dem Baseler Domherrn Cornelius von Lichtenfels, welche vor Gericht zu Ungunsten des ersteren entschieden worden war, und die ihr folgenden Zornesthaten Hohenheims hatte die Baseler Lehrthätigkeit desselben ein jähes Ende erreicht. Auf diese Affaire selbst hier näher einzugehen, besteht für uns keine Veranlassung, zumal wir zur Klärung der Controversen, welche sich bei einer kritischen Abwägung der beiden frühesten Darstellungen von Andreas Jociscus (1569) und Christian Wurstisen (1580) ergeben, kein neues urkundliches Material beibringen können *). In den Baseler Acten war bis heute hierüber nichts

———

*) Wir geben hier in der Anmerkung diese beiden grundlegenden Berichte im wesentlichen wieder. weil wir uns zum Theil im Folgenden darauf berufen müssen. A. Jociscus stellt den Verlauf in seiner Strassburger Rede (l. c.) folgendermaassen dar; seine Quelle waren wohl Oporin's mündliche Mittheilungen: „Erat ibi Canonicus quidam nobilis à Lichtenfels, deploratae valetudinis: Eum Theophrastus, pactus precium centum florinorum (quos promtè offerens, numeraturam se summa etiam voluntate Canonicus pollicebatur) tribus Pilulis Laudani sui ... saliva subacti, feliciter restituit. Tam brevi spacio, et quidem re ut videbatur exili, sanatus Canonicus, pactis non stetit. Dignus certè, qui longioribus morbi cruciatibus, et doloribus torqueretur. In ius igitur Theophrastus ambulat: Ubi cum solita et à magistratu ordinata ac praescripta solutio decerneretur: Theophrastus tàm vile precium suae arti statui aegrè ferens, importunius in praetorem est invectus, ita ut laesi magistratus poena metueretur. A quibusdam igitur magnae authoritatis viris, qui honori ipsius studebant, monitus Theophrastus, ipso etiam Oporino, ut se subduceret, instare non desinente: in Alsatiam descendit, relictis Oporino vasis Chymicis". — Christian Wurstisen in seiner bekannten „Baßler Chronick", Basel 1580. Fol. (Seite ðlvj) erzählt den Hergang so: „Als nun bemelter von Liechtenfelß, so des Magenwehthumbs halb, von anderen Medicis kein sondere hilff kriegen köndten, vor D. Theophrasto ge-

aufzufinden. Einige Streiflichter fallen durch unten zu besprechende Aeusserungen Hohenheims auch auf diese Begebenheiten, lassen aber dennoch die zwischen Jociscus und Wurstisen strittigen Punkte im Dunkeln. — Schade, dass uns die „bösen Karten", welche Hohenheim gegen den Richter und damit auch gegen den Magistrat in Umlauf setzte, nicht erhalten sind *)! — —

sagt, er wölt einem hundert Guldin schencken, der jhn hierinn curieren köndte, erwüschet Theophrastus diese Rede, gab jhm drey Pillulen, die er Laudani nennet, zuniessen. Der Thumbherr, welcher auff die Artzney zimlich geschlaffen, vnd sich besser entpfunden, schicket jhm hernach sechs Guldin zur verehrung. vnd ließ jhm sehr dancken. Theophrastus wolt sich deß nicht ersettigen lassen, sonder die vermeldten hundert Guldin haben, die jhm jhener nicht geben wolte. Die sach gericht für die Richter, welche jhm für seine Gäng vnd die vberreicht Artzney nach jhrem gůtbeduncken, Belohnung erkannten. Dorab ward Theophrastus vnwillig, das jhm Leyen die gegeben Artzney seines erachtens also gering schetzen wölten, Warff böß Karten auß, vnnd bochet mit etlichen worten wider die Vrtheil, deß er vor der Oberkeit beklagt ward. Als jhn nun seiner Freunden einer warnet, wie man jhn dieser Vnuernunfft halb mit gefangenschafft straffen wölte, verließ er Basel, enthielt sich ein weil im Elsass . . . ." — Michael Toxites schreibt am 12. März 1574 an den Pfarrer Georg Vetter zu Beerfelden im Odenwald (Vorrede zum „Testamentum", Strassburg. 1574. 8°. Seite Aij²), den damaligen Schüler und Augenzeugen: „dieweil jr eben dazumal bey disem theuren mann zu Basel gewesen, da er den Canonicum in kurtzer zeit curiert hat, welchen die andere medici zuvor weder kurtz noch lang haben curieren künden, welches vil ehrlicher leut wissen, so noch leben. So kann niemandt besser wissen, dann jr, der dabei gewesen, das der Canonicus Theophrasto nit bezalen wöllen das er jhm versprochen, darumb, das er jn in so kurtzer zeit gesund gemacht, welches dann Theophrasto vrsach geben, von Basel hinweg zuziehen".

*) Aus einer ähnlichen Stimmung heraus wie diese ‚bösen Karten' ist jedenfalls folgende „Schedula" geboren, welche das Thema der Honorarverweigerung behandelt (Chir. B. u. Schr. Fol°-Ed. S. 655c): „ . . . . . von Krancken. Ihr Art ist, daß sie den Artzt findtlich besch . . . . en. So nun einer geniest, so begehren sie jm nit drumb zu geben, dann nicht allein die Krancken. sondern auch am Gericht, so vrtheilt man darüber, als were es Schumachen, da einer muß sein Leib vnd Leben wagen, mißgeraht es. so wil man gar nit thun, geraths wol, so verbergen sie sich, dz sie den Artzt nimer sehen, ist böser denn der Teuffel. Dergleichen schenckt ers, ist gut, wo nit, so gehets an schelten, verachten . . . kein Gelt wird baß verdient, vnd vbler geben, als diser Liedlohn. Spielen, Huren, Sauffen, ist alles gutwillige bezahlung: Aber Leibsnoht da zuwenden, ist aller Krancken Meynung gar nicht drumb zu geben . . ." Dass dies nur ein Stimmungsausdruck ist, ergiebt sich aus zahlreichen andern Aeusserungen Hohenheims, worin er die Honorarfrage, den „Lidlohn" bespricht. Vor allem ist dabei auf die Vorrede zur „Bertheonea" zu verweisen, wo dies Thema am eingehendsten behandelt

Hohenheim war nach Colmar*) geflohen, wo er sich einige
Monate aufhielt. Von dort schrieb er an den ihm befreundeten Baseler
Juristen Bonifacius Amerbach zwei Briefe, welche wir im folgen-
den veröffentlichen.

Die drei Söhne des gelehrten Baseler Buchdruckers Johann
Amerbach, Bruno, Basilius und Bonifacius nehmen unter
den Baseler Humanisten eine hervorragende Stellung ein. Der be-
deutendste (Bruno war schon 1519 gestorben), Bonifacius, seit 1525
Professor der Jurisprudenz in Basel, war ein intimer Freund von
Erasmus von Rotterdam und hat auch mit Hohenheim in
Basel in Verkehr gestanden. Sein älterer Bruder Basilius, der schon
Philosophie, Theologie und Jurisprudenz in Paris und Freiburg studirt
hatte und behufs einer Steinoperation 1508 nach Basel zurückgekehrt
war, gehörte, obgleich schon bei Jahren (geb. 1488, also 5 Jahre älter
als Theophrast) zu den Hörern der Medicin in Hohenheims Collegien;
von ihm sind uns noch Collegienhefte aus diesen Vorlesungen im Druck
erhalten **).

---

wird. Wir könnten die ganze Folioseite 331 (Chir. B. u. Schr.) hierhersetzen, begnügen uns aber mit dem Folgenden: „die frommen Artzt sollen
sich nichts beschweren, vnnd sich nicht bewegen lassen des Gelts halben
. . . Sonder allmal zehen bösen von Eins frommen wegen, dreymal hülff beweisen. Sich auch nit bekümmern lassen, ob nit allmal die Sonn scheint,
auch nicht das Recht zu beschirmen anrüffen. Dann jhe
grösser vnd wolverdienter jhr Lidlon ist, jhe sorglicher des
Vrtheils zuerwarten. . . ." Also über die Zwecklosigkeit gerichtlicher
Klage gegen renitente Kranke und Geheilte ist er auch hier derselben Ansicht, wenn auch der ethische Mann es hier und sonst immer als Maxime
aufstellt, dass der Arzt dem Leidenden seine Hülfe ohne Rücksicht auf
eventuellen Entgelt zu theil werden lassen solle.

*) Nicht nach Esslingen, wie ausser andern auch Haeser angibt. Dorthin
kam er erst später nach längerem Aufenthalt im Elsass; übrigens ist es
wegen der Beziehungen, welche seine Familie zu Esslingen hatte [cfr. J. J.
Keller, Geschichte der Stadt Esslingen. 1814. 8⁰. S. 197 und A. Moll,
Württemb. medic. Correspondenz-Blatt. Bd. XXI. 1851. S. 251 u. 258], recht
wohl möglich, dass Hohenheim auch schon vor Basel einige Zeit in Esslingen
sich aufhielt. Wir haben aber keinen Beweis dafür.

**) Bei Conradus Khunrat, „Chirvrgia Vvlnerum: Das ist Von Heylung der
Wunden Philippi Theophrasti, Paracelsi. Wie er es auff der Universität zu

Ob Basilius und sein Bruder Bonifacius zu den „quidam magnae authoritatis viri" des Jociscus gehört haben, welche dem gefährdeten Manne zur Flucht riethen und dabei hülfreich zur Seite standen, ist eine für Basilius nahe liegende Vermuthung, weil dieser als Schüler ihm freundschaftlich wohl näher stand als Bonifacius, das „Oraculum Jurisprudentiae". Dass Theophrast trotzdem an Bonifacius seine Briefe richtete, liesse sich dadurch erklären, dass man annimmt, er habe den Juristen mit der Abwickelung des geschäftlichen Theils seiner Baseler Hinterlassenschaft beauftragt. Doch lassen wir dies einstweilen dahingestellt! — —

Die Familie Amerbach in 3 Generationen hat durch einen Umstand ein hervorragendes Interesse für die Gelehrtengeschichte der damaligen Zeit erlangt, durch die bedeutende Briefsammlung, welche über zwanzig Foliobände umfassend auf der Baseler Universitätsbibliothek im Museum aufbewahrt wird. „Ein glücklicher Ordnungssinn, die erhaltenen Briefe und etwa auch Entwürfe abgeschickter zusammenzulegen und aufzubewahren, vererbte sich vom Grossvater Johann Amerbach auf die Söhne und die Töchter, den Grosssohn und die Grosstöchter." (E. Probst.)

Neben andern für die Kenntniss der Humanistenzeit werthvollen Schätzen enthält diese Sammlung auch unsere beiden Paracelsusbriefe *).

Basell öffentlich profitirt . . ." Gedr. zu Schleßwig . . 8⁰. s. a. [1595]   Bei Johann Huser 4⁰-Ed. 1590. Bd. VII. S. 402 u. 405 [Fol.-Ed. Bd. I. S. 1001 u. 1003] und Chir. B. u. Schr. Fol. 1605. S. 459. ff.; und bei Benedict Figulus, „Philippi Theophrasti Paracelsi Kleine Wund-Artzney, Auß dem Original seines getrewen Discipels, H. Basilii Amerbachii . . . revidirt . . ." Strassburg, 1608. 8⁰. [Mook, Nr. 167 u. 181]. Vergl. Heft I. Seite 41.

*) Zur weiteren Orientirung über die Brüder Amerbach verweisen wir auf (Herzog's) „Athenae Rauricae'. Basiliae. 1778. 8⁰. S. 111—113, 114 f.; H. Pantaleon, Prosopographia Heroum. Pars III. Basil. 1566. Fol. S. 264/65; Ersch u. Gruber, Encyclop. III. Theil. Leipzig 1819. 4⁰. S. 349/50; Fechter in den „Beitr. z. vaterl. Geschichte . ." Bd. II. Basel 1843. 8⁰. S. 167—229; L. Sieber, Bonifacii Basiliique [seines Sohnes] Amerbachiorum et Varnbueleri epistolae mutuae. Basileae. 1877. 4⁰. (Gratulationsschrift der Universität Basel zum 400jährigen Jubiläum der Universität Tübingen); Allg. deutsche Biographie Bd. I. S. 379 f.; L. Geiger, Humanismus u. Renaissance. Berlin 1882. 8⁰. S. 418; Emanuel Probst, Bonifacius Amerbach [62. Neujahrsblatt für 1884]. Basel 1883. 4⁰ (mit Lichtdruckporträt u. Autogramm).

I.

Insigni legum doctori Peritissimoque d. doctori bonifacio Amorbachio Lectori basilee Ordinario suo colendissimo*).

Salue Juris Patrone decusque gimnasij, Que Aduersa basilea (olim mea) erga me sustulit, prorsus ignoro, Tanta in me procella maris, nec me tutum fuisse nec esse credidj, sciuj. Eum flatum dimisi, Certiora quesiuj Modica solemnia Hec apud Colmariam, vbi optimus Nihil minus tuus ego. Jam Letar[e] Apud Nunburgum presentem me faciam, antea non potuj, ob egrorum Copiam, Rescribo (si prodesse possum) sanitatj tue; Litera tua apud me Ambra; basilio meo poculum vinj Administra nomine meo, Defende theophrastum si coram te Appareant Aduersi vtj noris, Phrusius De Colmaria optime valet sumque optimus familie et apud totam Ciuitatem. Rescribe sufficit iota manus tue Vale decus Academie Ex Colmaria, 6. ante Inuocauit anno 28

Theophrastus Hohenhemiensis
Doctor
tuus totus.

[Kirchen-Archiv C. I. 2, Tom. I. fol. 316.]

Dieser am 6. Wochentage (feria sexta), also Freitag vor Invocavit, das wäre der 28. Februar 1528, datirte Brief ist offenbar in grosser Eile geschrieben und ein glänzendes Beispiel der schwerleserlichen Handschrift Hohenheims. So schrieb er in einem für andere Augen bestimmten Briefe; wie schwer leserlich ist da wohl oft seine Hand gewesen, wenn er nur für eigenen Gebrauch seine Gedanken rasch zu Papier brachte! Die Klage der Editoren über die Paracelsischen Hieroglyphen ist denn auch eine zum Ueberdruss oft wiederkehrende!

*) Adresse auf der Rückseite des Blattes.

Der Character der Schrift ist offenbar der eines Mannes, welcher das Lateinische zu seinem Hausgebrauche viel und geläufig schrieb; denn er benutzt die bei den Gelehrten damals üblichen Abkürzungen (Tironischen Noten) mit voller Freiheit und Sicherheit.

Die Schwierigkeit der Enträthselung dieser Briefe haben wir lebhaft empfinden müssen. Manches wollte uns auch nach langem Studium nicht klar werden. Die vielgeübte Schriftenerfahrung des Herrn Archivraths Dr. Hermann Grotefend in Schwerin (damals in Frankfurt a. M.) hat uns endlich alle Schwierigkeiten, wie wir glauben, richtig überwinden und lösen lassen.

Was den Inhalt des Briefes betrifft, so glauben wir, unsere Auffassung des Sinnes dadurch am kürzesten klarzulegen, dass wir eine Uebersetzung geben. Dieselbe macht weder auf elegante Stilisirung, noch auf philologisch-minutiöse Genauigkeit Anspruch. Sie soll einfach der bequemen Verständigung dienen.

Der Brief würde also deutsch etwa so lauten:

„Sei gegrüsst, Beschirmer des Rechts und Zierde der Universität *)! Welche Maassregeln das feindliche, früher mein Basel, gegen mich ergriffen hat, ist mir noch völlig unbekannt. So gross war der Meeressturm gegen mich, dass ich [dort] nicht sicher war, noch bin, wie ich glaubte, ja wusste. Diesem Sturm entfloh ich, Sicherheit suchte ich, leidlich ruhige Tage. Dies fand ich in Colmar, wo ich um nichts weniger bestens der Deine bin. Erst auf Laetare werde ich mich in Neuenburg einstellen, früher konnte ich nicht aus Ueberhäufung mit Kranken. Ich werde wieder schreiben vonwegen Deiner Gesundheit, wenn ich von Nutzen sein kann. Dein Brief ist für mich Ambra [Hochgenuss]. Meinem Basilius trinke einen Becher Weins zu in meinem Namen. Vertheidige den Theophrastus, wenn die Widersacher vor Dir erscheinen, wie Du kannst. Phrusius von Colmar befindet sich auf's Beste, und ich bin auf's Beste aufgenommen in seiner Familie und in der ganzen Stadt. Schreibe wieder; es genügt ein Jota

---

*) ‚Gymnasium' gleichbedeutend mit ‚academia' ist damals geläufig. So schreibt z. B. Nicolaus Varnbüler an Bonifacius Amerbach über die Universität Tübingen „cum toto·nostro gymnasio" (Sieber's „Bonifacii Basiliique Amerbachiorum et Varnbueleri epistolae mutuae" Basil. 1877. 4°. Seite 10 u. 11).

Deiner Hand. Lebe wohl Du Zierde der Academie. Aus Colmar, den 6. Wochentag [Freitag] vor Invocavit [den 28. Februar] 1528.

Dr. Theophrastus von Hohenheim.

Ganz der Deine."

Der Sinn des Briefes, wie wir ihn nehmen, ist somit im Allgemeinen ohne Weiteres klar. Aber auf einige Einzelheiten möchten wir noch die Aufmerksamkeit des Lesers lenken und verschiedenes zur Erklärung dienliche beibringen. Einige allgemeine Gesichtspunkte lassen sich besser nach Erledigung des Details gewinnen.

Stürmische Tage waren dem Abschied von Basel voraufgegangen! Zu den Worten: ‚Tanta in me procella maris, nec me tutum fuisse, nec esse credidi, scivi. Eum flatum dimisi, certiora quaesivi, modica solemnia' können wir eine Stelle aus dem **Paramirum alterum*)** [1531] als Parallele anführen, wo er bei der Erwähnung seiner Vertreibung aus Basel sich desselben Bildes bedient. Die Stelle lautet (4⁰-Ed. Bd. I. S. 141; Fol.-Ed. Bd. I. S. 50/51):

„Vnnd wiewol ich zu Basel, nicht mit kleinem fleiß ein solchs angefangen", [nämlich „ein gemeine Theoric beyder Artzneyen" (Medicin und Chirurgie) „meiner erfarenheit" aufzustellen] „guter hoffnung gesein, frucht damit zu erobern: R a u c h v n d r ä ß s i n d d i e W i n d (so sich anhebt die Wahrheit) z u v e r t r e i b e n d e n Professoren: hab ich doch je vnd je verhofft, wer die Seel liebe, der liebe auch den Leib: der der Seel verschont, der verschont auch dem Leib, darinnen ich vermeint hab nit kleinen nutz zuschaffen. Bey solcher mennige" [alias „Meinunge"] „aber ward es mir gespalten, die [al. „da"] w a r m i r e i n r a u h e r W i n d t" **).

---

*) Wir verweisen auf unsere Mittheilungen über dies Werk im I. Hefte dieser „Forschungen" S. 67. Wir kommen im Verlaufe dieser Schrift noch mehrfach darauf zu sprechen, besonders im 4. und 5. Abschnitte.

**) Es scheint uns nicht unangemessen, auf eine andere nicht beachtete Notiz über Hohenheims Abgang von Basel etc. zu verweisen. Er sagt, dass man ihn auf den Pilatus-See habe verbannen wollen, nach den Inseln des Pilatus, 4⁰-Ed. II, S. 6, „auch das sie mich inn die Insulen Pilati Pontij genannt, zu Relegieren vnderstanden". Als Antwort darauf wendet Hohenheim dann wieder dieselbe Strafandrohung gegen seine Widersacher und deren Schriften, z. B. ib. S. 10 „ewer Astronomey vnnd Laßtafel kunst in Pilatus See zuwerfen" und Band V. S. 169 „euch vnd ewere [ABC-] Schützerey in das Pilatus Meer werffen". Ueber den See auf dem Pilatus sehe man die fast gleichzeitige

Wer Hohenheims Schreibweise kennt, weiss, dass er die bild-
liche Ausdrucksweise sehr liebt, öfters die Gleichnisse sogar häuft. —
Von Basel, wo er gern geweilt, das er wehmüthig „olim mea"
nennt, war Theophrast, als er diesen Brief schrieb, jedenfalls noch
nicht lange entfernt: es war ihm von dort noch keine Kunde zugekommen über die Maassregeln, welche die Väter der Stadt gegen ihn
und seine Hinterlassenschaft ergriffen hatten. Die Entfernung von
Basel bis Colmar beträgt etwa 70 — 80 Kilometer, 15 — 16 Stunden
Wegs; das liesse sich also zu Pferde zur Noth in einem Tage zurück-
legen. Es scheint uns aber nicht wahrscheinlich, dass Hohenheim sich
direct in einer Tour von Basel nach Colmar begeben hat. Er entwich
vor den Häschern des Magistrats von Basel in's nahe Elsass. Ueber
Mülhausen, Ensisheim, Ruffach (die letzten beiden werden in
Paracelsischen Schriften genannt*) wird ihn sein Weg nach Colmar
geführt haben, wo er dann einige Monate „modica solemnia" genoss.
Die „copia aegrorum", welche ihn von einer sofortigen Reise nach

---

Schilderung Conrad Gesner's in dessen Biographie von Johannes Hanbart.
Winterthur 1824. 8⁰. S. 181 und Stumpf's Schweizerchronica. Zürich 1548.
Fol. Buch 7. Fol. 195. Es waren Sümpfe, von welchen man sich im Volke
allerlei Grauliches erzählte.

*) Ensisheim im Sundgau hat Paracelsus vielleicht damals besucht. Den
heute noch im dortigen Rathhaus aufbewahrten ursprünglich centnerschweren
Meteorstein, welcher am 7. November 1492 gefallen und von Sebastian Brant
besungen war, hat er gewiss selbst in Augenschein genommen. Denn das
Urtheil, welches er in dem „Opusculum de Meteoris" (von Huser zuerst „auß
Theophrasti eigener Handschrifft" veröffentlicht, 4⁰-Ed. VIII. S. 250—277)
über den „groß Stein zu Ensheim im Suntgaw auff j. C. schwer" und dessen
feuerflüssigen Ursprung gibt, hat offenbar autoptische Grundlage: „Coaguliert
so schnell, als der ein zerlassen Silber außschütt, vnd gesteht: Also schnell
ist diese Matery erhertt worden, vnd als ein Corpus gefallen, das auch sein
anzeigen ist, mit seinen Buckeln vnd Formen, das er in allem Sudt gestanden ist vnd auffbleen, vnnd im selbigen erkalttet mit der schnell, vnd gefallen . . ." [4⁰-Ed. a. a. O. S. 264; Fol.-Ed. II. S. 101b]. — Ruffach wird
mehrfach in theol. Schriften genannt, welche unter Hohenheims Namen erhalten, sind z.B. in den „Sermones V. in Incantatores maleficos, Anabaptistas .."
welche dem „Doctor Botzen zu Ruffach" gewidmet sind (Gedruckt 1619, 4⁰,
Mook Nr. 197; handschriftlich in Gotha, Leiden, Greifswald, Breslau und
Wolfenbüttel) und in der Schrift „De miraculis Christj super infirmos Theoph:
paracelsj magnj" werden erwähnt „die Mundat Ruffach, Sultz, Sant
Mergen [al. Alergen, Arbogast]... dem Bischtumb Nußlens [al. Strassburg]
zugefallen" (handschriftlich in Leiden, Breslau und Kopenhagen). Sulz liegt
gleichfalls im Oberelsass.

Neuenburg abgehalten hatte, ist darum auch nicht nothwendig in Colmar selbst zu denken. Auf seiner Reise durchs Oberelsass wird mancher Kranke den Rath des berühmten Professors gesucht haben. Es ist auch wohl denkbar, dass der gerade Weg durch solche Berufungen zu Kranken unterbrochen wurde. Der wanderlustige Mann liess vielleicht im Gefühle erlangter Sicherheit seinen Weg durch solche ärztliche Touren vollkommen bestimmen. Einige Tage, ja selbst Wochen mögen so auf der Reise von Basel nach Colmar verstrichen sein. Aber weit über den Anfang des Monats Februar hinaus lässt sich doch wohl der Weggang aus Basel nicht zurückdatiren, wenn auch in Colmar selbst schon einige Zeit verstrichen sein musste, ehe Hohenheim den Brief schrieb, weil er sich schon daselbst heimisch fühlte. Dass Colmar von Anfang an das Ziel der Flucht gewesen, könnte man wohl vermuthen; ein positiver Anhalt für eine solche Vermuthung ist aber nicht vorhanden. Ebensowenig lässt sich genauer feststellen, was ihn zu einer längeren Rast in Colmar veranlasste. Besass er dort schon Anknüpfungspunkte von früherer Reise zwischen Strassburg und Basel?

Nunburgum, Neuenburg am rechten Rheinufer (auf der Eisenbahnroute Müllheim-Mülhausen) in der damaligen Markgrafschaft Baden gelegen, war der Wohnort des Schwiegervaters von Bonifacius Amerbach, des Kaufmanns und Bürgermeisters Leonhard Fuchs. Bonifacius hatte sich mit dessen Tochter Martha im Jahre vorher, im Februar 1527, verheirathet*). Dort in Neuenburg, im Hause des „freundlichen Schwiegervaters", weilte Bonifacius häufig sammt seiner Familie.

Auf Lätare, also drei Wochen später, hofft Hohenheim dort einzutreffen. Wollte er den befreundeten Bonifacius selbst dort treffen? Wollte er die Familie des Bürgermeisters Fuchs besuchen? Wünschte vielleicht ein Glied der Familie seinen ärztlichen Rath dort in Anspruch zu nehmen? Das bleibt einstweilen im Unklaren.

Der Tenor dieses und des späteren Briefes an Bonifacius legt die Annahme nahe, dass derselbe nicht in Basel weilte zur Zeit da Hohenheim von dort entfloh. Die Affaire mit dem Canonicus von Lichtenfels muss Bonifacius noch daselbst miterlebt haben, da Hohenheim von ihr gänzlich schweigt, dagegen wird die gerichtliche

---

*) E. Probst, Bonifacius Amerbach. Basel 1883. 4⁰. S. 23 und 24.

Verbandlung und Hohenheims Opposition gegen das richterliche Urtheil
erst einige Wochen später in Amerbachs Abwesenheit stattgefunden
haben. Hätte der befreundete Jurist die ganzen Ereignisse bis zum
Ende miterlebt, so würde er wohl manches verhütet haben, und
Hohenheim hätte ihm gewiss nicht soviel von den Ursachen der
Flucht berichtet im ersten und mehr noch im zweiten Colmarer Briefe.

Will man noch eine weitere Vermuthung aufstellen, so läge die
Annahme nicht gar so fern, dass Bonifacius zur Feier des Weihnachts-
oder Neujahrsfestes mit seiner jungen Frau zu deren Vater gereist
war. Dann könnte sich durch irgend eine Erkrankung die Heimreise
nach Basel verzögert haben, und als Bonifacius etwa Anfang
Februar heimkehrte, war Hohenheim eben aus Basel entwichen.

Dass Bonifacius damals irgendwie leidend gewesen ist, geht
aus den Worten hervor, „rescribo (si prodesse possum) sanitati tuae“.
Seine Gesundheit scheint überhaupt nicht sehr fest gewesen zu sein.
Probst*) erzählt schon vom Jahre 1524, dass demselben sein Befin-
den zeitweise das Reiten nicht erlaubte. Späterhin war er vielfach
kränklich.

Es hat uns nun allerdings nicht gelingen wollen, einen Beweis
dafür zu finden, dass Bonifacius Amerbach die ersten Wochen des
Jahres 1528 in Neuenburg verlebte. Auch Herr Dr. L. Sieber in
Basel konnte uns darüber keine Gewissheit geben. Es bleibt also einstweilen eine Vermuthung. Jedenfalls aber hat Bonifacius (nach Basel?)
an Hohenheim geschrieben und in diesem Briefe wohl auch die Aufforderung ausgesprochen oder wiederholt, Hohenheim möge nach
Neuenburg kommen. Wäre es zulässig anzunehmen, dass Bonifacius
zur Zeit der Flucht Hohenheims in Basel war, so könnte man auch
ein für Neuenburg verabredetes Stelldichein oder dergleichen vermuthen.

Der Brief des Bonifacius hatte unserm Arzte sehr wohlgethan.
Er war vielleicht das erste Lebenszeichen aus dem ungern verlassenen
Basel, denn es fehlten ihm noch alle Nachrichten von dort. Der
Ausdruck „Litera tua apud me ambra“ hat für unser Gefühl etwas
Geziertes. Vielleicht ist er dem drogenkundigen Arzte hier zuerst aus
der Feder geflossen. Er beurkundet eine Urbanität, wie sie dem bis-
her aufgestellten Bilde Hohenheims als eines „nicht subtilen Gesellen“,

*) A. a. O. S. 22 und 27.

wie er sich selbst zu nennen beliebte, diametral entgegengesetzt ist.
Die Humanisten, in deren Kreisen Hohenheim in Basel viel verkehrt
hatte, liebten ja solche zierliche Floskeln. Zudem wird Bonifacius
Amerbach „der liebenswürdigste aller Humanisten" (Vischer) von
Zasius, seinem Lehrer und älteren Freunde, Professor der Rechte in
Freiburg, seines wunderbar vollendeten Briefstiles wegen hochgepriesen[*]).
Im Umgange mit ihm mochten derartige Redewendungen an der
Tagesordnung sein.

„Phrusius de Colmaria" ist der als medicinischer Schriftsteller wohlbekannte Laurentius Fries, dessen Name auch in der
Schreibung Phryes, Phrysius, Frisius vorkommt[**]). Unter dem Namen
„Fries von Colmar" war er wohlbekannt im Elsass, der Schweiz
und dem angrenzenden Deutschland. So nennt er sich selbst auf dem
Titel seines weitverbreiteten und seit 1518 oft aufgelegten Haupt-
werkes, dem „Spiegel der Artzney"[***]).

[*]) cfr. Fechter, l. c. S. 185 und 188.
[**]) Ueber Fries' Heimath gehen die Ansichten der Autoren weit auseinander.
Die einen lassen ihn bei den Friesen in den Niederlanden geboren werden,
die andern in Strassburg. Dieser Zwiespalt hat im „Biographischen Lexicon
der Aerzte" eine reizende Blüthe getrieben. Dort wird nämlich Lorenz Fries
zweimal abgehandelt [Bd. II. S. 448 u. Bd. IV. S. 560], das einemal als
Elsässer, das anderemal als Holländer. Den beiden aus dem einen Laurentius
Fries fabricirten Männern werden dann natürlich die gleichen Schriften zu-
geschrieben (!!). „Phryesen" nennt der 2. Artikel den Arzt, während das
doch nur der Accusativ von Phryes (Fries) ist. Die Nachträge (Bd. VI. S. 963)
lassen alle diese Irrthümer unverbessert weiter bestehen. — Wir theilen an
einem andern Orte demnächst die Ergebnisse unserer Forschungen über
Lorenz Fries eingehender mit. Hier wollen wir nur bemerken, dass Fries
unzweifelhaft im Elsass geboren ist, wahrscheinlich in Colmar selbst. Lange
Jahre wohnte er auch als Arzt an diesem Orte. 1519 zog er nach Strassburg,
wo er bis Ende 1527 gewohnt zu haben scheint. Dann hielt er sich noch
einmal kurze Zeit in Colmar auf und siedelte Mitte 1528 nach Diedenhofen
und von da nach Metz über, wo er 1531 starb. — Die schon von Eloy
vorgetragene und seitdem vielfach gläubig nachgebetete „Uebersiedelung von
Metz nach Deutschland, um dort die deutschen Gegner seines geliebten
Avicenna besser bekämpfen zu können", ist, ganz abgesehen davon, dass
1530 Metz und Strassburg noch zum deutschen Reiche gehörten (also der
Zweck an sich schon hinfällig wäre), ein reines Phantasiegebilde. —
[***]) Erschien zuerst 1518 in Strassburg, Folio, bei Grieninger mit Abbildungen;
weitere Auflagen 1519 und 1529 bei Grieninger und 1529, 1532 und 1546
bei Balthasar Beck ebenfalls in Strassburg, Fol. Die beste Ausgabe ist die
von 1532, welche Fries selbst allen andern gegenüber autorisirt hatte und

Im Februar 1528 weilte Laurentius Fries offenbar in Colmar und empfing unsern Baseler Emigranten, den er vielleicht schon von Strassburg her kannte, auf's Beste im Kreise seiner Familie. Dieses freundliche Entgegenkommen des namhaften Arztes hat gewiss dazu beigetragen, Hohenheim eine allseitige gute Aufnahme in Colmar zu bereiten. Sicherlich war ihm aber auch schon sein eigener Ruf als glücklicher Therapeut und freisinniger Lehrer nach Colmar vorausgeeilt.

Jedenfalls muss Bonifacius Amerbach Fries gekannt haben, sonst hätte das „Phrusius .. optime valet" keinen Sinn. In der Amerbach'schen Briefsammlung ist aber kein Brief von oder an L. Fries enthalten, so dass man wohl keine näheren Beziehungen zwischen den beiden Männern vermuthen darf.

Es erscheint auf den ersten Blick befremdlich und ist ein hübscher Zug in Fries' Character, dass er in Hohenheim den heftigen wissenschaftlichen Gegner gastlich in seinem Hause empfing *). Denn es konnte ihm doch unmöglich unbekannt geblieben sein, wie energisch Theophrastus in Basel gegen die alten Aerzte, insonderheit gegen Avicenna, aufgetreten war, wie er dessen Lehrgebäude aufs schärfste angriff und verdammte, wie er sogar dessen „Canon" in's St. Johannisfeuer geworfen. Und eben dieser Avicenna war Fries' Lieblingsautor, den er fast auf jeder Seite seines „Spiegels" rühmend nennt. den er zwei Jahre später in einer besonderen lateinischen Schrift gegen vielfache Angriffe gelehrter Aerzte in Deutschland, Italien und Frankreich energisch zu vertheidigen suchte.

Gegenüber diesen Differenzen in ihren wissenschaftlichen Anschauungen bestand aber auch ein intensiver Berührungspunkt zwischen den beiden Aerzten. Sie fanden sich in einem gleichen Schicksal zu-

---

deren Druck nach den Wünschen des verstorbenen Verfassers der bekannte Otto Brunfels überwachte. Die Schicksale dieses „Spiegels" in den Händen der Drucker ist ein haarsträubendes Beispiel. welche Verunstaltungen seines Werkes sich der Autor durch die Willkür der Verleger und Setzer damals gelegentlich gefallen lassen musste; denn es ist dies gewiss nicht der einzige Fall in damaliger Zeit! Wir können an dieser Stelle auf diese lehrreiche Thatsache bei damaligen Drucklegungen nicht weiter eingehen.

*) Wir meinen keineswegs, dass Hohenheim im Fries'schen Hause wohnte; es wird dies auch niemand aus den Worten „sumque optimus familiae" herauslesen wollen. Schon aus Gründen der ärztlichen Praxis wäre dagegen alle Wahrscheinlichkeit.

sammen: beide wurden, wie Fries von sich schreibt, „von den gelerten artzet seer verhasset vnd verfolgt". Fries, weil er „den innhalt diser kunst Teütscher zungen eröffnet hab", Hohenheim weil er deutsch docirte und schrieb. Dieser gemeinsame Kampf für die deutsche Muttersprache, für welche die beiden vorwärts strebenden Aerzte sich so warm ausgesprochen haben*), mag ein Band zwischen den beiden Männern gebildet haben, worüber sie Avicenna und Galen im Verkehr vergassen oder wenigstens bei Seite setzten, obwohl Fries vielleicht gerade damals schon mit seiner Vertheidigungsschrift für den Araber**) beschäftigt gewesen sein mag, oder wohl auch durch Hohenheims Widersprüche mit dazu angeregt wurde.

In diesem Streite um die Wissenschaft hat Hohenheim obgesiegt, wie er es in richtiger Erkenntniss der unaufhaltsam sich vollziehenden Reform vorausgesagt hat***), „ohn den Leib", d. h. nach

*) Für Hohenheim ist kein Beleg von nöthen; für Fries wollen wir die folgende Stelle ausheben: „Auch bedunckt mich Teütsche zung nit minder würdig, dañ alle ding darinn beschriben werden, dañ Griechisch, Hebreisch, Latinisch, Italianisch, Hispanisch, Frantzösisch, in welchen mañ doch gar bey alle ding vertolmetschet findet. Solt vnser sprach minder sein? neyn, ja wol vil meer, vrsach das sy ein vrsprüngliche sprach ist, nit zůsamen ge betlet, von Griechisch, Lateinisch, den Hunen vñ Gothen, als Frantzösisch, auch meer reguliert .." (Spiegel der artzney, 1532. S. A ij ᵛ). Als Beispiel, wie die „gelehrten" Aerzte damals und noch später über deutsche medicinische Schriften dachten, möge folgende Stelle aus Johannes Placotomus' Schrift „Causae Contemtus Medicinae" (s. l. et a. 8⁰. Vorrede Islebiae in die Stephani. Anno 1558) dienen: „Secunda nec minima causa est, ut ego opinor, editio Germanicorum libellorum, unde uulgus Medicinam non esse artem ac omnes qui legere sciunt mederi morbis posse, sibi persuasissimum habet. Hinc fit ut infiniti sint Medici et qui audeat profiteri ab idiotis pro Medico habeatur". Die Uebersetzungen etc. deutscher medicinischer Bücher geschähen nur um schnöden Privatvortheils willen. Angehängt ist dieser Schrift eine heftige Polemik gegen den Tübinger Professor Leonhard Fuchs (1501—1566), den Gegner der Araber (auch gegen Fries), weil derselbe sein Herbarium auch deutsch hatte erscheinen lassen („New Kreuterbuch", Basel. 1543. Fol.).
**) Seine „Defensio Medicorum principis Auicennae, ad Germaniae Medicos, Laurentio Frisio authore" erschien 1530 in Strassburg 4⁰. (9 Bll.), datirt von Divodurum (Metz). Wieder abgedruckt 1533 zu Lyon 8⁰. in einer Sammelschrift von Symphorien Champier mit desselben Widerlegung. Sie ist namentlich gegen Leoniceno, Manardi, Leonhard Fuchs und Champier gerichtet. Hohenheim wird nicht genannt, mag jedoch unter den „iuniores coëtanei nostri medicelli" mit zu verstehen sein, welche Fries im Allgemeinen wegen ihrer Missachtung Avicenna's tadelt.
***) Im Paragranum (4⁰-Ed. II. S. 79; Fol.-Ed. I. S. 225).

seinem Tode, durch seinen Geist. Aber in dem **Kampfe für die deutsche Sprache** müssen diese beiden als die **ersten gelehrten Aerzte** aus der alten Schule für immer neben einander genannt werden *).

---

*) Hieronymus Brunschwigk kann man nicht zu den „Gelehrten" rechnen: er war blos Wundarzt und Destillateur (Wiegor l. c. S. 13), der wahrscheinlich nicht lateinisch schreiben konnte. — Dass Christian Thomas (vulgo Thomasius) 1687 seine ersten deutschen Vorlesungen mit einem deutschen Programme ankündigte, ist ein so geringer Fortschritt gegen Hohenheim, dass man darüber dessen Priorität in der Geschichte des gelehrten Unterrichts nicht ausser Acht lassen sollte [vergl. unseren Artikel hierüber in der „Allgemeinen Zeitung" vom 24. Dec, 1887 Nr. 356 Beilage].

Eine dauernde Freundschaft konnte sich aber zwischen Fries und Hohenheim aus den gemeinsamen Leiden für die deutsche Sprache nicht entwickeln; dazu waren ihre Anschauungen im übrigen zu verschieden. Bezeichnend für Fries ist es, dass er öffentlich gegen Hohenheim loszog, als dieser seine noch über Avicenna hinaus geliebte Astrologie angriff. Für die Astrologie hatte Fries schon viele Lanzen gebrochen; auch mit Martin Luther war er darüber aneinander gerathen und hatte gegen denselben 1520 „Ein kurtze schirmred der kunst Astrologie" erscheinen lassen [Strassburg, Grieninger, 10 Bll. 4⁰]. Als Paracelsus 1529 seine „Practica gemacht auff Europen" (Nürnberg bei Peypus, cf. Mook Nr. 1 u. 2 u. unser Heft l. S. 60/61) veröffentlicht hatte und darin (namentlich in der Schlussrede „An die Astronomos") die altüberkommene astrologische Manier bekämpfte [Es entspricht durchaus nicht dem historischen Thatbestand, wenn Friedrich von Betzold, Geschichte der deutschen Reformation, Berlin 1888. 8⁰. S. 226 f. von Hohenheim behauptet, derselbe habe „ein ganzes Heer von Goldmachern und astrologischen Aerzten grossgezogen". Es war im Gegentheil sein Bestreben, die Astrologie aus der Medicin zu entfernen, und von dem Goldmacherschwindel u. dergl. ist er längst freigesprochen!], da griff Fries dies sofort auf und schrieb in seiner „Prognostication oder Weissagung auß des hymmels lauff. durch Laurentium Frießen gemacht, Auff das jar M.CCCCC.XXXI." (s. l. et a. 7 Bll. 4⁰) in der Vorrede Folgendes: „Es brechen yetzund zů vnseren zeiten etliche her für, welche sich grosser ding vermessen auß des hymmels lauff weiß zů sagen, mer dann die kunst an ir selbs geleisten mag. Lassen sich damit nit sättigen, vernichten vnd verschmahen domit alles was bitzher von andern erfarnen, auß ler der alten gemacht worden ist, gleich als ob die kunst Astrologia gestorbē, vñ durch sye widerum von dem tod erwecket. So ich doch die sache durch ein klare brillen besichtigen, befind ich das etliche ir teüffelische angeben, so sye auß der mißlichen kunst Necromātia (welche doch gar bey wenigen in irer reinigkeit funden würt) gezogen, mit dem mantel der Astronomy bedecken wöllen, gleich als der Esopisch rap sich mit pfawenfedern vnderstünde zů schmucken. Ich sorgen aber warlichen, ire schwartzen federn der lugen vnd boßheit werdē bald widerumb herfür brechen, wie ynen auch vormals beschehen, do sye sich außgaben ein newe kunst der artzney zů lernen, ver-

Fries ist übrigens nicht der einzige namhafte Colmarer. der zu Hohenheim damals in Beziehung trat; auch andere angesehene Männer der wehrhaften freien Stadt scheinen ihm nicht abgeneigt gewesen zu sein. So viel darf man wohl daraus schliessen, dass Hieronymus Boner „oberster Meister der Statt“ und Conrad Wickram „Stettmeister“ daselbst im Juni und Juli 1528 die Widmung zweier „chirurgischer“ Schriften *) unseres Autors entgegennahmen (vielleicht erst in Colmar niedergeschrieben, eine Frucht der „modica solemnia“). Einen näheren freundschaftlichen Verkehr mit diesen Häuptern der Stadt anzunehmen, dazu geben diese beiden Widmungen keine Berechtigung.

Erwähnenswerth dünkt uns, dass gerade im Jahr 1528 die Reformation vom Magistrat in Colmar niedergehalten wurde, und dass im September Hieronymus Boner und Conrad Wickram mit dem Bischof von Basel in Basel selbst ein Abkommen über Schutz und Schirm der katholischen Priesterschaft trafen **). Offenbar haben die Confessionsstreitigkeiten auf Paracelsus hier wie sonst auch bei seinen eigenthümlichen Ansichten gar keinen Einfluss ausgeübt, so dass er mit Schultheiss und Stettmeister sich gut stand. — --

Für die schon oben ausgesprochene Annahme, dass Hohenheim mit Basilius Amerbach wohl in intimerem Verkehr gestanden habe,

---

achten Hipocratem, Galenū vnd andere alte. Man mag nūn leichtlichen merckē zū welchem ich schreib.“ — Hohenheim merkt es und spielt mehrfach auf Fries' astrologische Schriften an (z. B. Fol-Ed. II. S. 630ₐ auf Fries' Schrift über den jüngsten Tag, 1523. 4⁰); er weist die Imputation, dass er für Astrologie Necromantie einschmuggeln wolle, mehrfach zurück z. B. im Paramirum II (also wohl sehr bald, nachdem er von Friesens Invectiven Kenntniss erhalten) . . . . das ist der schleim, den die Astronomi vor den augen haben: Vnd so es gesagt wirdt so mudern sie: Vnd so ihr irrung zu den Abergleubigen kūnsten verworffen wirdt, vn̄ der rechten nachgangen, so schemen sie sich nit zusagen, Es ist Necromantia“ [4⁰-Ed. I. S. 136]. Doch auch für den „Spiegel der Arznei“ von Fries zeigt er nur geringe Werthschätzung: „So ist auch do ein aufflauben der verdorbenen ellenden Büchern in der Artzney, der sie hin vnd her aufflaubt, weiß Gott, gar mit keinem Verstandt, vnd gibt jhn [ihnen] doch ein Spiegel zum kauff. Es ist wohl zu erbarmen, das kein frucht kommen will auß der Leer, darinn er schwebt..“ [4⁰-Ed. V. S. 294; Fol.-Ed. I. S. 627].

*) Vergl. Heft I. dieser „Forschungen“ S. 60.
**) Vergl. Heinrich Rocholl, die Anfänge der Reformation in Colmar. Leipzig 1875. 8⁰. Erst 1575 wurde in Colmar die Reformation eingeführt.

als mit dessen Bruder B o n i f a c i u s , finden wir auch in dem herzlichen
„B a s i l i o   m e o" einen bestätigenden Hinweis, ebenso in der Bitte.
demselben einen Becher Weins zuzutrinken. Auch beim Becher wird
der Schüler mit dem fast gleichalterigen Lehrer manchen Abend ver-
bracht haben. Zu bedenken wäre dabei nur, ob es dem B a s i l i u s
wegen seiner Steinbeschwerden erlaubt war, den sauren und erdigen
Landwein zu trinken, von dessen „Tartarus" erzeugenden Wirkungen
H o h e n h e i m später allein den Veltliner Wein freispricht*).

Ueberblicken wir noch einmal diesen ersten Brief H o h e n h e i m s
an B o n i f a c i u s . so tritt uns daraus die freundschaftliche Gesinnung
des ersteren gegen das A m e r b a c h'sche Brüderpaar lebendig entgegen.
In grosser Eile hat er wohl den eben erhaltenen Freundesgruss schnell
beantwortet. Zur Vervollständigung der flüchtigen Zeilen schrieb er
schon sechs Tage nachher einen z w e i t e n Brief, welcher in Schrift
und Stimmung einen wesentlich anderen Character zeigt. Ob er unterdessen einen Brief von Bonifacius aus Basel erhalten hatte? Es scheint
fast so, wenn auch kein directer Beweis dafür anzutreffen ist. Es
würde sich dadurch der ganze Ton des Briefes Hohenheims erklären,
namentlich der etwas förmliche Schluss, der ein Ende macht mit der
Baseler Episode seines Lebens.

II.

Clarissimo legum doctorj domino bonifacio Amerbachio basilee professori suo optimo**).

S[alutem]. Que ad te nuper breuius scripsi Bonifaci
Chariss. ea nunc fusius accipe. Quecunque mihi basilea
vna cum his qui ipsam incolunt tam creditoribus quam
alijs pollicita est, partim adhuc propius inquirenda mihi
relinquuntur, partim vero in vniuersum negata sunt, idque
tam nepharijs contumelijs ac tanto contemptu pati aliquamdiu

---

*) Siehe „das Buch von den Tartarischen Kranckheiten" (4⁰-Ed. Bd. II. S. 317 ;
   Fol.-Ed. I. S. 308) Cap. 15.
**) Adresse auf der Rückseite des Blattes.

vel non obuiare aliquando omnino non conueniat Nam
esto sane dixerim fortasse aliquid licentius in Magistratum
atque alios, quid tum postea, quando et idipsum: quidquid
id est quod dixi re ipsa sic esse possum ostendere, nisi
quod id demum verissimum esse comperio, veritatem parere
odium, Quo factum est ut in me Magistratus odio, ira,
atque Inuidia permotus, vbi dimidiatam tantum α) horam
amplius mansissem capiendum me atque pro libidine trac-
tandum statuerit. id quod dici non potest, quantum me
animo torqueat, Tametsi in presentia quiescere sino,
quamquam id ipsis calumnie in me struxisse nondum suf-
ficiat Nam pergere eos calumnijs In me in dies magis
ac magis audio, quod quidem nunc iam pati oportet,
Verum autem suum tempus suumque locum quo et haec
et alia mihi restant exequenda, Praeterea Opporinus tuos
tibi libros trade β) cum summa gratiarum actione Item
recepta ac descriptiones de quibus scribis, his paucis bene
vale Ex Columbaria ante Reminiscere feria 4. Anno 28.

Theophrastus bombast ex Hohenheim D.
tuus ex animo.

[Basel], Kirchen-Archiv C. I. 2, Tom I. fol. 317.]

Wir geben auch hier eine deutsche Uebersetzung zum Zweck
der schnelleren Verständigung.

„Ich grüsse Dich. Was ich Dir neulich nur ganz kurz
geschrieben, theuerster Bonifacius, das empfange jetzt ausführlicher.
Alles was mir Basel, sammt denen, die es bewohnen, sowohl
Gläubigern als andern versprochen hat. bleibt mir theils noch genauer zu erforschen. theils aber ist es mir rundweg abgeleugnet
worden und zwar mit so niederträchtigen Schmähungen und solcher
Missachtung, dass es auch nur eine Zeit lang zu ertragen, oder

---

α) Im Original Schreibfehler „tantam".
β) trade = tradito, er soll geben.

dem nicht entgegenzutreten. durchaus nicht geziemen würde.
Denn es mag ja sein, ich habe vielleicht einiges zu frei gegen
den Magistrat und andere ausgesprochen; was ist's denn weiter?!
sobald ich eben dies, was ich auch immer gesagt habe, als auf
Thatsachen beruhend beweisen kann; nur dass ich dann zuletzt
als höchste Wahrheit erkennen muss: Wahrheit trägt Hass ein.
Dadurch ist's gekommen, dass der Magistrat, von Hass, Zorn und
Missgunst getrieben, wider mich beschloss, man solle mich (wenn
ich nur eine halbe Stunde länger geblieben wäre) festnehmen und
nach Herzenslust mit mir verfahren. Sagen lässt es sich nicht,
wie sehr mich das im Herzen quält. Trotzdem lasse ich es gegenwärtig ruhen, obwohl ihnen selbst noch nicht genügt, was sie an
Verleumdungen auf mich gehäuft; denn ich höre, dass sie täglich
noch immer mehr mit ihren Verleumdungen gegen mich fort-
fahren. Doch das muss nun schon ertragen werden. Die Wahrheit hat aber ihre Zeit und ihren Ort, wo dies und anderes mir
auszutragen bleibt.

Uebrigens soll Oporinus Dir Deine Bücher überbringen mit
grösstem Danke, ebenso die Recepte und Descriptionen, von welchen
Du schreibst. Mit diesem Wenigen lebe wohl.

Aus Colmar am 4. Wochentage [Mittwoch] vor Reminiscere
[4. März] im Jahr [15]28.

Theophrastus Bombast von Hohenheim D[octor].
Von Herzen der Deine.

Dieser zweite Brief Hohenheims ist mit ruhiger Ueberlegung
geschrieben, das zeigen schon die Schriftzüge. Im ersten Momente
erkennt man den Schreiber des vorigen Briefes hier gar nicht wieder;
man möchte ihn von anderer Hand geschrieben glauben. Aber eingehende Vergleichung lässt an der Identität des Schreibenden nicht
zweifeln, wofür uns auch Herr Archivrath Dr. Grotefend als Sachverständiger einsteht.

Zwischen dem ersten und zweiten Briefe waren bei Hohenheim
weitere Nachrichten über die Maassregeln des Senats gegen ihn ein-
getroffen. Der Flüchtige war vogelfrei und das Gewebe der Lügen
und Verleumdungen wurde täglich mehr und mehr ausgesponnen.
,Pergere eos calumniis in me in dies magis ac magis audio'. Darum

wohl wollte Hohenheim seinem dortigen Freundeskreise nochmals die Vorgänge wahrheitsgemäss schildern, vor allen dem Bonifacius, der ihm, dem Vertriebenen, geschrieben hatte, bei welchem er also noch eine geneigte Gesinnung voraussetzen mochte, welchen er ja auch im ersten Briefe als seinen Vertheidiger angerufen hatte. Ihm dem einflussreichen Juristen sendet er hier nochmals eine wie eine Vertheidigung klingende Schilderung der Vorgänge, die leider nur subjectiv gehalten ist und einzig die psychische Berechtigung seines Vorgehens motivirt. Den Thatbestand musste er ja auch bei dem in Basel Anwesenden als bekannt voraussetzen. Er lässt den ehemaligen Genossen noch einmal in sein Herz sehen, zeigt ihm, wie ihm bei all den Vorgängen zu Muthe war, wie er, in schmählicher Weise gereizt, durch freimüthige Aeusserung des wahren Sachverhaltes den Entrüstungssturm gegen sich entfesselte, wie er nur mit genauer Noth der Verhaftung und unwürdiger Behandlung entgangen. In tiefster Seele verwundet, zieht er die hier ganz richtige Quintessenz aus den Baseler Schlussereignissen. „Wahrheit trägt Hass ein". Resignirt schliesst er seine Rechtfertigung. Er sieht ein, dass gegenwärtig nichts mehr zu hoffen ist, und mit einem matten, aber gerechten Appell an die Zukunft, dem letzten Hoffnungsschimmer aller Gekränkten, bricht er ab, zum Schlusse noch einiges Geschäftliche recht kurz erledigend — höflich, aber kühl. Mit Basel ist er fertig und er fühlt, dass es auch mit Amerbach nicht anders sein werde. Darum auch wohl die formelle Unterzeichnung des vollen Namens „Theophrastus Bombast ex Hohenheim Doctor".

Er konnte sich wohl kaum darüber täuschen, dass seine reformatorische Thätigkeit auf dem Katheder für immer ein Ende habe. Vaterlandslos ist er geworden (so nennt er sich selbst), nachdem er kaum von seinen weiten jugendlichen Wanderungen in der Fremde zu freudigem Schaffen heimgekehrt war. Auf Kampf und Streit in Wissenschaft und Kunst war er gefasst gewesen*) und mit jugendlicher Begeisterung war er daran gegangen, die „neue Theorie beider Arzneien" zu begründen, den neuen Grund zu legen für das Gebäude seiner Wissenschaft, wie es seinem Geiste vorschwebte; er wollte alle die

*) „Mich erschreckt nicht der hauff Aristotelis, noch des Ptolemaei, noch Auicennae: Sondern mich erschreckt der vngunst, der zuviel in die weg gelegt wirdt: Vnnd das vnzeitig Recht, Brauch, Ordnung, als sies nennen, Jurisprudentiae" [4º-Ed. I. S. 140; Fol.-Ed. I. S. 50c].

reichen Erfahrungen der langen Lehr- und Wanderjahre nun in eifrigem Schaffen zusammenfassend den begierigen Schülern überliefern — aber wie immer hat der himmelstürmende Idealismus, der die kleine Erde aus den Augen verlor, elendiglich Schiffbruch gelitten in den kleinen Widerwärtigkeiten des Lebens: Auf kleinliche persönliche Befehdungen war er nicht gefasst gewesen, wie er denn selbst sagt, er habe von jeher gemeint, „wer die Seele liebe, der liebe auch den Leib" (s. oben S. 63): wer das Grosse im Wollen des Mannes erkannt habe und anerkenne, der nehme auch den ganzen Mann mit seinen Schwächen nachsichtig mit in den Kauf! — Den in diesen Worten enthaltenen sehr gelinden Seitenhieben auf jenen Seelsorger, der den geschickten Heilkünstler durch seinen Wortbruch ins Unglück stürzte (dazu hätte auch die Feder und der Groll eines Dante gehört!), soll hier nichts weiter hinzugefügt werden. Sie sind an sich schon deutlich genug!

So wie hier in Basel ist Hohenheim noch öfter durch bittere Erfahrungen (z. B. in Esslingen, in Amberg u. s. w.) in seinem Verlassen auf Menschen betroffen, wenn auch vielleicht nicht belehrt worden. Dem Sanguiniker ging leider nur zu oft die Lebensklugheit aus, die vorsichtig ihr Schifflein durch die überall drohenden Klippen steuert.

Wie aber hat der weltkluge Bonifacius die Sache angesehen? Der Genosse von ehemals mag ihm recht bald in anderem Lichte erschienen sein. An Beeinflussungen von gegnerischer Seite wird es nicht gefehlt haben. Namentlich in juristischer Beleuchtung sah wohl bald Hohenheims Vorgehen ganz anders aus, als da er es noch mit Freundesaugen oder gar mit dem Egoismus eines Kranken betrachtete. Auch der Einfluss des alles bespöttelnden Erasmus machte sich wohl gegen Paracelsus bei ihm aufs traurigste geltend. Denn dieser nennt in seinem bekannten Briefe über Frobens Tod Hohenheim nicht mehr als den, der Froben früher gerettet hatte, sondern sagt nur, ein Arzt von auswärts („aliunde venit medicus") habe demselben geholfen. Nicht einmal seinen Ruf will der Neidische dem ehemaligen Professor mehr fördern, sondern verleugnet lieber seine eigenen Worte des Lobes, die er in dem Briefe an Theophrastus gespendet hatte. (S. unten Abschnitt 3.)

Und so mag denn das Band, das Bonifacius und Theophrastus verknüpfte, rasch sich gelöst haben. Ein weiterer brieflicher Verkehr hat gewiss nicht stattgefunden. In den Hohenheim'schen Schriften wird Bonifacius Amerbach an keiner Stelle erwähnt. Niemals ist ihm der Name dieses Mannes in die Feder gekommen, so oft ihm auch Basel daraus floss. Nicht einmal die Briefe des ehemaligen Freundes haben sich unter Hohenheim'schen Papieren erhalten. Und Bonifacius wird auch wohl nicht mehr an Paracelsus gedacht haben, als er (wie Probst S. 26 berichtet) die Regeneration der durch das Gesetz von 1539 fast ganz entvölkerten Universität in's Werk setzte, so grosses Aufsehen jener auch unterdessen in der Wissenschaft gemacht hatte. — In ganz Basel scheint über den gegen Magistrat und Gerichtspersonen aufsässigen Professor das längst als ungerecht erkannte Urtheil des Todtgeschwiegenwerdens ergangen zu sein.

Zur Beurtheilung der Reibungen und Anfeindungen, denen Hohenheim in Basel ausgesetzt war, haben wir hier nichts weiter zu sagen. Wir verweisen auf unsere Ausführungen bei den Actenstücken im ersten Abschnitt und auf die Schilderungen der Zwistigkeiten unter den verschiedenen Parteien bei Fechter und Ochs [Bd. V]. Nur darauf könnten wir noch hinweisen, dass Hohenheim jedenfalls auf der Seite der Humanisten, der ursprünglichen Gegner der Scholastik, stand, wie seine Freunde, die Amerbach, Froben und andere. In den religiösen Hader mischten sich die Humanisten, welche eine andere „wahre Theologie" von Erasmischem Zuschnitte im Auge hatten, damals noch wenig. Auch Bonifacius Amerbach hatte ja keineswegs entschieden Stellung genommen, ebenso wie sein Berather Erasmus. Hohenheim selbst, der dem ganzen Streite der Confessionen recht neutral gegenüberstand, sagte sich niemals von der katholischen Kirche dem Worte nach völlig los, wenn er auch eine Reformation des Papstthums anstrebte*). Ob aber nicht auch grade diese Parteilosigkeit mitten zwischen den wild gegeneinander wüthenden Heerlagern seinen Untergang beförderte, lässt sich wohl vermuthen,

---

*) Einerlei, ob wahr oder erfunden, beachtenswerth ist der von Theodor Zwinger [Theatrum vitae humanae, 1586. Fol. Vol. XV. pag. 2583] mitgetheilte Ausspruch Hohenheims: „Sed et Joannem Oporinum . . . saepe narrantem audivimus dicere solitum Paracelsum, mirari se Lutheri et Zwinglii scripta tanto applausu excipi, so es doch eitel Bacchanten werck [Schülerarbeit] sey. Wann er anfieng zu schreiben, wolte er sie vnd den Bapst erst recht in die Schul füren". Auf Hohenheims spätere Stellung zu den Religionsparteien kommen wir im fünften Abschnitt zu sprechen.

aber, soviel wie wir wissen, nicht mehr actenmässig beweisen. Auch
ohne den Handel mit dem Canonicus von Lichtenfels wäre wohl
bald ein Bruch erfolgt und der Lehrthätigkeit Hohenheims in Basel
ein frühes Ende bereitet worden, selbst abgesehen davon, dass überhaupt die ganze Universität nur noch wenige Monate ein Scheinleben
führte und im Frühjahre 1529 völlig geschlossen werden musste.

Kehren wir zu dem Briefe selbst zurück! Da persönliche Beziehungen in demselben fast gänzlich fehlen, so bietet er der weiteren
Erklärung keine nennenswerthen Schwierigkeiten; es ist eigentlich alles
in sich selbst schon klar.

Die „recepta ac descriptiones", welche Bonifacius von
Hohenheim brieflich erbeten hatte, sind medicinische Schriftstücke,
Recepte und Arzneibereitungsvorschriften oder dergleichen. Derselbe
Ausdruck findet sich vielfach in Hohenheim'schen Schriften; z. B. heisst
es in den Colmarer „10 Büchern von Frantzösischen Blatern" im
1. Buche Cap. 4: „Ewere Recepten vnd Descriptiones beweisen, dass
jhr kein Theorick darzu nie gebraucht haben"*) und ähnlich an
mehreren Stellen**). Wahrscheinlich hatte Bonifacius um irgend
eine ihm von früher her bekannte, früher besprochene, oder an ihm
selbst heilsam befundene ärztliche Verordnung gebeten. Doch lässt
sich Genaueres darüber natürlich nicht mehr sagen. Vielleicht finden
sich die fraglichen Schriftstücke noch einmal in dem reichen handschriftlichen Nachlass der Familie Amerbach.

Somit bliebe uns nur über „Opporinus", richtiger Oporinus
(Latinisirung von Herbst) ein paar Worte zu sagen. Bekanntlich
war er als 20jähriger Jüngling (obgleich schon mit einer alten zank-
süchtigen Wittwe verheirathet!) auf Anrathen Öcolompads bei
Hohenheim als Famulus in Dienst getreten***), um auf diese Weise
rascher und gründlicher in die Lehren und „Geheimnisse" des kennt-

*) Chir. B. u. Schr. Fol.-Ed. S. 253A.
**) z. B. Chir. B. u. Schr. Fol.-Ed. S. 305A; ib. S. 335A; 4⁰-Ed. Bd. II. S. 245.
Manchmal findet sich auch die deutsche Wendung „Recepte und Beschrei-
bung" z. B. Chir. B. u. Schr. 4⁰-Ed. S. b₃ʳ und Fol.-Ed.):(ᵛ.
***) Jociscus könnte zu der falschen Annahme Veranlassung geben, dass
Oporinus direct nach Hohenheims Ankunft in Basel bei demselben in
Dienst trat; aber die Zeitbestimmungen über Hohenheims Eintreffen in Basel
sind bei Jociscus sehr ungenau: „sub initium repurgati Evangelii" und „dis-
sipata tunc plane erat Academia" u. s. w. Das Letztere fällt aber erst ein

nissreichen Arztes eingeweiht zu werden. Er hat dann etwa ein Jahr bei ihm in Basel Vorlesungen gehört, Dictate nachgeschrieben und im Laboratorium mitgeholfen, ist auch mit dem Geflüchteten etwa ein halbes Jahr lang im Elsass gewesen, dann aber in seine Vaterstadt Basel zurückgekehrt und der berühmte Buchdrucker geworden, als welcher er noch heute in den Annalen der Wissenschaften gefeiert wird.

Ein Brief, den er über seinen Verkehr und Zusammenleben mit Paracelsus an Reinerus Solenander und Johann Weyer, die Leibärzte der Herzöge von Cleve, anscheinend nicht lange vor seinem am 6. Juli 1568 eingetretenen Tode geschrieben hat, ist im Grunde das Einzige, was von ihm in die Geschichte Hohenheims gehört*).

Jahr nach Hohenheims Weggang, worauf schon Friedrich Fischer („Paracelsus in Basel" S. 119) aufmerksam gemacht hat. — Die Verheirathung Oporins mit der Wittwe seines Freundes Xylotectus fällt (nach Jociscus S. A₃ʳ) auch erst ins Jahr 1527 und vor die Uebernahme der Famulusdienste bei Paracelsus. Mithin kann Oporinus erst im Laufe des Jahres 1527 zu Hohenheim gekommen sein.

*) Mit diesem Briefe des Oporinus an Weyer und Solenander ist es einigermaassen dunkel bestellt. In der „Oratio De Ortu . . . Oporini . . . . Authore Andr. Jocisco . . . Argentorati M.D.LXIX." 8⁰ wird der Inhalt dieses Briefes theilweise verwerthet (S. A₅ʳ—B₄ʳ), ohne dass der Brief als Quelle angegeben wäre. Eine wörtliche Uebereinstimmung der Worte des Jociscus mit dem Briefe besteht aber durchaus nicht und Jociscus konnte das alles ebensowohl von Oporinus bei dessen Lebzeiten mündlich vernommen haben. Thomas Erastus in seinen „Disputationes de medicina nova Philippi Paracelsi" Pars I. Basil. 1571. 4⁰. pag. 238 f. gibt gleichfalls nur kurze Excerpte daraus. Sollte der Brief nicht damals schon gedruckt gewesen sein? Die früheste Drucklegung indess, welche wir finden konnten (sie wird in keiner Schrift über Hohenheim erwähnt), ist anzutreffen in: „Discursus De Chemicorum Quorundam, Non Modo Nova Medicina Et Medendi Ratione: Sed Etiam Nova Philosophia Et Theologia: Addita consideratione Famae Fraternitatis Roseae coronae vel crucis, cum annexo fragmento Epistolae & Orationis de Theophrasto Paracelso. Autore Joanne Franco Seniore Doctore Medico. Budissinae, Typis Zipseri." 4⁰. s. a. [Vorrede datirt: „Budissina Calendis Januarii . . 1610". 47 SS.] Francus sagt S. 36: „Sed audiamus ipsum Oporinum, cujus Epistolae fragmentum, nactus sum in urbe Argentinensi ante annos 46. [also 1570] ex Bibliotheca docti cujusdam medici, una cum eadem Latina Intimatione, (vt vocant) impressa, et Basileae publice affixa . . ." Ein früherer Druck war also unserm Autor unbekannt, er druckt nach einer fragmentarischen Abschrift, die er vielleicht von Michael Toxites erhalten hatte (denn in einer 1610 von ihm herausgegebenen Schrift „De Arte Chemica Eiusque Cultoribus. Epistolae Quatuor" [ibid. 4⁰. 28 Bll.] erzählt Francus, dass er 1570 mit Toxites freundschaftlich in Strassburg ver-

Uns mit dem Inhalte dieses Briefes zu beschäftigen, ist hier nicht am
Platze. Erwähnen wollen wir nur, dass wir auch diesen Mittheilungen
doch nicht ganz die Authenticität zusprechen können, welche ihnen
so allgemein beigelegt wird. Denn einmal lagen fast 40 Jahre zwischen
den Ereignissen und der Schilderung, zweitens zeigt sich an vielen
Stellen, dass die Urtheilsfähigkeit des jungen Oporinus über das,

kehrte). „Verba autem Oporini ad Reinerum Solenandrum Doctorem Medicum.
haec sunt: Porro quod ad Th. Parac. attinet..." [folgt der bekannte Brief].
Der Wortlaut des Briefes bei Francus stimmt fast ganz genau mit dem-
jenigen überein, welchen Daniel Sennert in seinem „De Chymicorum Cum
Aristotelicis Et Galenicis Consensu Ac Dissensu Liber... Wittebergae 1629·
4⁰ [zuerst 1619 erschienen] S. 32/33 gibt, von wo alle späteren Abdrücke
entnommen sind. Nach Francus wäre es ein „Fragment". aber Sennert
gibt auch nichts weiter und behauptet überdies „Exstant quidem eae literae
in vita Oporini à Jocisco descripta" und weiter „Epistola tamen vitae
Oporini inserta", was absolut falsch ist. Der Leser muss bei Sennert
den Eindruck erhalten, als habe er nach der „vita Oporini" gedruckt („verum
cum non in omnium sint manibus, eas hic proponere libet"), was aber, wie
gesagt, nicht der Wahrheit entspricht; seine wirkliche Quelle nennt Sennert
gar nicht. War es vielleicht gar unser Francus? Ist diese Vermuthung
richtig, so hat Sennert seinen Gewährsmann missverstanden; denn Francus
druckt zwar zugleich eine Stelle aus der „vita Oporini' des Jociscus ab,
sagt aber bezüglich des Oporin'schen Briefes durchaus nicht, dass derselbe
in der Oratio des Jociscus zu finden sei, sondern ausdrücklich nur: „Eadem
fere de Paracelso scribit Andreas Jociscus in oratione de vita et obitu
J. Oporini, ex cujus ore ea excepit"! — Johannes Stariz erwähnt den
Brief in der Vorrede zur „Philosophia de Limbo".. Magdeburg 1618. 4⁰.
[Mook Nr. 195] folgendermaassen: „dannenhero auch Joannes Oporinus in
quadam suâ Epistola Anno 1565. Ex Basileâ de judicio admirandi Medici
Paracelsi: ad Vierium Medicum Juliacensem... [ihn] vor einen Atheum
anſruffet." Die sonst nirgends genannte Jahrzahl 1565 und der ganze Tenor
des Titels weist mit Wahrscheinlichkeit auf einen älteren Druck des Briefes
hin, den wir einstweilen nicht nachweisen können. — Auch Johannes Freytag
benutzt in seinen gleichfalls 1616 erschienenen „Noctes Medicae" [Francofurti
4⁰] S. 116—118 ausser den Excerpten des Erastus auch noch einen anderen
vollständigen Druck, den er nicht weiter kennzeichnet. —
  Doch wie dem auch sei, so lange nicht eine ältere (vor dem Tode
Oporin's erschienene) Drucklegung des Briefes aufgefunden wird, ist uns der
Wortlaut des Briefes kein gutverbürgter! — In der mehrfach in Verbin-
dung mit unserm Briefe genannten Stelle aus einem Briefe des Rostocker
Professors Levinus Battus an Heinrich Smetius vom Jahre 1572
wird nur die Glaubwürdigkeit der Rede des Jociscus in Zweifel gezogen
(„non dubium enim est, orationem illam ab aemulis Theophrasti eiusque discipulorum, Basileae esse scriptam"), der Brief des Oporinus aber gar nicht
erwähnt. („Miscellanea Henrici Smetii.. Medica". Francofurti 1611.gr.8⁰. S.691.)

was sich vor seinen Augen abspielte, eine recht geringe, ja zum Theil
geradezu lächerlich schwache gewesen ist. (Man denke sich denselben
nach dreitägigem Fasten mit dem Uringlase vor Paracelsus er-
scheinend und bei anderen Scherzen seines Meisters, z. B. dem Gold-
kochen und dem Schwefelwasserstoff (?), welche er auch in höherem
Alter offenbar noch nicht als solche begriffen hatte!) Drittens endlich
besteht für uns der dringende Verdacht, dass der Oporin'sche Brief
in dem Streite der Doctoren Johann Weyer, Reinerus Solenander,
Johann Echtius und Bernhard Dessenius mit dem Paracelsisten
Georg Fedro*) in Köln verwerthet werden sollte, also keineswegs als
unparteiisch zu betrachten wäre. Ist unser Verdacht begründet, so
wäre Oporinus recht täppisch in die ihm gestellte Falle gegangen,
indem er seine köstlichen Jugenderinnerungen als bonus vir semper
tiro den Feinden seines nie begriffenen Lehrers zum besten gab. Die
Charakterfestigkeit des Oporinus war jedenfalls eine geringe, wie
seine Biographie bei Jociscus jeden Unbefangenen lehren muss; die
Lobrede selbst vermag das vielfach Läppische seines Handelns nicht
zu verbergen. Die vier Heirathen mit ihren Nöthen zeigen gleichfalls seine Charakterschwäche. Oporin ist zwar unstreitig ein tüch-
tiger Buchdrucker gewesen (wenn seine vielen Schulden, die er hinterliess, auch vermuthen lassen, dass er sich in seiner typographischen
Thätigkeit mehr durch löblichen Eifer für die Wissenschaften, als durch
strenge kaufmännische Calculationen leiten liess) — aber gegen
Paracelsus ist er ein verdächtiger Zeuge, selbst wenn es nicht
wahr sein sollte, dass er dem Michael Toxites gegenüber nach
Bekanntwerden des Briefes bitter bereute, denselben geschrieben zu
haben**). Von seinem Meister Hohenheim ist Oporin in seiner

---

*) Auf diesen Streit kommen wir bei einer späteren Gelegenheit in unseren
Paracelsus-Forschungen noch eingehend zurück. — Mit Weyer stand
Oporin als Verleger von dessen „De praestigiis daemonum" (1563 u. später)
in Verkehr. Unsers Wissens steht der Brief in keiner der Ausgaben dieses
Werkes. Auch der „Medicarum Observationum rararum Liber I." war in 4⁰
bei Oporin erschienen (1567).

**) In der Vorrede zum „Testamentum Philippi Theophrasti Paracelsi... Straß-
burg 1574." 8⁰ (Mook Nr. 108; von uns noch in 8 anderen Bibliotheken gefunden), welche an den durch Erast bekannt gewordenen ehemaligen Schüler
Hohenheims Georg Vetter, Pfarrer zu Beerfelden (vgl. auch Toxites'
2. Auflage der „Archidoxa" Strassburg 1574. 8⁰. S. 366) gerichtet ist, schreibt
Toxites [Aij']: „Ich will auff mein gütten freund Joannem Oporinum kein

6

Einfalt, Unanstelligkeit und kleinlichen Pedanterie mehrfach zum besten
gehalten worden, wenn jener auch seine Treue und Anhänglichkeit zu
schätzen wusste (cfr. Heft I. S. 53—55), Tugenden, welche später
ins Gegentheil umschlugen, als dem leicht bestimmbaren Manne in
Basel alles erdenkbare Schlechte über seinen früheren Lehrer eingeredet
worden war*) und religiöse Befangenheit, Aberglaube, Gedächtniss-
schwäche das Ihrige hinzuthaten.

Dass O p o r i n u s noch zwei Jahre mit seinem Meister im Elsass
herum gewandert sei, ist ein seit Jociscus oft wiederholtes (wenn auch

vnwarheit sagen, Das aber kan ich zumelden nit vnderlassen, vnd reds mit
warheit, dz er mir bekennt, er habe kein glüch zu Theophrasto gehabt, er
habe jm auch gesagt, dz er Oporinus kein medicus pleiben, sonder ein andere
Profeſion an sich nemmen wurde. Item, das er dazumal nie verstanden,
das Theophrastus so ein gelerter mann gewesen, wie er hernach erfarn, vnd
haben jhn zwey stuck vbel gerewet, Erstlich das er die bücher, so er von
Theophrasto gehabt, als seine gantze praeparationes, vnnd ander ding, andern leuthen verlihen het. Zum andern, das er die Epistolam von Theophrasto
an Doctorem Vuierum geschriben. Darumb hette Andreas Jociscus mit seiner
stoltzen Oration wol mögen ein wenig gemach thun . . ." Diese Notiz über
O p o r i n [der Brief ist datirt „Hagenaw den 12. Martij 1574"] scheint uns
unzweifelhaft der Wahrheit zu entsprechen. Dass H o h e n h e i m ihm abrieth,
Arzt zu bleiben, ist ebenso wahrscheinlich, als es offenkundig ist, dass
O p o r i n die Grösse H o h e n h e i m s nicht erkannte, wie er ja hier selber
freimüthig zugesteht. Und so wird auch an seinem Bedauern über den Brief
an W e y e r kein begründeter Zweifel sein können! — Auch in den „Onomastica II." (Argentorati 1574. 8⁰, mit einem Vorwort von Joh. F i s c h a r t),
deren „Praefatio" 3 Tage später geschrieben ist, kommt T o x i t e s nochmals
auf Oporinus zu sprechen und schreibt Seite 451 über dessen Brief: „Oporinum
paenituit Epistolae, quam ad D. Vuierum de Theophrasto scripsit, dixitque
eodem tempore mihi, ab ipso fuisse e m e n d i c a t a m epistolam [!!],
neque eam scripturum fuisse si sciuisset, ita in vulgus proditura. Quamquam praestat eam scripsisse, plura enim in ea sunt, quae ad laudem
Theophrasti pertinent, quam ad vituperium, & quae ibi vituperat, longe aliter
etiam intelligenda sunt, quam vel Oporinus, vel alii interpretati sunt, quae
breuitatis causa omitto." —

*) So nahm O p o r i n u s schon 1543 die Schmeicheleien des J a n u s C o r n a r i u s
ruhig an und druckte den Brief desselben munter ab, worin auf sein Verhältniss zu H o h e n b e i m als eine Jugendeselei leicht merkbar angespielt
wird. cf. „Jani Cornarij Medici Physici Medicina, sive Medicus, Liber unus
. . . Basileae, per Joannem Oporinum" (1556), 8⁰. S. 69: „Quum nouerim
te ab a d o l e s c e n t i a in uirum creuisse, qui r e c t o r u m studiorum
cultu, eorumque propagandorum amore mirifice flagret, et ab o m n i u a n a e
d o c t r i n a e fuco, iactationeque ac ostentatione alienus sit, scio
fore ut et hanc orationem contra personatos illos Doctores . . . libenter legas."
Der Brief ist datirt von Marburg, 9. April 1543.

schon von Adelung richtig gestelltes) Missverständniss. Es lässt sich schon dadurch widerlegen, dass Hohenheim selbst kaum mehr als ein Jahr im Elsass gewesen sein kann, da er im November 1529 bereits längere Zeit in Nürnberg geweilt hatte (cfr. Heft I. S. 51, 60 u. 62), und vorher wäre noch der Esslinger Aufenthalt in Rechnung zu bringen. Oporin sagt aber in seinem Briefe von seinem Baseler und Elsässer Famulusdienste zusammen: „ego ipsi familiariter per biennium fere convixi." — — —

Die Erwähnung Oporins in unserem 2. Briefe Hohenheims aus Colmar zeigt uns den Famulus noch in Basel. Er sollte dem Bonifacius die früher an Hohenheim geliehenen Bücher zurückgeben. Wir machen auf diesen Umstand noch besonders aufmerksam. Medicinische Bücher werden das nicht gewesen sein, sondern Klassiker, in denen der Humanist Amerbach ja vor allem lebte und auch Hohenheim offenbar bewandert gewesen ist. Doch auch die alten Aerzte hatte Theophrastus nicht blos gelesen, sondern gründlich in sich aufgenommen, wie ein eingehendes Studium seiner Schriften jeden gerecht Urtheilenden lehren muss und wie er an vielen Stellen nebenbei selbst erzählt.

In der Baseler Zeit freilich lag das Studium der alten Aerzte lange hinter ihm. Sagt er doch selbst 1530, dass er seit 10 Jahren kein Buch mehr gelesen habe, was sich selbstverständlich nur auf medicinische Bücher beziehen soll (cfr. Heft I. S. 47). Einzig der eigenen Beobachtung und Erfahrung am Mikrokosmus und Makrokosmus, am kranken Menschen, wie im chemischen Laboratorium und in der weiten Natur hatte er später (von circa 1520 ab) sein Leben gewidmet. Diese seine „Practica" gab ihm das Material ab, woraus allein er seine „Theorica" bildete, die später so viel Anstoss erregte, weil Niemand dieselben practischen Wege und in derselben Universalität wandelte, wie der die ganze Welt mit seinem Geiste umfassende Reformator der bisherigen, über Aristoteles und Plinius nicht hinausgekommenen Naturanschauung. Für diese selbstgeschaffene oder eigentlich sich ihm aufdrängende Theorie konnte er allerdings in damaligen Schriften ebensowenig etwas finden, wie etwa der mit ihm gleichzeitig nach neuer Naturerkenntniss ringende Kopernikus († 1543) auf dem Gebiete seiner grundstürzenden Forschungen.

—

Eine alte Streitfrage wird endlich durch unsere beiden Colmarer Briefe definitiv aus der Welt geschafft, die Frage, ob Hohenheim des Lateinischen mächtig gewesen sei oder nicht.

Für den aufmerksamen Leser seiner Schriften konnte allezeit darüber kein Zweifel bestehen, dass Paracelsus die lateinische Sprache vollständig beherrschte, ja selbst mit dem Griechischen und Hebräischen wenigstens soweit vertraut gewesen sei *), dass er diesen seine selbstgeschaffenen termini entlehnte. Wir machen nur auf folgende aufmerksam: Seine neue Bezeichnung für ‚Alchymie‘ und ‚alchymistisch‘ (vielleicht weil ihm diese Ausdrücke einen widerwärtigen Beigeschmack hatten!) „spagirisch", „Spagiria" und „Spagirus" aus σπάω und ἀγείρω — — Yliadus, Yliaster, Ylech stammen offenbar von ὕλη, Materie — — Archeus = ἀρχαῖος — Archidoxen = ἀρχιδόξα — — Ares von אֶרֶץ Erde — — und vieles andere **).

Dass der Sohn eines Arztes, der bei seinem Vater Wilhelm von Hohenheim (welchem der Besitz einer reichen Bibliothek nachgerühmt wird) und mehreren gelehrten Geistlichen in und bei Villach ***)

---

*) Nur aus solchem Vertrautsein lässt es sich, um nur ein einziges Beispiel anzuführen, erklären, dass Hohenheim im 5. Capitel des III. Buchs seiner oben erwähnten Schrift „De gradibus et compositionibus" ausruft: „O ingentem Alaoscopiam, qua id, quod nullo pacto deprehendi potuit, ad iudicium revocare homines statuunt" [4⁰-Ed. Bd. VII. S. 21/22; Fol.-Ed. I. S. 961c]. Philologen werden diesen Gebrauch eines Homerischen Ausdrucks noch besser zu würdigen wissen, als wir Mediciner. (Die landläufige Behauptung, dass Oporin das ganze Werk „De gradibus" aus Hohenheims deutschem Texte lateinisch übersetzt habe, ist von uns schon oben [S. 37 Anm.] zurückgewiesen worden.)

**) Eine ganze Reihe aus dem Griechischen entlehnter Termini Hohenheims mit versuchter griechischer Etymologie gibt schon J. Gohory in seinem „Compendium" 1567. (Baseler Ausgabe von 1568, S. 316 f.)

***) An der bekannten Stelle in der „Gr. Wundarznei" [Cbir. B. u. Schr. 4⁰-Ed. S. 273; Fol.-Ed. S. 102A], wo Hohenheim seine Lehrer in den geheimen Wissenschaften nennt (keineswegs seine Lehrer überhaupt, wie fast allgemein behauptet wird), sind einige derselben wohl persönlich seine Lehrmeister gewesen, andere nur durch ihre Schriften, welche doch gewiss fast alle lateinisch geschrieben waren. Er unterscheidet dort ja auch ausdrücklich persönliche und schriftliche Belehrung. Als fleissige Forscher auf alchemistischem Gebiete führt er an den „Edel vnd vest Sigmund Füger von Schwatz mit sampt einer anzal seiner gehaltnen laboranten", die auch ihm Belehrung gaben. — Hier ist abermals ein alter Irrthum zu berichtigen! Sonderbarerweise gilt seit mehr

Unterricht genoss und später nach mehrfachem eigenem Zeugniss (dem
man schwerlich mit Recht Zweifel entgegensetzen darf) die hohen

als zweihundert Jahren in Folge dieser Stelle Sigmund Fugger, ein Glied
des berühmten Augsburger Geschlechtes, als Hohenheims Lehrer. Schon
Hermann Conring schreibt 1669 in der 2. Aufl. seiner Schrift „De Her-
metica medicina" [Helmstadt 4º], pag. 373 „Fugger", während er in der
ersten Aufl. [1648. 4º. pag. 343] an derselben Stelle noch richtig „Füger"
geschrieben hatte. In Folge des grossen Vertrauens, welches Conring bei
den Gelehrten genoss, wurde dieser Irrthum allgemein angenommen, selbst
von seinem Gegner Olaus Borrichius in dessen „Hermetis Aegyptiorum
et Chemicorum sapientia". Hafniae 1674. 4º. S. 282. Doch wird der Irrthum
nicht ehrwürdig durch sein Alter und des grossen Conring's Verschulden! —
In beiden Drucken intra vitam Paracelsi heisst der Mann Sigmund Fueger;
sollte das beidemale Druckfehler oder Schreibfehler sein? — Hohenheim
nennt diesen seinen Lehrer sonst nirgends in seinen Schriften, aber die Kaufherren Fugger kehren des öfteren wieder. In keineswegs günstigem Sinne
spricht sich Hohenheim über sie aus als Importeure des Lignum Guaiacum.
Man sehe die folgenden Stellen: „da alle krancken an euch verzagten, da
halff euch Gott hinder den Cardinalhůt, vnd hinder des Fuckers Banckier...
da fůren sie gehn Holtz... Ach du schöner Doctor, hastu ein Ablaß vor der
Thüren, id est, dein Holtzmarkt: Das ist, so der Fucker dein Bapst ist,
warum woltestu gen Rom ziehen. id est, in den Holtzwaldt," [Chir. B. u.
Schr. Fol.-Ed. S. 257] „... einer flohe vndern Cardinal Hut, der ander entrann
ins Fuckers Laden vnnd halffen jhnen jhr Holtz abladen.." [ib. S. 252],
„.. habt jhr auff eweren Hohenschulen sonst nichts anders gelernt. dann
das jr kunst müssen vom Fucker lernen, vnd der Cardinal ewer Schulmeister sein muss.." [ib. S. 288] „der Rote Hut, vnd des Fuckers Wagen.
hand das Holtz gebracht, aber sein Tugend nicht." [ib. S. 257; vgl. auch
S. 643ₐ; 324ₐ u. s. w.] Hohenheim schreibt also die Kaufherren stets Fucker,
nicht Füger! Sollte sein Schwatzer Lehrmeister aus derselben Familie
stammen, die er hier so en bloc als Holzlieferanten tractirt?! [Den Car-
dinalshut wissen wir nicht anders zu erklären, als unter Hinweis darauf, dass
die älteste bekannte Schrift über das Holz Guajak „Nicolai Poll. Medicinae
Professoris, & Sacrae Caesareae Maiestatis Phisici, De cura Morbi Gallici
per Lignum Guaycanum, Libellus" am „XIX. Decembris. M.D.XVII" gewidmet ist „ad Reverendissimum ac Illustrissimum Principem & Dominum
Matthaeum S. Romanae ecclesiae Cardinalem Gurcensem..."
(uns liegt die Ausgabe von 1535, 8 Bll. 8º. s. l. vor)]. Für die stellenweise
Unzuverlässigkeit der Paracelsus-Ausgaben Adams von Bodenstein ist
es bezeichnend, dass er in seinem „Opus Chyrurgicum" allenthalben an die
Stelle des „Fucker" einfach „Kauffmann" setzt. Er wollte es mit den mächtigen Augsburger Herren nicht verderben und schrak deshalb vor einer
Fälschung der Worte Hohenheims nicht zurück!!
Sehen wir uns im 16. saec. selbst um, so finden wir z. B., dass A.
v. Bodenstein in der Vorrede zu seiner Ausgabe des Paramirum II (Mühl-
hausen 1562. 4º.) in einer langen Reihe grosser Männer, welche Gott dem

Schulen besuchte, zu einer Zeit, wo das Latein noch das A und O
aller Bildung war und alle Vorlesungen in dieser Sprache gehalten

deutschen Lande verlieben, neben Hutten, Trithemius, Luther, Erasmus etc. auch den „Sigmund Füger von Schwatz" nennt. Ist das auch
ein Druckfehler? Wusste es Bodonstein etwa nicht besser? Aber er
hat ja noch 3 Jahr vorher selbst seine „Epistola .. ad dominos Fuggeros"
in die Welt gesandt! (cf. Heft I. S. 28.) — Auch Benedict Figulus
hatte noch 1608 den richtigen Faden nicht verloren. Er veröffentlichte in
diesem Jahre in seiner „Thesaurinella Olympica aurea tripartita" Franckfort.
4⁰. S. 210 ff. (Ausg. von 1682. 8⁰. S, 300 ff.) den „Tractatus VI. De Lapide
Philosophorum, Theoria Brevis, Domini Georgii Fuegeri, Suaviacensis Chymici,
cujus avus Theophrasto fuit familiarissimus." — Sollten diese Leute aus dem
16. saec. (Figulus ist am 29. Dezember 1567 geboren) nicht bessere Zeugen
sein als die folgenden Jahrhunderte?? —

Nun entsteht aber dem Sigmund Fugger noch eine weitere Schwierig-.
keit. Schon Adelung (S. 219) konnte keinen Sigmund dieses Namens
um jene Zeit auffinden, begnügt sich aber mit dem Factum, dass die Fugger
von Augsburg von 1470—1535 das Schwatzer Silberbergwerk in Besitz hatten
Ebenso ist es anderen gegangen. Da auch wir nicht glücklicher waren,
wandten wir uns, um Gewissheit zu bekommen, an den Archivar der Fürsten
Fugger, Herrn Dr. Dobel in Augsburg. Derselbe theilte uns mit, dass
auch ihm kein Sigmund Fugger bekannt sei, und verwies vermuthungsweise
auf die Familie Füger, welche gleichfalls in Schwatz baute. Dies letztere
Factum war auch dem gründlichen Murr schon nicht entgangen, aber er
glaubte dennoch an dem überlieferten Fugger festhalten und Füger für
einen Druck- oder Schreibfehler erklären zu müssen (l. c. S. 186). Da aber
kein Sigmund Fugger existirt hat, so ist diese Vermuthung definitiv fallen
zu lassen!

Die Füger waren ein jetzt erloschenes Grafengeschlecht in Tirol und
Oberösterreich, benannt von dem bekannten Dorfe Fügen im Zillerthal. Die
eine Linie desselben, die Füger von Friedberg, besass einen grossen
Antheil an dem Silberbergbau in Schwatz (cf. Alb. Jäger, Beitr. zur Tiro-
lisch-Salzburgischen Bergwerks-Geschichte. Wien 1875. 8⁰. [aus dem „Archiv
für Österreichische Geschichte", LIII. Bd. S. 17, 99 und 102], was ihr zu
grossem Reichthum verhalf. Die Brüder Johann Christoph und Sigis-
mund auf den Burgen Melans und Friedberg schenkten den Grund, worauf
1507—1515 das Franziskanerkloster zu Schwatz erbaut wurde. Dieser Sigis-
mund ist der von Hohenheim genannte „Sigmund Füger." (Siehe des
weiteren Ersch und Gruber's Encyclopädie I. Sect. 50. Theil. Leipzig 1840.
S. 396 f. und Joh. von Sperges, Tyrol. Bergwerksgeschichte, Wien 1765).
Eine weitere Quelle über denselben fanden wir in einem Erlanger Mscr.
No. 1714. 4⁰. Ausser anderen anscheinend noch nicht benutzten Bergwerks-
schriften enthält dieser Sammelband auf fol: 56—118 verschiedene Notirungen
über Schwatzer Bergwerksangelegenheiten, deren Verfasser Hanns Springer
gewesen zu sein scheint, welcher (1520) lange Jahre ein „Hitschreiber"
(Hüttenschreiber) gewesen „des Edlen vnd vösten Junckherrn Sigmundt

wurden — dass derselbe nicht lateinisch verstanden haben sollte, wäre ja geradezu widersinnig.

Dabei wäre immerhin noch zuzugeben, dass er dem philologisch gebildeten Oporinus in vollster Beherrschung der lateinischen Sprache nachgestanden haben mag, wenn die Angabe auf Wahrheit beruht, dass Hohenheim diesem seinem Famulus einige Schriften zur lateinischen Einkleidung übergab. Er hatte aus guten Gründen die deutsche Vortragssprache angenommen und auch in einigen seiner lehrhaften Werke damals schon adoptirt. Das Umgiessen in Lateinische Gestalt war dann eine handwerksmässige Arbeit*), die Hohenheims unruhigem Geiste um so weniger zusagen mochte, als er gerade am deutschen Ausdruck Gefallen gefunden und damit das bei weitem Schwierigere für sich erwählt hatte. Denn es lässt sich mit vollem Rechte geradezu behaupten, dass es zu jener Zeit in wissenschaftlichen Dingen schwieriger war, für seine Gedanken den

---

Fieger" an dem „Loblichen Hittwerch im fumperpach" (fol. 113ᵇ u. 116ᵃ) [Der Vomperbach fliesst ½ Stunde oberhalb Schwatz in den Inn.] Ausser vielen andern Daten über den Hüttenertrag in der Umgebung von Schwatz gibt er auf fol. 85ₐ—87ᵇ den Silbergewinn aus den Jahren 1513, 14, 16, 17, 18 folgender Besitzer: Hans Auslasser, Veicht Jacob Tänntzl, Hoffers Erben, Matheus Rumber, Jörg vnnd Hanns die Stöckhl, Sigmundt Fieger, Christoff Reiff, Ern. Liechtenstain, Hanns wiser. 1513 betrug z. B. der Gewinn Sigmundt Fiegers „48 stuckh wögen Marck 4759, Lot 11"; fast auf jeder Seite werden die Hüttenwerke desselben in Vomperbach, Jenbach und Schwatz erwähnt. — Die Handschrift ist nicht das Original, sondern eine Abschrift, etwa 1560 geschrieben. — Wir hätten hiermit den Sigmund Füger gerade in den Jahren in Schwatz urkundlich belegt, in welchen höchstwahrscheinlich auch Hohenheims Aufenthalt in den Laboratorien dortselbst statthatte, zwischen 1510 und 1520.

*) Uebrigens hat Paracelsus auch bei diesen lateinischen Bearbeitungen seines Schülers um die von demselben gewählte Form gekümmert und sich die Superrevision vorbehalten, wie Oporin selber bezeugt, wenn er sich auch manchmal gewundert haben will, wie leicht sein genialer Meister in der Wahl der dem Stockphilologen so wichtigen Ausdrücke zufrieden zu stellen war. — Einen Begriff von der Wahrheitsliebe oder Urtheilsfähigkeit des Oporinus bekommt man erst, wenn man bei Jociscus liest: „Latinae quidem linguae cognitionem Th. habebat perexiguam" und damit unsere authentischen Briefe, das Programm und andere echte lateinische Schriftstücke in Vergleich stellt. Was der gealterte Oporinus danach über das Verständniss aussagt, welches seine Versionen bei Paracelsus gefunden haben, ist dann wohl mit gleichem Maasse zu messen!

adäquaten deutschen Ausdruck zu finden, als den lateinischen*)! Er verschmähte aber auch den Gebrauch der lateinischen Sprache für seine eigenen Niederschriften nicht, wo derselbe augenfällige Vortheile bot. So finden sich mitten in deutschen Schriften ganze lateinische Sätze eingeschaltet (von lateinischen Redensarten ganz zu schweigen), so sind uns von Huser eine ganze Anzahl kurzer vorläufiger lateinischer Dispositionen zu deutsch ausgeführten Schriften nach autographischen Zetteln aufbewahrt**).

Im Verkehr mit Gelehrten oder ärztlichen Collegen***) bediente er sich übrigens ebenfalls der damaligen Gelehrtensprache auch noch in späterer Zeit mit Gewandtheit.

So ist es denn auch natürlich, dass Paracelsus an Amerbach, den Humanisten, lateinisch schrieb. Um allen Einwürfen begegnen zu können, ist glücklicher Weise an der Thatsache nicht zu rütteln, dass

---

*) Ein lehrreiches Beispiel, wie schwer es der in ihrer ganzen Bildung einzig auf dem Latein beruhenden Gelehrtenwelt wurde, sich in ihrer Muttersprache auszudrücken, ist der bekannte Baseler Paracelsist Adam von Bodenstein. Wenn man die grosse Reihe der Editionen Hohenheim'scher Werke, welche er veröffentlichte, vornimmt (cf. Heft I. S. 28) und von den deutschen Ausgaben chronologisch die Vorreden liest, so wird man sehen, wie sich an der Beschäftigung mit seinem Meister Hohenheim der schauerliche, kaum verständliche deutsche Stil und Ausdruck Bodensteins nach und nach bessert und geniessbarer wird. Erst durch lange Uebung gelangt er zu einer leidlichen Beherrschung dieses schwierigen deutschen Sprachstoffes: die Vorreden werden allmählich immer glatter und verständlicher. — Freilich will die „deutsche Philologie" von Hohenheims Handhabung und Beherrschung der deutschen Sprache nicht viel Gutes zu sagen wissen. Doch scheint man uns bei den Germanisten den deutschen Stil Hohenheims aus zu geringer Kenntnissnahme seiner intra vitam erschienenen Schriften sehr zu unterschätzen [cf. z. B. Wilhelm Wackernagel, Geschichte der deutschen Litteratur II. Band. 2. Aufl. (von Martin) Basel 1885. 8⁰. S. 146]. — — Höchst bezeichnend für die damalige Herrschaft des Lateinischen ist auch der von Streuber (l. c. S. 115 fg.) mitgetheilte Brief Oporins in schauderhaftem Deutsch, an dessen Fusse der Briefsteller folgende Entschuldigung anfügt: „Haec Germanice, cum Latine maluissem, scribere oportuit, ut a vidua ipsa [es handelt sich um ihren verstorbenen Mann] legi possent. Nam in germanicis minus sum usitatus". So schrieb ein gelehrter Buchdrucker noch im Jahre 1565! —

**) Cfr. z. B. Band V. [4⁰-Ed.] S. 304, 313—'15; 194 u. öfter.

***) Vergleiche die von Huser uns mehrfach erhaltenen kleinen lateinischen Brieffragmente an andere Aerzte und Gelehrte. Ein derartiges brachten wir zum Theil schon in unserem ersten Hefte Seite 62.

O porinus, das angebliche lateinische Factotum Hohenheims, zur
Zeit der Abfassung unserer beiden Briefe in Colmar nicht anwesend
war, sonst käme vielleicht ein Splitterrichter und supponirte, Oporin
habe ihm den Brief in's Lateinische übersetzt und Hohenheim denselben copirt, wobei dann noch die Albernheit herauskäme, dass
Hohenheim an Amerbach einen lateinischen Brief geschrieben
hätte, während dieser doch aus dem täglichen Verkehr mit ihm wissen
musste, dass der Mann kein Latein verstand *)!!

---

*) In der „Grossen Wundarznei" klagt Hohenheim (Augsburg 1536, in dem
Heft I. S. 48/49 besprochenen „Zedelin") einmal über einen Famulus, der
„des Lateins nit porfect gewesen", was bei dem Dictiren seines Werkes dem
Autor recht hinderlich war; für sich selbst muss er also diese „Perfect-
heit" im Latein als selbstverständlich in Anspruch genommen haben! —
In derselben Schrift [1. Buch, 1. Tractat, Capitel XI; 4⁰-Ed. der Chir. B. u.
Schr. I. S. 29; Fol.-Ed. S. 11] erklärt er bei der Besprechung der Coincidenz
von Verwundungen mit der Menstruation, der Wundarzt solle sich bei einem
erfahrenen „Leibarzt" Rath holen. „Wiewol gebürlich were, dass ichs hie
anzeigte. Dieweil aber Solch ding in das Teutsch nit wol zu
bringen ist . . . vnderlassen". So schreibt doch nur ein des Lateinischen
Kundiger!
        Die ganze alte Behauptung, dass Paracelsus des Lateinischen unkundig
gewesen, beruht offenbar auf der Aeusserung Conrad Gesner's in seiner
„Bibliotheca Universalis". Aber in dem ursprünglichen Texte von 1545
[Tiguri Fol. p. 644] liegt dieser Stelle gar keine Beweiskraft inne, sondern
es ist nur eine vage, nicht ohne verkleinernde Absicht aufgestellte Vermuthung. Gesner sagt nämlich: „plaerumque in Gymnasio Germanice docebat.
ob imperitiam opinor Latinae linguae". Diese völlig unbegründete
Vermuthung des angesehenen Gelehrten wurde von allen nachfolgenden
Gegnern Hohenheims unter Weglassung des „opinor" zu einer gleichsam ur-
kundlichen Aussage eines Zeitgenossen gestempelt und schlankweg behauptet,
er habe kein Latein verstanden. Hat doch Gesner selbst in seinen
„Scriptor. Chirurgiae" von 1555 seine frühere Vermuthung in eine kategorische
Behauptung umgewandelt („Latine nihil edidit ob imperitiam linguae") und
so seinen gelehrigen Nachtretern die Wege gewiesen. — Freilich hat man
auch von anderer Seite schon bei Zeiten nicht versäumt gegen diese Ent-
stellung des historischen Thatbestandes Protest zu erheben; doch verhallten
diese Stimmen unter der schnöden Harmonie der Gegner. Schon 1569 z. B.
gibt Gerhard Dorn [Mook Nr. 245] in den „Philosophiae Magnae Collectanea quaedam" (nach Balthasar Floeters Vorgang in der deutschen Ausgabe der Philosophia Magna, Cöln 1567 [Mook Nr. 59] Vorrede Bl. 2(s) eine
Widerlegung dieser alten Verlästerung seines Meisters. Wir kommen auf
diese ‚Apologia' Dorn's noch weiter unten bei dem Erasmusbriefe zu sprechen.
Auch Michael Toxites kommt in der Vorrede zu seiner Ausgabe der
„Libri XIIII. Paragraphorum . . . Paracelsi". Argentorati . . . 1575 8⁰.

Es mag den Lesern immerhin wunderlich erscheinen, dass wir
uns hier mit der Abwehr solcher Sottisen gegen Hohenheim befassen, aber es ist eben derartiges in den letzten drei Jahrhunderten
in erschreckender Masse gegen ihn geliefert worden (und auch noch
vor nicht gar langer Zeit wie unser Heft I. darthut).

Zum Schlusse setzen wir eine ironisch-scherzhafte Abwehr hierher,
welche schon Hohenheim selbst ähnlichen Vorwürfen spottend entgegen-
geschleudert hat: „Ihr sagen, Theophrastus non est Philosophus [d. h.
Naturkundiger]: Ist er dann ein Melancholicus [d. h. Anhänger
der naturwidrigen Lehre von den humores]? Nec est Theoricus,
woher nimpt er dann, das er ewere verderbte Leut [d. h. unrettbare
Kranke] auffrichtet? Er ist ein Practicus, sagend jhr: Des nemmen
ein Zulauff*)! Theophrastus ist ein Medicus, so jr Poeten in der
Medicin sind. Dem ist er kein Graecus, sed tamen Germanus.
Einem andren non est Latinus, tamen Arpinas**). Non est

[Mook Nr. 112] auf dies Thema, wobei er (der ‚poeta laureatus‘, ‚Comes pa-
latinus‘, der frühere Lehrer der Beredsamkeit und ‚paedagogarcha‘ in
Tübingen, ein Schüler des grossen Pädagogen J. Sturm in Strassburg) den
lateinischen Stil Hohenheims freilich nicht lobt „oratione quidem barbara,
sed quali illo seculo etiam docti homines vtebantur: qui rerum addicti studio,
verborum curam non habebant: quod non tantum in Germania: sed etiam
in Italia, caeterisque nationibus exteris consuetum fuit. Quare illi ignoscen-
dum est: dum idem et medici ceteri, et iureconsulti ante ipsum fecerunt..."
[pag. a₄'].
  *) „Gefellet dir nit mein Theorick, lass dir aber mein Practick gefallen, sie
     wirdt dich mehr nutzen, dann alle alten", heisst es in einem Fragmente
     [4⁰-Ed. Bd. V. S. 300; Fol.-Ed. 1. S. 629].
 **) „Ich soll kein Lateiner sein, und bin doch ein Arpinate!" Die scherzhafte
     Parallelisirung mit dem grossen Arpinaten Cicero findet sich nur an dieser
     Stelle in Hohenheims Schriften. Denn die Ueberschrift der Vorrede zu der
     (vielleicht untergeschobenen) „Philosophia ad Athenienses" (1564), welche
     die Titulatur „Svevi Arpine Germani Eremi" aufweist („Schwabe aus Arpinum,
     Deutscher aus Einsiedeln"), lässt sich doch kaum auf Hohenheims Conto
     setzen. Aus ihr ist dann die pomphafte Bezeichnung entstanden „Svevorum
     ex panaegyricis Nobilium Arpinas Confoederatorum Eremita", welche zum
     erstenmale (1575) in der Schrift „Vom vrsprung der Pestilentz vnd jhren
     zufallenden Kranckheiten" (von Bodenstein nach der Bearbeitung des
     Bartholomäus Scultetus herausgegeben, Mook Nr. 115) anzutreffen ist und
     später geläufig wird, auch von Huser mit einigen Aenderungen („Panae-
     gyris" [!] und „Eremi Eremita") aufgenommen wurde (4⁰-Ed. Bd. II, III,
     VI und X Rückseite der Titelblätter). Ob dem Paracelsischen Scherze noch
     ein Doppelsinn zu Grunde liegt, welcher diesen Autoren ein Recht gibt, ihn

trilinguis *): da will er nit Leut bésch . . . en wie jhr. Ist das ewer
Schweitzerstangen, damit jhr mich stechen wöllen? Schawend, das euch
der Fraxinus [die Eschenlanze] an jhm [an mir] nicht abbrech" [wenn
ihr mich als trilinguis in meinen Schriften kennen lernt und doch nicht
versteht]. (Chir. B. u. Schr. Fol. S. 265.)

Ueber den Character der Schrift haben wir uns schon oben
ausgesprochen. So konnte nur ein Mann schreiben, der lange Zeit
das Lateinische zum eigenen Hand- und Hausgebrauche schrieb und
dadurch grosse Geläufigkeit im Ausdruck und Ductus erlangt hatte,
der lateinisch denken konnte. Und was die Sprache der Briefe
betrifft, so kann man das Latein keineswegs schlecht nennen: es ist
dem damaligen „guten" Durchschnittslatein der Gelehrten vollkommen
gleichwerthig, frei und „bummelig". wie überhaupt im Briefstil und
namentlich in so eiligen Briefen.

Und nun noch ein paar kleinere Ergebnisse!

Der Name „Theophrastus Bombast von Hohenheim" ist
nun nochmals actenmässig festgestellt, und es wäre demnach endlich
an der Zeit, die abgeschmackten Combinationen, wie „Theophrastus
Paracelsus Bombastus", „Theophrastus Paracelsus von
Hohenheim", „Theophrastus Bombastus Paracelsus ab
Hohenheim" und andere**), wie man sie auch heute noch in gelehrten
und populären Schriften zu lesen bekommt, zu unterlassen. Wem fällt
es denn ein zu sagen: „Philippus Melanchthon Schwarzert",
„Johannes Oecolompadius Hausschein" und ähnliches?!

gerade einen Arpinaten unter dem ruhmreichen schwäbischen Adel zu
nennen, vermögen wir nicht zu sagen. In der ganzen grossen Paracelsus-
literatur herrscht vollkommenes Stillschweigen über dies Wort! — Die Annahme, dass „Arpinas" ein Druckfehler für „Alpinus" sei. vermögen wir
nicht zu acceptiren. (In dem Briefe an Clauser schreibt Hohenheim „licet
forte Chaldaicae Rosae ad Arpinatem nulla sit comparatio.")

*) Einer der lateinisch, griechisch und hebräisch versteht.

**) Franz Keim, „Aus dem Sturmgesang des Lebens. Gesammelte Dichtungen."
Minden in Westfalen. 1887. 8°. hat das Verdienst, mit „Paracelsus von
Hohenheim" die verkehrten Benennungen auf die Spitze getrieben zu haben.
Ob die poetische Licenz ihm das Recht gibt, ihn als „altbayrischen" Bier-
bruder zu schildern, wollen wir nicht untersuchen.

Entweder „Theophrastus von Hohenheim" oder „Theophrastus Bombast von Hohenheim" oder „Theophrastus Paracelsus" sind die berechtigten Benennungen; so hat der Mann sich selbst genannt und unterzeichnet.

Es leidet gar keinen Zweifel, dass sein Familienname Bombast von Hohenheim gewesen ist und somit dieser den Vorzug vor allen sonstigen Schreibungen verdient. Wenn Marx in seinem bekannter Werke sich für den Namen Theophrastus von Hohenheim entschied, so ist dies wenigstens nach unserm heutigen Wissen eine historische Ungenauigkeit zu nennen, wenn die kürzere Namensform auch von dem Träger selbst gebraucht wurde und der Kürze halber auch von uns meist angewendet wird.

Die Abstammung von der schwäbischen Adelsfamilie der Bombaste von Hohenheim*) ist nicht zu bezweifeln. Theophrast nennt sich selbst so, und er und sein Vater werden früh von anderen, denen urkundliche Kenntniss nicht abzusprechen ist, so genannt.

Das Programm vom Jahre 1527 wäre als der erste gedruckte Beleg für den Namen Bombast aufzuführen, weil Hohenheim sich dort in der Ueberschrift „Theophrastus Bombast ex Hohenheim Eremita" nennt — aber der Originaldruck **), welchen Gohory und Francus (s. oben S. 79 Anmerk.) noch gesehen haben, war bis heute nicht aufzufinden. Somit begegnet uns der Name Bombast zum erstenmale 1564 gedruckt in der Kölner Ausgabe der „Philosophia ad Athenienses" [Mook Nr. 39]. Dort heisst es S. 2ᵣ „Philosophia Theophrasti, Bombast Hohenhaim Svevi . . ." Der erste, welcher diesen Namen auf den Titel setzt, ist Laurentius Span à Spanow D. in der von ihm veranstalteten Editio princeps der Schrift „DE VRINARVM AC PVLSVVM IVDICIIS LIBELLVS, AVTHORE THEO-

---

*) Sonderbarerweise schreibt Bodenstein, dem der Sachverhalt gewiss bekannt war, in der Vorrede zu den „Libri V. de causis, signis & curationibus morborum ex Tartaro" Basil. 1563. 8⁰ [Mook Nr. 36] „Fuit hic Aureolus Theophrastus Paracelsus, natione Heluetius & Eremita, ex familia antiquissima Paracelsorum", womit er natürlich die Familie Hohenheim meint [pag. *₃ʳ]. Den Namen „Bombast" gebraucht Bodenstein erst sehr spät [1575 in Mook Nr. 115].

**) Vgl. 4⁰-Ed. Bd. VII. S. α₄ʳ; Fol.-Ed. I. S. 950; das Programm ist erst ziemlich spät wieder gedruckt worden, nämlich 1575 in der Ausgabe der „Libri XIIII. Paragraphorum" von Toxites [Mook Nr. 112].

PHRASTO BOMASTIO [sic!] . . . NISSÆ SYLESIORVM excudebat
Joannes Cruciger . M.D.LXVI.‟ 4°*). Balthasar Floeter spricht
dann auch in der Vorrede zu den „Medici libelli‟ [Mook Nr. 55] vom
16. Mai 1567 von dem „weitberhümbten BOmbastius‟. Aus dem Programm und der „Philosophia ad Athenienses‟ hat Leo Suavius
(J. Gohory) den Namen 1567 entnommen. Er sagt (in der Baseler
Ausgabe des „Compendium‟ S. 12): „quum proprium [sc. nomen]
esset Bombast‟. Er ist auch der erste, welcher diesen Namen öfters
gebraucht. Nachher begegnet er uns immer häufiger, auch auf den
Titeln.

Der erste, welcher von Hohenheim unter dem einzigen Namen
Bombastus spricht, ist unsers Wissens Bruno Seidel († ca. 1577)
in seinem posthumen gegen die Hohenheim'sche Lehre gerichteten
„Liber morborum incurabilium causas, mira brevitate summa lectionis
iucunditate explicans‟ (Francof. 1593. 8°)**), wo unser Arzt sogar im
Index auctorum auch nur als „Bombastus‟ aufgeführt wird. Der
Jesuit Johann Roberti nennt ihn 1618 in seinem „Goclenius He-
autontimorumenos: id est, Curationis Magneticae, et vnguenti armarii
ruina . . . Luxemburgi‟ 8°. S. 132 ff. meist Bombastus Paracelsus
oder auch nur Bombastus.

Wie gesagt, der Name der „Bombaste von Hohenheim‟
ist alt. Chr. Friedrich Sattler in seiner „Geschichte des Herzogthums Würtemberg unter der Regierung der Graven‟ 5. Band (Ulm
1768. 4°) S. 165—168 gibt Nachweise bis zum Jahre 1270 zurück***).

---

*) Es ist dies einer der drei Neisser Drucke Hohenheim'scher Schriften,
welche zu den grössten typographischen Seltenheiten der Paracelsus-Biblio-
graphie gehören. Die beiden andern in demselben Jahre bei „Johann
Creutziger, wonhafftig auff dem Kaldenstein‟ „zur Neyß‟ gedruckten
Schriften sind von Marcus Ambrosius herausgegeben. Es sind die „Me-
teora‟ und „Ex libro de Nymphis, Sylvanis . . .‟ Soviel wir wissen, sind
alle drei noch nirgends citirt; es scheint sie also noch kein Paracelsusforscher
vor uns gekannt zu haben.

**) Uns liegt ausser diesem ersten auch der Druck „Lugduni Batav. Anno 1662‟
8°. vor.

***) In seiner „Topographischen Geschichte des Herzogthums Würtemberg‟, Stutt-
gard 1784. 4°. S. 612 sagt Sattler: „Ferner sind Stammheim und das
Gut Hohenheim bei Plieningen zwei der ältesten Lehen, die zur eigentlichen
Gravschaft Würtemberg gehört haben; letzteres haben die Bombasten von
Hohenheim nebst dem Zehenden zu Plieningen und der Vogtei des halben
Dorfes Ober-Esslingen zu Lehen getragen.‟

A. Bacmeister in seinen „Germanistischen Kleinigkeiten" (Stuttgart 1870. 8°. S. 18) hat den Namen „Bombast" 1350—1525 in Stuttgarter Urkunden gefunden. Dass der Name überhaupt mit dem „Bombást" *), dem Wortschwall, Schwulst der Rede nicht das Geringste zu thun hat, ist für uns feststehend. Die vom Grimm'schen Wörterbuche (II. Band 1860 Spalte 236) und Daniel Sanders (Wörterbuch der deutschen Sprache I. Band 1860 S. 188) gegebenen etymologischen und sprachgeschichtlichen Erklärungen über den ursprünglich englischen, später germanisirten „Bombást" wollen wir hier nicht in Zweifel stellen. Aber bei Grimm wird die Sache geradezu auf den Kopf gestellt, wenn es zum Schlusse des Artikels heisst: „Woher hatte Paracelsus den Zunamen Bombastus und in welchem Sinne?" Es wäre ja möglich, dass die Bezeichnung „bombastischer Wortschwall" von Hohenheim und seinem Namen herstammte, obgleich die Sprachforscher mit Recht dagegen sind. Es ist aber absolut unmöglich, dass er den „Zunamen Bombast" von seiner schwülstigen Redeweise oder sonstwoher haben könnte; es ist der Name seines Geschlechtes. Man könnte fast sagen, die „Ironie des Schicksals" habe auch den Sprachgenius in ihren Dienst gepresst gegen den „Bestverleumdeten". Denn es stimmt nicht einmal mit der Wahrheit überein, wenn man behauptet, Hohenheim habe gerade sehr schwülstig, bombástisch geschrieben und gesprochen, wenn es auch manchen gelehrten Herren schon allein der massenhaften sinnentstellenden Schreib- und Druckfehler wegen, welche sich in den von Späteren herausgegebenen Schriften, besonders in den vorwiegend benutzten, von Fehlern strotzenden Folio-Ausgaben**) vorfinden, recht schwer gefallen sein mag, in den Geist seiner Worte einzudringen.

*) Allem Anschein nach hat der Familienname „Bombast" den Ton auf der ersten Silbe, Bómbast oder Bömbast, und liegt dieser Silbe der Sinn Baum, boum, bom, bôm mhd. zu Grunde, wie auch Moll (a. a. O.) vermuthet.

**) Es ist aber auch vorgekommen, dass man in medicinischen Systemen Paracelsus beurtheilt und mit in Anrechnung gebracht hat, ohne von diesen Huser'schen Folioausgaben und damit von den meisten chirurgischen Schriften Hohenheims, wie er sie niedergeschrieben, Kenntniss zu nehmen oder sie doch genügend zu berücksichtigen. Es gehört dahin Rademacher, sowie manche seiner Anhänger und Nachfolger, wahrscheinlich vor ihm auch schon Hahnemann. Sie entnahmen ihre Anregungen allein aus den echten und unechten Schriften der Baseler Quartausgabe und liessen die echtesten seiner Werke in der „Chirurgie" bei Seite liegen. Urtheile und Systeme

Nicht uninteressant ist es, zu erforschen. wo zuerst wohl das naheliegende Wortspiel gemacht wurde, dem Bómbast von Hohenheim einen bombástischen Beigeschmack zu geben, wie es noch in unsern Tagen Conrad Ferdinand Meyer gethan hat in den Worten seines Hutten: „Bombastus nennst du dich — und sprichst Bombast!" Wie es nahe lag, ist es ein englischer Galeniker, der uns als erster aufgestossen ist: Walter Harris spricht 1683 von „Bombastical Paracelsus" und sagt „thy Bombastick Names shall perish and be despised"*). Zunächst ist vielleicht unter den in Deutschland wandernden englischen Schauspielertruppen die Vaterschaft dieses Wortwitzes zu suchen.

Ueber die Vornamen Philippus und Aureolus uns auszulassen, ist hier nicht der Ort. Die beliebte malitiöse langathmige Namen-aneinanderreihung (also etwa „Philippus Aureolus Theophrastus Bombastus Paracelsus ab Hohenheim Helvetius Eremita") bei dem Arzte von Einsiedeln ist ebenso wohlfeil als ungerecht, da man immer zugleich behauptet, diesen Schwall von all den Namen habe er sich selbst aus aufgeblasener Eitelkeit in marktschreierischer Weise**) zu-

---

mussten daher nothwendig mit den bekannten Einseitigkeiten behaftet sein und dem Andenken Hohenheims eher schaden als nützen.

*) Pharmacologia Anti-Empirica: Or a Rational Discourse of Remedies both Chymical and Galenical . . London 1683. 8⁰. S. 19 u. 40.

**) Für diejenigen Historiker, welche auch heute noch, trotz Marx' trefflichen Untersuchungen, Hohenheim als herumziehenden Charlatan und Markt-schreier ausgeben wollen, setzen wir eine Stelle aus den „10 Büchern von Frantzösischen Blatern" (1528) hierher, welche das marktschreierische Gebahren herumziehender Heilkünstler aufs schärfste geisselt [Chir. B. u. Schr. Fol. S. 287c]: „Ich geschweig der weniger Artzten, als Apotecker, vnd anderer Lotterhöltzer, Platerer, die mich vnd anderer vmb Pflaster. Salben, Ceroten, Cataplasmata, vnnd anders besch . . . en haben, nachfolgends ein Krahm darauß gemacht, gerechte kunst vnnd Artzney zu besch . . . rey geordnet, zu jhrem Seckel, vnd also jren Marckt auff disen Schragen auch setzen, vnd richten den [dem] Pfennig, gleich als ein Weidmann eim wilden Schwein, mit weniger Erbarkeit, Frombkeit, oder Trew. Dann ewer keiner richtet der gesundtheit nach, dz euch Ehrlicher zu beyden Seitten anstünd, dann das ihr sollen auß der Noturfft der Artzney ein Handel machen, als wer es Leinwath oder Pfeffer . . . Soll das Artzneyisch sein, so lernt mans zu Franckfort oder Antorff [Antwerpen] in Messen vnd Klöstern mehr vnd baß, weder [als] in den Büchern. Das beste Buch zu solcher Artzney ist, die Ehr hinzusetzen, so kommen die Künst, dörffen auch von solcher ewer kunst wegen auff kein Hohschul ziehen, sonder mit den Tryackers[Theriaks]krämern im Land vmb" u. s. w.

gelegt, während er sich doch nirgends anders nennt, als wir oben
geschrieben haben.

Die vor hundert Jahren aufgekommene Behauptung, Hohenheim habe eigentlich Höhener oder Höchner geheissen, welche
nicht nur R. Finkenstein*), sondern auch in neuester Zeit Brügger
von Churwalden**) wieder aufgewärmt haben, ist historisch absolut
nicht begründet und es scheint nachgerade hohe Zeit, dieselbe endlich
wieder abzuthun trotz Haller und seinen Nachbetern. Selbst die
Vermuthung Chr. Sigwart's***), der Name „Höhener" sei im Munde
des Volkes aus „Hohenheimer" corrumpirt worden, glauben wir nicht
acceptiren zu können. Bombast von Hohenheim hat mit den
Höhenern von Gais keinerlei Gemeinschaft.

Zuerst kam diese Mär vom Höhener durch Albrecht von Haller
in Umlauf, welcher 1777 in seiner Bibliotheca med. pract. (Bd. II. S. 2)
berichtete, dass nach den mehrfachen brieflichen Mittheilungen des
Laurentius Zelweger „patriam Paracelso fuisse pagum Gaiss Abba-
tiscellanorum ... Verum homini nomen fuit Höhener". Welche Quellen
hatte Laurentius Zelweger für diese Behauptung? Haller nennt
sie nicht, und auch sein Gewährsmann Zelweger hat unsers Wissens
nichts darüber veröffentlicht. Ohne Beweis genügt uns aber auch
nicht der Name eines Albrecht von Haller zur Annahme einer
solchen historischen Neuerung, wenn sie auf schwachen Füssen steht.

Ein etwas anderes Gepräge gewinnt die Sache bei Escher†) und
kurz nach ihm bei Johann Caspar Zellweger††), der im wesentlichen dieselben Beweise wie Escher vorbringt. Nach diesen Autoren
sollen Mitglieder der Familie Höhener aus Gais im Kanton Appenzell
nach Schwyz ausgewandert sein und mit diesen auch Hohenheims
Vater. Ausserdem, und das ist der Hauptbeweis, soll Johannes
Kessler in seiner „Sabbatha oder St. Gallische Reformationsgeschichte"

*) „Paracelsus und die Syphilis" in der Zeitschrift für Wundärzte und Geburts-
helfer. Stuttgart. 1861. 8°. XIV. Jahrgang. 1. Heft S. 27.
**) Illustrirte internationale balneologische Ausstellungszeitung. Frankfurt a. M.
1881. 4°. Nr. 16 und 17.
***) Kleine Schriften von Christoph Sigwart. Erste Reihe. Freiburg und Tübingen
(1881) 8°. S. 48 Anm. 4.
†) Ersch und Grubers Encyclopädie, 3. Section, 11. Theil. S. 285 (1838).
††) Geschichte des Appenzellischen Volkes. 3. Bd. 2. Abtheilung. S. 371.
(Trogen 1840. 8°.)

es als etwas Bekanntes anführen, „dass Paracelsus ein H ö h e n e r von
G a i s gewesen".

Allerdings führt J. C. Z e l l w e g e r in seiner Geschichte des
Appenzellischen Volkes (Trogen 1831 — 1840) Bd. 2 S. 467 unter den
dortigen Geschlechtern der Epoche 1452·—1513 auch den Namen
H ö h e n e r auf, und an der Uebersiedelung von Leuten dieses Namens
nach dem Kanton Schwyz wird wohl auch kein Zweifel sein*). Aber
ist das ein historischer Beweis, wenn neben W i l h e l m B o m b a s t
v o n H o h e n h e i m (auf dessen Jugendbilde sich schon 1491 das
Wappen der Bombaste von Hohenheim gemalt findet, vergl. A b e r l e,
Grabdenkmal, Schädel und Abbildungen des T h. P a r a c e l s u s 1887.
S. 43) um 1493 im Canton Schwyz auch der entfernt ähnlich lautende
Name H ö h e n e r wirklich vorkam? Muss der Vater unseres Arztes
darum schon ein „ H ö h e n e r von G a i s" gewesen sein?

Aber das Zeugniss J o h a n n e s K e s s l e r s ! Das fiele anders ins
Gewicht; denn, wie wir unten im 4. Abschnitte sehen werden, konnte
K e s s l e r über H o h e n h e i m recht wohl authentisch unterrichtet sein.
Bis zum heutigen Tag beruft man sich denn auch immer wieder auf
K e s s l e r , aber niemand hat in seiner nun schon seit 20 Jahren ge-
druckt vorliegenden „ S a b b a t a" nachzusehen für nöthig gefunden**).
S i e e n t h ä l t a b e r k e i n Wort, w e l c h e s E s c h e r s u n d Z e l l-
w e g e r s B e h a u p t u n g e n t s p r ä c h e . Nur e i n m a l wird Hohenheim
in der „Sabbata" genannt (Bd. II. S. 288) und da heisst es einfach
„ T h e o p h r a s t u s v o n H o c h e n h e i m". In den beiden Bänden ist auch
n i r g e n d s von einem „ H ö h e n e r a u s G a i s" die Rede, wie wir uns
bei mehrmaliger genauer Durchsicht schon vor Jahren überzeugten.

Um dieser ärgerlichen Sache auf den Grund zu gehen, wandten
wir uns an den Herausgeber der „Sabbata", Herrn Dr. E r n s t
G ö t z i n g e r in St. Gallen. Dieser theilte uns in liebenswürdigster
Weise mit, „dass die Sabbata, deren Originalhandschrift hier liegt,
durchaus nichts von dem „Höhener von Gais" weiss; sie nennt an der
betreffenden Stelle blos den Theophrastus. von Hochenheim. Spätere

---

*) In den dazu gehörigen „Appenzeller Urkunden" Zellwegers haben wir weder
eine Erwähnung Höheners noch Hohenheims oder dessen Vaters gefunden.

**) Veröffentlicht von Ernst Götzinger in den „Mittheilungen zur vaterländi-
schen Geschichte. Herausgegeben vom historischen Verein in St. Gallen,.
Bd. V—X. 1866 und 1867. 8⁰.

7

Randbemerkungen u. dgl. finden sich nicht vor und eine zweite Stelle,
wo der Mann erwähnt wäre, ist sicher nicht vorhanden." Herr Dr.
Götzinger hatte ausserdem noch die Freundlichkeit, in Zürich (dem
Wohnorte Eschers) anzufragen, ob sich dort auf der Stadtbibliothek
vielleicht eine spätere und interpolirte Copie der Sabbata befinde,
welche Escher benutzt haben könnte, doch findet sich dort keine
solche. Escher kann also nach Herrn Dr. Götzinger nur durch
einen schlecht berathenen St. Galler Gelehrten irregeführt worden sein.

Demnach findet sich in der Originalhandschrift Kesslers kein
Wort davon, dass Hohenheim ein Höhener von Gais gewesen, und
der darauf gebaute Beweis Escher-Zellwegers ist hinfällig wie die
unbewiesenen Ausstreuungen Zelweger-Hallers   was 1777 in Umlauf gesetzt wurde, wird 1888 nun wohl für immer begraben werden!
— Wunderbar genug bleibt es freilich, dass man auch mit derartigen
nichtssagenden Anschwärzungen den alleinstehenden adeligen Reformator
herabsetzen zu müssen glaubte!! Allein Hohenheim war einmal der
gründlichst gehasste der Menschen. Als sein Vertheidiger aufzutreten,
daran dachte zu Hallers Zeit noch niemand. Erst im letzten Jahrzehnt
des vorigen und im ersten unseres Jahrhunderts finden sich die ersten
Spuren davon dicht neben den wüthendsten Angriffen

Zum Schlusse noch die nicht ganz unwichtige Notiz, dass an beiden
Briefen das kleine Handsiegel Hohenheims mit Wachs unterlegt sich
findet; es zeigt das Wappen der Bombaste von Hohenheim, drei Kugeln
auf einem schräg von links nach rechts abfallenden Balken, genau so,
wie es Chr. G. von Murr (a. a. O. S. 259) aus den beiden von ihm
zuerst zum Abdruck gebrachten Briefen Hohenheims abbildet. Die
über dem Wappenschilde in dem oberen Bogen des kleinen Ovals
stehenden Buchstaben T H P (also THeophrastus Paracelsus) sind auch
hier vorhanden, aber nicht ganz deutlich zu lesen.

Diese Uebereinstimmung der Siegel lässt keinen Zweifel mehr zu
an der Echtheit der beiden von Murr veröffentlichten, aber bisher gar
nicht beachteten Memminger Briefe, deren Originale wieder aufzufinden,
uns bis jetzt trotz mehrfacher Bemühungen in Memmingen nicht hat
gelingen wollen. Dieselben waren am Ende des 18. Jahrhunderts im
Besitze des bekannten Predigers und Stadtbibliothekars Johann Georg
Schelhorn in Memmingen.

3. Hohenheims Brief an Erasmus von Rotterdam.

Auch zu dem grössten Sterne des Baseler Gelehrtenkreises,
zu Desiderius Erasmus ist Hohenheim in Beziehung
getreten. Der Vorwurf aber, der ihm mehrfach gemacht worden ist
— und was wird dem unglaublich gründlich gehassten nicht alles
zum Vorwurf gemacht! — er habe sich an den gelehrten Niederländer
„herangedrängt", ist durch nichts begründet.

Erasmus wohnte von 1521—'29 (in welchem Jahre auch er bei
Emigrirung der rathsgesessenen Familie Bär, des Domstiftes und vieler
altgläubiger Rathsherren und Professoren ins Elsass und nach Freiburg
eine Zeit lang zu „verreisen" für gut fand [vgl. Ochs, a. a. O.]),
ununterbrochen im Hause des Buchdruckers Johann Froben*). Diesen
hatte Hohenheim. nachdem die Baseler Aerzte seine in Folge eines
harten Falles im Jahre 1521 eingetretenen Leiden, namentlich eine
furchtbar quälende Schmerzhaftigkeit im rechten Fusse, nur ver-
schlimmert und selbst die Amputation des Fusses angerathen hatten.
im Jahre 1526 wieder hergestellt**). so dass er, freilich gegen

---

*) Es war dies das bekannte ehemals Amerbach'sche Druckerhaus „zum Sessel".
Ueber Froben siehe Melchior Adam, Vitae Germanor. Philos. Francof.
1706. Fol. pag. 29 30: Ersch u. Grubers Encyclopädie s. n.; J. Stock-
meyer u. B. Reber, Beiträge zur Basler Buchdruckergeschichte, Basel
1840. S. 85—115; Allgem. deutsche Biographie Bd. 8. S. 127 f.

**) Ueber Frobens Krankheit hat sich Hohenheim einmal in einem Baseler
Colleg ausgesprochen. In Oporin's Collegienheft findet sich darüber folgende
Aufzeichnung: „Et quoque morbum Frobenii vocarunt cancrenam, cum esset
paralysis inferior" (Chir. B. u. Schr. Fol.-Ed. S. 584ᵣ). Auch in dem
Briefe an die Züricher Studenten, worin er den Tod Frobens erschüttert
meldet (November 1527). gibt er einige Mittheilungen über den Krankheits-
verlauf und die Gefährdung durch die „imperiti apud Italos creati Doctorculi".
Wir können für diesmal nicht auf diese Krankengeschichte näher eingehen,
wollen aber doch den unbefangenen Bericht Melchior Adams über Frobens
Krankheit hierhersetzen: „Anno 1521. è summis gradibus in solum latericium

7*

Hohenheims ärztlichen Rath, die Fastenmesse und Herbstmesse 1527
in Frankfurt wieder zu Pferde besuchen konnte. Durch diese Krankenbehandlung kam Hohenheim natürlich oft in Frobens Haus, zumal
er dem Geheilten auch als Freund nahe stand *).

So mochte sich leicht auch ein persönliches Zusammentreffen mit
Erasmus ereignen, der Froben mit ganzer Seele zugethan war.
Auch musste ja bei dem leidenden, damals sechzigjährigen Gelehrten, der
so gern und viel in Briefen von seiner Krankheit erzählt, der Wunsch
erwachen, diese Beschwerden auch dem neuen Arzte vorzutragen,

decidit casu plusquam lethali: convaluit tamen, sed ut solet, mali reliquiis
in corpore residentibus quod utcunque dissimulavit ille ... Anno priusquam
moreretur 1526, corripuit illum gravissimus cruciatus circa talum dextri pedis.
Ibi praestò erant medicorum officia, quae nihil aliud, quam exasperabant
malum, dum, de morbi genere dissentientes, alii aliud admovent remedium,
nec deerant, qui autores erant, pedem resecandum esse. Tandem aliunde
venit medicus, qui dolorem hactenus sedaret, ut & tolerabilis esset, &
somni cibique sumendi permitteret facultatem. Demum ita confirmatus est,
ut bis equo proficisceretur Francofordiam, malo in dextri pedis digitos rele-
gato, quos solos flectere non poterat, caetera valens. Tum & ab Erasmo &
à medico frequenter monitus, ut rariùs prodiret in publicum; aut vestitu
contra frigus munitior prodiret; non obtemperavit: pudendum ratus, ut quicquam omninò pristinae consuetudinis omittens, morbi speciem prae se ferret.
Jam & duos manus dextrae digitos stupor occuparat, morbi imminentis prae-
ludium, dissimulavit & hoc, parum virile ducens quicquam morbi concedere.
Denique dum in sublimi agit nescio quid, correptus, ut est probabile, vi
morbi in pavimentum decidit pronus, non sine gravi cranii vulnere. Delatus
in lectum nec oculos attollebat, nec ullum sensus indicium dedit, nec ullam
omnino vitae significationem, nisi quod manum sinistram movebat. Nam
dextrum latus omne dissimulata paralysis stupefecerat. Ita biduum conso-
pitus sub mortem experrectus est, aegrè paulum diductis oculi sinistri genis,
lingua tamen inmobili nec supervixit ultra sex horas [l. c. pag. 30]. Dieser
Krankheitsbericht Adams ist fast Wort für Wort dem Briefe des Erasmus
entnommen, welchen dieser an Jo. Emstedius geschrieben hat [cf. Erasmi
Roterodami Epistolae, Libri 31. Londini 1642. Fol., Lib. 23 pag. 1256]. —
Wer sieht nicht nach Kenntnissnahme dieses Berichtes eines Augenzeugen
die Lächerlichkeit der von Thomas Erastus (Disputationum .. Pars tertia
1572. pag. 211 und „Disputatio de auro potabili" Basil. 1578. 8⁰. pag. 115. f.
und 125) und unzähligen anderen aufgestellten Behauptung, dass Hohenheims
metallische Arzneimittel binnen Jahresfrist den Tod Frobens veranlasst
hätten! Bei dem letzten tödtlichen Sturze weilte Hohenheim in Zürich.

*) „Charissimum Basileae amicum" nennt ihn Paracelsus in seiner Trauerbotschaft
an die Züricher Genossen und „ille, ille, inquam, quem perinde atque oculos
meos amavi, Joannes Frobenius". [4⁰-Ed. Bd. VII. S. α₆ᵛ; Fol.-Ed. I.
S. 952c.]

welcher eben erst an Froben sein diagnostisches und therapeutisches Können so glänzend bewiesen hatte. Dabei wird Erasmus sich in ähnlicher Weise geäussert haben, wie er es gegen den Schluss seines Antwortschreibens in unzweideutiger Weise gethan hat (si me quoque restitueris etc.).

Genug, eine Gelegenheit hat sich gefunden, bei der Erasmus dem zu Ansehen gelangten Arzte seine alten und mannigfachen Leiden klagte und zwar bald nach Frobens Genesung, wohl noch im Sommer 1526. Anscheinend hat Erasmus in diesem Gespräche — wunderlich genug! — den Arzt um schriftliche Darlegung von dessen Ansicht über seine Krankheit gebeten, welche derselbe auch zu senden versprach. Das ist denn auch geschehen, und Erasmus hat in seiner Weise „artig" geantwortet.

Der Antwortbrief des Erasmus wurde zuerst irgendwo unter Hohenheim'schen Papieren gefunden und schon 1562 von Adam von Bodenstein in seiner ersten Ausgabe der Schrift „De gradibus" etc.*) zum Abdruck gebracht und später noch oft wieder gedruckt.

Der im Nachlasse des Erasmus befindliche Brief Hohenheims war den Jüngern des Arztes von Einsiedeln, den Paracelsisten (oder wie sie damals meist genannt wurden, Paracelsern, Theophrastinern, Theophrastisten) erst später erreichbar. Gerhard Dorn veröffentlichte ihn zum ersten Male 1569 in „Philosophiae Magnae . . . Th. Paracelsi . . . Collectanea quaedam (Basil. s. a. 8⁰)**) und verwerthete diesen Brief zugleich in der dem Werkchen vorgedruckten (S. χ5ᵛ—χ6ᵛ) „Apologia qua Theophrasti respondetur aduersarijs" mit als Beweis gegen den Vorwurf der Gegner Hohenheims: „vulgariter scripsit, quod Latinae linguae prorsus ignarus foret". Es heisst in dieser

*) Myloecii. 4⁰. Bl. B₁. [Mook Nr. 26.]
**) Als Beweis, dass dies ohne Jahresangabe erschienene Werk [Mook Nr. 245] 1568 oder 1569 erschienen sein muss, führen wir an: 1) Es ist eine Uebersetzung von „Philosophiae Magnae Tractatus aliquot". (Cöln 1567. 4⁰. [Mook Nr. 59]; 2) in der gleichfalls dem Markgrafen Karl von Baden gewidmeten Schrift „De Praesagiis, Vaticinijs et Diuinationibus". Basil. 1569. 8⁰, wird zu Beginn der Vorrede unser Werk als erschienen erwähnt: „Postquam Th. P. Philosophiae magnae fragmenta quaedam, è Germanico sermone latinitati tradidissem"; 3) steht unser Büchlein in Willers' Messkatalog, Herbstmesse 1569.

„Apologia": „Contra hos, epistolam istius Paracelsi ad Erasmum Latinè datam in testimonium adferemus. Profectò nisi Latinum atque doctum virum agnouisset Erasmus Paracelsum, in vniuersitate Basiliensi tempore suo degentem docentemque, non Latinis, at vulgaribus ei literis respondisset".*).

Dieser sich nur auf zwei Briefe beschränkende Briefwechsel ist in Zweifel gezogen worden, auch von Freunden Hohenheims, welche mit dem Briefe an Erasmus keine Ehre einlegen zu können meinten. Doch sind diese Zweifel an der Echtheit der Briefe absolut grundlos, wie wir wenigstens für den Brief Hohenheims mit aller Bestimmtheit behaupten können.

Es ist uns nämlich gelungen — und das ist der Grund, weshalb wir hier überhaupt auf diese Briefe die Aufmerksamkeit lenken wollten — den Originalbrief Hohenheims an Erasmus wieder aufzufinden.

Ein 463 Seiten starker Folioband der Rehdigerana (Stadtbibliothek) in Breslau [Cod. Rehd. Nr. 254] enthält eine Sammlung von 167 Originalbriefen, alle an Erasmus gerichtet, darunter auch den von Hohenheim.

Adalbert Horawitz hat diese Briefsammlung schon einer eingehenderen Besprechung unterzogen, aber unseren Paracelsusbrief nicht erwähnt. Weil schon seit langer Zeit gedruckt, lag derselbe wohl ausserhalb des Rahmens seiner Veröffentlichung**).

Gerhard Dorn hat wahrscheinlich direct nach dem Original seinen Abdruck veranstalten können, doch macht er über seine Quelle keine Mittheilung. Johann Huser hat, wie er selbst angibt, das Original nicht gesehen und druckt nach der Abschrift eines anderen, wenn nicht direct nach Dorn***).

*) Weil wir schon oben auf Dorns Apologia verwiesen haben (S. 89 Anm.), setzen wir auch noch die Fortsetzung hierher: „Item adiungemus & literas ab ipso Paracelso Tigurinae scholae coetui Latinè manu martéque proprijs exaratas, & alteras ad D. Christophorum Clauserum Doctorem Medicum atque Philosophum apud Tigurinos. Fortius Liber eius de Tartaro, necnon alia complura Opuscula per ipsum etiam edita Latinè, testantur contra liuidos istos diffamatores, eorum calumnias merè confictas fore".

**) „Erasmiana" Heft III. u. IV. Wien 1883/85. 8⁰. [Sitzungsberichte der philos.-histor. Klasse der Wiener Akademie Bd. CII. Heft. 2. 1882. S. 755 —798 und Bd. CVIII. Heft 2. 1884. S. 773—856.]

***) 4⁰-Ed. Bd. III. S. 339; Fol.-Ed. Bd. I. S. 443.

Trotzdem nun der Brief schon einige Dutzendmale gedruckt
worden ist, sehen wir uns dennoch veranlasst, ihn nach dem Original
nochmals zum Abdruck zu bringen, weil unsere Lesung desselben an
einigen Stellen etwas von derjenigen Dorns (oder seines Gewährs-
mannes) abweicht. Schon in der Lesung der Adresse ist Dorn nicht
ganz genau, indem er vor „doctissimo" ein allerdings etwas schwer zu
deutendes Wort auslässt, welches wir mit „vndicunque" richtig ent-
räthselt zu haben glauben. Ausserdem hängt Dorn in der Adresse
dem „suo" ein „que" an, von welchem sich im Original keine Spur findet.

Der Brief, der 151. der Sammlung. nimmt eine Folioseite ein
[„Fol. 412"]; die Adresse steht auf der Rückseite des Blattes [„Fol.
413"]. Der Wortlaut ist folgender:

Theologorum Patrono[a] Eximio domino Erasmo Rotero-
damo vndicunque doctissimo suo optimo.

Que mihi sagax musa et Alstoos tribuit medica, can-
dide apud me clamant Similium Judiciorum manifestus
sum Auctor.

Regio epatis pharmacijs non indiget, nec alie due
species indigent Laxatiuis, Medicamen est Magistrale Ar-
chanum potius ex re confortatiua, specifica et melleis ab-
stersiuis id est consolidatiuis, In defectum epatis essentia
est, et[b] que de pinguedine renum medicamina regalia sunt
perite laudis. Scio corpusculum Mesuaijcas[c] tuum non
posse sufferre colloquintidas, nec Aliquot [aliquod] turbi-
datum seu minimum de pharmaco Scio me Aptiorem et

---

a) Der Schluss des Wortes ist nicht zweifellos deutlich lesbar, da die Buchstaben zum Theil in einander geflossen sind. Man könnte auch „Patriarco"
zur Noth herauslesen.

b) Hier steht nicht „essentia est secunda", wie Dorn mit Vernachlässigung
des Kommas und Rücksichtnahme auf das folgende „Tertius morbus" corri-
giert oder gelesen hat.

c) Dorn schreibt „Mesuaticas"; das Original hat aber „Mesuaijcas". Diese
richtigere Form findet sich auch sonst bei Hohenheim, z. B. Chir. Fol.-Ed.
S. 419 „vnd die Mesuaischen"; 4⁰-Ed. IV. S. 324 „Mesuaischer Stylus".

in Arte mea peritiorem, et scio que corpusculo tuo valeant
in vitam longam, quietam et sanam, non indiges vac[u]a-
tionibus.

Tertius morbus est vt apertius Loquar, que[d] materia
seu vlcerata putrefactio seu natum flegma vel Accidentale
colligatum, vel si fex vrinae, vel tartarum vasis vel Mu-
cillago de reliquijs e spermate, vel si humor nutriens vis-
cosus vel bithuminosa[e] pinguedo resoluta vel quicquid
huiusmodi sit, quando de potentia salis (in quo coagulandi
vis est) coagulabitur quemadmodum in silice, in berillo
potius, similis est hec generatio, que[f] non in te nata per-
spexi, sed quicquid Judicaui de minera frusticulata Mar-
morea existente in renibus ipsis iudicium feci sub nomine
rerum coagulatarum.

Si optime Erasme Mea praxis specifica tue Excellentie
placuerit   Curo ego vt habeas et Medicum et Medicinam.

Vale

Theophrastus.

Wir fügen zur Bequemlichkeit des Lesers den Antwortbrief des
Erasmus gleich hier an*).

---

d) Dorn hat sinnentsprechend quaedam, es steht aber que (= quae) im Original.

e) Dorn liest „bituminosus", es muss aber „bithuminosa" heissen.

f) Dorn hat „haec", was nicht dasteht.

*) Da uns das Original nicht vorliegt, haben wir Orthographie und Interpunction
nach unserer Auffassung geregelt; wir glauben uns hierzu ebenso berechtigt.
wie die früheren Editoren, welche in diesen Punkten vielfach von einander
abweichen. Zur Feststellung des Textes haben wir verglichen den ersten
Druck Bodensteins in „De gradibus" 1562 [Mook Nr. 26] und dessen
2. Auflage von 1568 [Mook Nr. 65], den Huser'schen Abdruck [4°-Ed. III.
S. 340], den Dorns in der „Philos. Magna" [Mook Nr. 245] und den des
Leo Suavius von 1568 [Mook Nr. 62].

Rei medicae peritissimo Doctori Theophrasto Eremitae, Erasmus Roterodamus*) S[alutem].

Non est absurdum, medico, per quem Deus nobis suppeditat salutem corporis, animae perpetuam optare salutem. Demiror, unde me tam penitus noris. semel dumtaxat visum. Aenigmata tua non ex arte medica, quam nunquam didici, sed ex misero sensu verissima esse agnosco. In regione hepatis iam olim sensi dolores, nec divinare potui, quis esset mali fons. Renum pinguedines ante complures annos in lotio conspexi. Tertium quid sit, non satis intelligo, tamen videtur esse probabile mihi, id molestare**) ut***) dixi†). Hisce diebus aliquot nec medicari††) vacat, nec aegrotare, nec mori, tot studiorum laboribus obruor. Si quid tamen est, quod citra solutionem corporis mihi possit lenire malum. rogo ut communices. Quod si distraheris, paucissimis verbis ea, quae plusquam laconice notasti, fusius explices, aliaque praescribas remedia, quae dum vacabit queam sumere. Non possum polliceri praemium arti tuae studioque par, certe gratum animum polliceor. Frobenium ab inferis revocasti, hoc est dimidium mei, si me quoque restitueris, in singulis utrumque restitues. Utinam sit ea fortuna, quae te Basileae remoretur. Haec ex tempore scripta vereor ut possis legere. Bene vale.

Erasmus Roterodamus
suapte manu.

Wir müssen bei diesen beiden Briefen etwas verweilen. Namentlich der Brief Hohenheims bedarf einmal einer eingehenden Besprechung; denn er ist ein keineswegs zu missachtendes Product Hohenheim'scher Geistesthätigkeit. Dass ihn mancher Verehrer Hohenheims (z. B. Rademacher) nur ungern zu Recht bestehen

---

*) Das ist: „dem Theophrast von Einsiedeln Erasmus von Rotterdam", also ein vollkommener Parallelismus der Benennung.
**) Allenthalben „molestare", nur Leo Suavius hat „molestum esse".
***) Leo S. hat „quod".
†) Alle Drucke haben „dixi", nur Leo S. hat „dixti" [= dixisti] corrigirt. Die dadurch entstehende Aenderung des Sinnes ist aber insofern unberechtigt, als Hohenheim nur objectiv von der Krankheit spricht, von den subjectiven Beschwerden des Erasmus aber kein Wort sagt.
††) „mendicare" (1562) ist wohl Druckfehler.

lassen will, hat offenbar darin seinen Grund, dass der Brief weder in seinem Wortlaute, noch in seiner historischen Bedeutung genügend verstanden wurde.

Dass ein mündliches Aussprechen über den Krankheitszustand des Erasmus dem Briefe vorausgegangen war, wird durch den Antwortbrief des gelehrten Holländers an mehreren Stellen bewiesen. Es geht aber auch mit voller Klarheit aus dem brieflichen Gutachten Hohenheims selbst hervor. Erasmus hatte dem Arzte seine Leidensgeschichte erzählt und auch über die bisher gegen diese krankhaften Erscheinungen von anderen Aerzten ergriffenen Maassregeln Mittheilung gemacht, wonach dieselben hauptsächlich in Abführmitteln, wie sie die alte Schule fast nur verordnete, bestanden hätten.

Allerdings hatten sich die beiden Männer nur ein einziges Mal getroffen, und es mag wohl auch bei diesem einmaligen Sehen und Sprechen sein Bewenden gehabt haben. Jedenfalls ist von einem weiteren Verkehr keine sichere Kunde auf uns gekommen, ebensowenig über die mehrfach ventilirte Frage, ob Erasmus wirklich in Hohenheims ärztliche Behandlung trat.

Das vorhergegangene offenbar langdauernde Gespräch (welches sicher lateinisch geführt wurde, da Erasmus des deutschen Idioms nur wenig mächtig war) macht die stellenweise fast orakelhafte Kürze des Paracelsischen Briefes in etwa begreiflicher. Aber der Empfänger hat trotzdem die Knappheit des Ausdrucks unliebsam empfunden, wie aus der Wendung „aenigmata tua" hervorgeht und gegen Ende noch deutlicher von Erasmus ausgesprochen wird: „paucissimis verbis ea quae plusquam laconice notasti, fusius explices". Jedenfalls musste Erasmus merken, dass seine Krankheit hier mit ganz anderen Augen angeschaut und klargelegt wurde, von einem diagnostischen Standpuncte aus, der ihm vollkommen räthselhaft war und darum eben seine Neugierde erregte.

Und gerade da, wo man von Kürze des Ausdruckes kaum reden kann, im zweiten Theile des Paracelsusbriefes, bei den Ausführungen über den „tertius morbus", wo Hohenheim sichtlich mit der Absicht ringt, dem Laien einigermaassen seine, ihm eigenthümlichen Anschauungen verständlich zu machen, gerade da wird dem Gelehrten kaum ein Schimmer des Verständnisses geleuchtet haben: und so gesteht

derselbe denn auch ein, „tertium quid sit, non satis intelligo". Das
ist ja auch nur allzubegreiflich, da ihm, der in den Gedankenkreisen
der alten Aerzte wohl leidlich bewandert war, hier ein Neues, Uner-
hörtes, bei Galen und Galenikern nie Berührtes entgegentrat: die
richtige Erkenntniss des causalen Zusammenhanges der Naturvorgänge,
die dem Mittelalter so völlig abging, hier aber, wenn auch noch
stammelnd und um Worte verlegen, doch mit einer gewissen unver-
kennbaren Sicherheit zum Ausdruck gelangte.

Darum eben ist dieser Versuch einer verständlichen Special-
diagnose für den gelehrtesten Mann jener Zeit dem Medicohistoriker
von bedeutendem Werthe.

Hohenheim handelt hier von einem seiner eigensten Forschungs-
ergebnisse (womit er die alte Medicin eigentlich erst aus den Angeln
gehoben hätte), von den Krankheiten im menschlichen Körper, welche
auf dem „Tartarus" beruhen *).

Diese Lehre von den „tartarischen" Erkrankungen ist der
erste — aber keineswegs nur skizzenhaft angelegte, sondern schon aufs
eingehendste nach allen Seiten hin ausgearbeitete — Versuch, ein
grosses Gebiet pathologischer Vorgänge im menschlichen Organismus
auf ein einfaches chemisches Princip (sagen wir vorläufig Ausscheidung
oder Fällung) zurückzuführen, der tief in das Wesen der Natur-
erscheinungen eindringt und wohl die erste nachweisbare Regung der
wissenschaftlichen organischen Chemie ausmacht.

Diese Lehre vom Tartarus umfasst das weite Gebiet der Ge-
rinnungs- und Exsudationsvorgänge, der Ausscheidungen und Ablagerungen verschiedenster Art von den weichsten Formen bis zu den
Verkalkungen, speciell (wenn auch keineswegs ausschliesslich oder auch
nur vorwiegend) die Concrementbildungen in den verschiedenen Secreten
und sonstigen Flüssigkeiten im menschlichen Körper. Die Lehre von
den Harnsäure-Ablagerungen bei der Gicht ist ein heute noch in der
Wissenschaft zu Recht bestehender Theil dieser, lange Zeit völlig un-
beachtet zur Seite geschobenen, Hohenheim'schen Lehre. Diese Ablagerungen kennt Hohenheim schon ebensogut durch Autopsie, wie die
Concremente in den Nierenbecken und den übrigen Harnwegen, und
diese beiden scheinen ihn zunächst auf seine Aufstellung der tartarischen

---

*) Hohenheim gebraucht Tartarus und Tartarum gleichmässig neben einander
(τάρταρος und τάρταρον), in späteren Schriften ausschliesslicher Tartarus.

Krankheiten gebracht zu haben und treffen sich am nächsten mit der von ihm nach dem Vorbilde der weinsteinsauren Kaliablagerungen an den Wänden der Weinfässer gewählten Bezeichnung*).

Es ist diese Aufstellung der tartarischen Leiden eine der grössten Leistungen unseres Reformators, deren Genialität man nur dann recht beurtheilen lernt, wenn man sich gegenwärtig hält, wie die Schulmedicin seiner Tage sich von dem uralten Hirngespinnste der vier Cardinalsäfte vollkommen befriedigt zeigt. Hohenheim stellt sich damit auf den festen Boden chemischer Naturbeobachtung und -erklärung in einer Zeit, wo die übrigen Aerzte nichts weiter waren, als mehr oder weniger glückliche halb philologische, halb dialectische Commentatoren altklassischer Schriftsteller, von deren pathologischen und therapeutischen Vorschriften abzuweichen, sie für die ärgste Barbarei und Ketzerei hielten. Was man bis dahin von den hier näher ergründeten Krankheiten wusste, belief sich etwa auf die blossen Namen arena, lapilli. calculus. tumores, oppilationes, contracturae (Krämpfe), pinguedo renum, arthritis, arthetica passio u. dgl. Ueber die altübliche Therapie unterrichtet uns Hohenheim selber in seinem Briefe.

Wir können hier unmöglich eine eingehende Darstellung dieser Lehre vom Tartarus geben, halten es aber für entschieden geboten, den Versuch zu machen, den Brief Hohenheims an Erasmus wenigstens einigermaasssen in deutscher Paraphrase wiederzugeben und das Nothwendigste commentatorisch beizufügen. Es ist ein Wagniss. für welches wir im Voraus die Nachsicht des Lesers anrufen.

Der Brief will also etwa Folgendes sagen:

Die medicinischen Kenntnisse, welche ich durch eingehendes Studium der Natur und [speciell] des Salzes a) mir erworben habe.

---

*) Cf. L. A. Kraus, Kritisch-etymologisches medicinisches Lexicon. 3. Aufl. Göttingen 1844. S. 1029.

a) „Sagax Musa" und „Alstoos" sind Personificirungen, gleichsam die Göttinnen seiner Forschungsmethoden. durch welche er die neuen Naturanschauungen gewonnen hat. Diese Ausdrücke sind wohl nur Eingebungen des Augenblickes; denn Hohenheim hat ihren Gebrauch bald wieder verlassen.

„Sagax Musa" wird nur noch einmal in der aus derselben Baseler Zeit stammenden Schrift „De vita longa" verwendet [4⁰-Ed. VI. S. 196; Fol.-Ed. I. S. 856B], wo er auch von „Empirica Musa" und „Hippocratica Musa" spricht Später hat er keiner dieser drei „Musen" mehr genannt, sondern gebraucht dafür die prosaischeren Ausdrücke „Philosophia Sagax", „Philo-

gestatten mir klare Aussagen. Ich bin als Verfasser ähnlicher Gutachten ja auch schon bekannt [b].

sophia adepta sagax" [vgl. 4⁰-Ed. I. S. 147]; es ist die von ihm neubegründete, auf Causalerkenntniss der Naturvorgänge gerichtete, naturwissenschaftliche, inductive Erforschungsmethode der Geschehnisse in der grossen Welt und im menschlichen Organismus (sein Novum Organum scientiarum), im Gegensatze zu der deductiven, doctrinären, aprioristischen Methode der übrigen Aerzte, welche nur am Gebäude der Vorzeit deutelten und flickten. In seinem Programm hat er dies kurz nachher mit schlagenden Worten ausgesprochen: „... Non aliorum more ex Hippocrate aut Galeno aut quibuslibet emendicatus, sed quos summa rerum Doctrice Experientia atque labore assequutus sum. Proinde si quid probaturus, Experimenta ac Ratio Autorum loco mihi suffragantur".

„Alstoos" ist eine sonst nirgends bei Hohenheim vorkommende Bezeichnung. Sie scheint hier ad hoc geschaffen zu sein als Personification (parallel der Sagax Musa gedacht) der durch seine chemische Experimentalprüfung der Naturkörper gefundenen neuen, bahnbrechenden Auffassung der Salze. Wir fassen Alstoos = ἄλστοος, etwa im Sinne von Salzkünderin, salzkundige Muse oder dergleichen; jedenfalls ist das Wort auf ἅλς, Salz zurückzuführen. Es ist ein kecker etymologischer Scherz, den sich der um ein Fremdwort aus dem Griechischen nicht verlegene Mann hier erlaubt (vergl. den nicht weniger gewagten etymologischen Scherz mit den „Roades" in der Schrift von den Tartarischen Erkrankungen an die Kärntner Stände [4⁰-Ed. II. S. 329; Fol.-Ed. I. S. 313], dessen Gewagtheit er aber wohl von vornherein selber einsah und darum die weitere Anwendung desselben zur Bezeichnung der Chemie der Salze unterliess.

Abgesehen von der gewagten Etymologie betont Hohenheim hierdurch mit vollem Rechte (namentlich wo er an die Klarlegung einer tartarischen Krankheit gehen will) seine Neuerung in der Auffassung der chemischen Vorgänge, die Statuirung des „Sal" als drittes chemisches Grundprincip der organischen und anorganischen Welt, den blossen „Sulphur" und „Mercurius" der alten Alchemisten gegenüber [vgl. namentlich die Stelle im Paragranum 4⁰-Ed. Bd. II. S. 31; Fol.-Ed. I. S. 208a]. Es manifestirt sich in der Einführung des „Sal" in die Grundbestandtheile der Welt einer der grössten Fortschritte in der chemischen Naturerkenntniss durch Hohenheim. Er kam darauf durch die genauere Beobachtung und Ergründung der Destillations- und Verbrennungsvorgänge. Seine Vorgänger hatten sich nur an den „Sulphur" gehalten, welcher mit Flamme brennt, und den „Mercurius", der sich im Rauch verflüchtigt (wofür Hohenheim vielfach den „Liquor" setzt, die Feuchtigkeit in den organischen Körpern, wie er das „Sal" auch oft als „Balsam" bezeichnet, der zur Erhaltung und zum Wiederaufbau der organischen Körper dient). Die Aschenbildungen und die festen Rückstände bei der Destillation dagegen hatten jene als „caput mortuum" ausser Acht gelassen, und es war Hohenheim vorbehalten, dies dritte zu beachten und aus ihm etwas Bleibendes, Lebendiges und Lebenbedingendes zu schaffen. Denn die Ausdrücke „Sulphur" und „Mercurius" sind längst zum

Die Lebergegend [c] bedarf keiner Apothekermittel, und die beiden anderen krankhaften Erscheinungen bedürfen keiner Laxantien. Das Heilmittel ist vielmehr ein magistrales Arcanum [d], bestehend aus confortativer, specifischer Substanz und reinigenden, das heisst consolidirenden, honigbaltigen Stoffen. Gegen die Störung der Leberfunction gibt es eine Essentia [e], und die königlichen Mittel für den dicken satzigen Urin [f] sind durch die Erfahrung bewährt. Ich weiss, dass dein kleiner Körper [g] Mesues Coloquintenpur-

alten Eisen geworfen, aber das „Sal", die Entdeckung Hohenheims, des Vaters der physiologischen und pathologischen Chemie, ist bis heute geblieben als Constituens corporis humani und als Heilmittel einer überwiegenden Anzahl von Krankheiten. Er hatte damit zum erstenmale erkannt, dass die Aschenbestandtheile, die anorganischen Salze, die feste Grundlage bilden, wie für jedes Mineral, so auch für jeden lebendigen Organismus („so ist der Balsam des Lebens auch des todts ein Saltz", „ein angeborner Balsam im Physico corpore eingeleibt vnd vereinigt, welcher den Menschen auffenthalt vor Feulung"; Chir. B. u. Schr. 4⁰-Ed. S. 218; Fol.-Ed. S. 81c; vgl. auch 4⁰-Ed. Bd. III. S. 216 und viele andere Stellen). Von hier geht auch seine specifische Heilmethode aus, basirt auf der Chemie, die er bereits in ihren Grundanfängen vorahnend als Schlüssel zum Weltganzen in allen seinen Organismen hinstellte.

b) Der Tartarusdiagnostiker weist hiermit auf andere derartige Gutachten hin, welche ihm Ruf verschafft hatten, also wohl hochstehende Personen betrafen, wobei wir an die schon oben S. 18 Anm. ** erwähnte Behandlung von 18 Fürsten erinnert werden, die vielleicht zum Theil an ähnlichen Erkrankungen litten.

c) „Regio hepatis" wird hier getrennt von „hepar" gefasst, wie an vielen Stellen der Vorlesungen „De morbis ex Tartaro oriundis", z. B. Bd. III. 4⁰-Ed. S. 226 „generatio non tantum fit in hepate, sed etiam in regionibus hepatis . . ." u. s. w. Vgl. bes. S. 227, 289, 294 u. 295.

d) Ein ihm angehöriges Specialmittel, das noch nicht bekannt sei.

e) Also wohl eins der leichten tincturähnlichen vegetabilischen oder mineralischen Mittel, die Hohenheim zuweilen auch noch mit Quinta Essentia, dem alchemistischen Ausdruck, bezeichnete.

f) „Pinguedo renum" ist keine Paracelsische Diagnose, sondern er gebraucht hier zur Verständigung mit Erasmus einen terminus der alten Schule; gemeint ist der dicke satzige Urin (die „urina crassa"), über dessen Pathogenese sich Hohenheim im zweiten Theile des Briefes eingehend ausspricht (cf. De Tartaro l. c. S. 233 und 325).

g) An dem Ausdruck „corpusculum tuum" haben verschiedene Anstoss genommen, z. B. Fischer („Paracelsus in Basel" S. 127 a. a. O.), der es als zudringliche Vertraulichkeit tadelt. Doch ist dazu kein Grund vorhanden. Die kleine Statur des Gelehrten ist bekannt (J. Kessler, der Augenzeuge, sagt, er war ein „zarter kleiner Mensch"). Erasmus braucht ja auch selbst

ganzen nicht vertragen kann, noch irgend etwas gewaltsam Ein-
greifendes, überhaupt nicht das Mindeste aus der [Galenischen]
Apotheke. Ich weiss, dass ich geschickter und in meiner Kunst
erfahrener bin, und weiss auch, was dir ein langes, ruhiges und
gesundes Leben verschaffen kann; du bedarfst durchaus keiner
erzwungenen Stuhlentleerungen.

Ueber den dritten krankhaften Vorgang [die pinguedo renum h)]
muss ich mich deutlicher aussprechen. Es ist ein ausgeschiedener
Stoff, entweder eine geschwürige Zersetzung [Eiter], oder ein ab-
gesonderter Schleim, oder eine sonstwie hinzugekommene Bei-
mischung, mag diese nun ein Niederschlag aus dem Harn, oder
ein weinsteinartiger Ansatz i) in den Harnwegen, oder ein dick-
schleimiges Rückbleibsel vom Samen k), oder eine zu zähe Ernäh-

diese Worte von sich in seinen Briefen (H o r a w i t z, Erasmiana. IV. S. 56),
konnte also recht wohl im vorhergegangenen Gespräche Hohenheim gegenüber gleichfalls so gesagt haben. Ausserdem kommt diese Wendung auch in
andern Briefen an Erasmus vor; so gibt ihm Joh. B l o t z h e i m den Rath,
„sein corpusculum eifrig zu pflegen" (H o r a w i t z a. a. O. III. S. 19).

h) Erasmus hat das nicht verstanden und fasst fälschlich die „pinguedo renum"
als zweites; „tertium quid sit, non satis intelligo", konnte er da wohl
sagen! — Es ist vielleicht nicht unnöthig, darauf hinzuweisen, dass diese
drei hier genannten krankhaften Zustände keineswegs als selbständig neben
einander bestehende Leiden zu betrachten sind. Hohenheim weist einer
Anzahl von Speisen und Getränken die Eigenthümlichkeit zu, Bestandtheile
zu enthalten, welche im Körper „tartarische" Processe hervorrufen können.
Dieselben bewirken aber nur bei gestörter Verdauungsthätigkeit (in Magen,
Leber u. s. w.) krankhafte Ablagerungen, welche sich z. B. bei gestörter
Leberfunction in den Nieren und den Harnwegen festsetzen. Leber und
Lebergegend sind also hier in ihrer Thätigkeit gestört, und das führte zu
„pinguedo renum". Die Heilung hat auch ein dreifaches zu erfüllen. Wir
können darauf nicht näher eingehen. Dass Hohenheim in bestimmten Fällen
den „Tartarus" durch Tartarus heilte, wollen wir nur ganz kurz nebenbei
erwähnen, um nicht weiter auf sein „similia similibus curantur" eingehen zu
müssen [cf. z. B. 4⁰-Ed. III. S. 231]. Cremor tartari (richtiger von ihm
Crystalli tartari geheissen) ist auch heute noch ein Polychrest beim Volke
aus seinem Arzneischatze. — Er wendete aber auch Blasenausspülungen mit
einem „Syringa" genannten Instrumente bei Concretionen etc. an [cf. III.
S. 231; II. S. 335 4⁰-Ed.].

i) Der Unterschied zwischen „Faex" und „Tartarus" ist klar aus folgender
Stelle zu ersehen: „Fex am Boden, Tartarum an die wend" [4⁰-Ed. II. S. 281].

k) Cf. „De morbis ex Tartaro" Lib. 1: „sic est castis hominibus, quod super-
fluitates, id est, tartarus resolutus non exit cum spermate, non purgat renes"
[4⁰-Ed. III. S. 218].

rungsflüssigkeit, oder eine in Lösung gebliebene harzähnliche
Fettigkeit oder irgend etwas anderes der Art sein — wenn dies
durch die coagulirende Einwirkung des Salzes zur Gerinnung gebracht wird[1]), so entstehen ähnliche Gebilde wie Kiesel oder besser
[durchsichtiger] Beryll. Derartige Gebilde aber habe ich bei dir
nicht wahrnehmen können. Allein auch alles das, was ich geäussert habe über den feinbröckeligen marmorartigen Stein[m]),
welcher in den Nieren selbst[n]) bestehe, das musste nach meiner
Ansicht ein Coagulationsproduct genannt werden.

Sollte, bester Erasmus, deiner Erhabenheit meine specifische
Heilmethode zusagen, so will ich dafür sorgen, dass dir sowohl
Arzt als Arznei[o]) zur Verfügung stehen.

Lebe wohl!

Theophrastus.

Sind wir hiermit dem wissenschaftlichen Inhalte des Paracelsischen
Briefes in aller Kürze gerecht geworden – ein weiteres Eingehen auf
die tartarischen Theorien müssen wir auf spätere Zeit versparen — so
dürfen wir doch nicht unterlassen, noch auf einiges andere aufmerksam
zu machen.

Aehnlich wie hier im Briefe hat Hohenheim schon in der vorraus-
gegangenen Unterredung dem gelehrten Theologen seine Ansicht über

---

l) Er unterscheidet zwischen Tartarus resolutus und Tartarus coagulatus. So-
lange die tartarische Materie noch in Lösung bleibt, ist sie unschädlich und
wird durch den Harn ausgeführt; kommt es zur Coagulation in der vom
Tartarus ergriffenen Localität, so ist die Erkrankung da. — Alle Gerinnungs-
vorgänge im Organismus (und in der unorganischen Natur) werden durch
den „Spiritus Salis" bewirkt, den Hohenheim gelegentlich „Heros" oder
„Dominus coagulationis" nennt.

m) Die marmorartigen Concremente sind unter den röthlich gefärbten die här-
testen („marmoreum, id est durissimum inter rubea).

n) Das Nierenbecken wird noch zur Niere selbst gerechnet.

o) Seine chemischen, nicht blos mineralischen, sondern auch vegetabilischen,
Arzneien bereitete Hohenheim ja selbst (ein nicht zu unterschätzendes
Causalmoment für vielerlei Anfeindungen!), und so blieb es auch bei den
Paracelsisten bis zur professionellen Chemiatrie, durch welche die Paracelsischen Tincturen, Oele, Wässer, Elixire, Metallpräparate etc. ihren Weg zu
den „pharmaca" der Apotheken fanden. Wenn er Recepte schrieb, enthielten
sie viel weniger Mittel, als die der Galeniker.

die Art der Erkrankung desselben ausgesprochen. Hier recapitulirt er darum in der Hauptsache nur kurz seine mündlichen Auseinandersetzungen. Dass Functionsstörungen der Leber und ihrer Adnexa vorhanden sind, kann ja dem Laien genügen zu vernehmen, und darum erörtert Hohenheim das Wie auch nicht weiter. Nur über den Schlusseffect der durch den Tartarus bedingten Erkrankung, die krankhaften Beimengungen im Harne, spricht er sich eingehender aus, indem er darlegt, woraus dieselben bestehen könnten und was eventuell ihre Ursachen und Folgen seien. Eine Entscheidung darüber, welche von den genannten Entstehungsarten nun im Erasmischen Falle vorliege, gibt er nicht, scheint sich also wohl eine speciellere Diagnose noch vorbehalten zu haben. Eine Untersuchung des Urins, auf welche Hohenheim grosse Stücke hielt, und die er, echt alchemistisch, durch Kochen desselben erweitert hatte, stand überdies noch aus, so dass an's Receptschreiben, wie Erasmus es meinte, vorerst gewiss noch nicht zu denken war.

Die therapeutischen Gesichtspunkte sind ebendeshalb nur sehr andeutungsweise gegeben. Das Negative war dem Theologen verständlich, aber mit den positiven Angaben über Arcanum, Specificum, Essentia und regalia medicamina wusste derselbe gewiss nichts anzufangen. Und vollends von der „praxis specifica", durch die sich Hohenheim offen als antigalenischen Ketzer bekannte, wird sich der grosse Weise nur eine sehr unklare Vorstellung gemacht haben. Es macht uns darum auch gar nicht den Eindruck, als ob es Hohenheim sehr darum zu thun gewesen wäre, den Gelehrten für seine Behandlung zu gewinnen. Jedenfalls wollte er sich nicht klarer darüber aussprechen, ehe ihm der vertrauensvolle Entscheid des Erasmus für seine Diagnose und Behandlungsmethode zutheil geworden war. Immerhin mag aber Hohenheim zu dieser lakonischen Kürze auch durch den Argwohn veranlasst worden sein, dass er andernfalls nur den Galenischen Freunden des Erasmus unnöthigerweise seine therapeutischen Grundsätze preisgebe*).

---

*) Wir fügen hier nur noch in kurzem bei. dass Hohenheim die bei Erasmus anzuwendende Heilmethode deshalb „specifisch" nennt, weil er eine directe, rationell-chemische Einwirkung auf den vorhandenen Tartarus und seine Grundursachen beabsichtigte, im Gegensatze zu dem blos indirecten, gewaltsamen Verfahren der alten Schule gegen derartige Krankheitserscheinungen, deren ätiologische Bedingungen sie nicht kannte.

8

Er betont daher zum Schlusse nur, dass er die Mittel kenne, welche dem Gelehrten Gesundheit und langes Wohlbefinden verschaffen würden. Eine grosse Zuversicht, die gewiss durch das Ausreifen in längerer Lehrthätigkeit sich erst in grösserer Vollkommenheit bewährt hätte*).

Es weht ein fast trotziges Selbstbewusstsein seines besseren Wissens und Könnens durch diese Zeilen, welches vielen Lesern des Briefes als anmassende Prahlerei erschienen ist. Mit Unrecht, denn das ganze Auftreten Hohenheims ist von derselben Ueberzeugung seines Werthes getragen und aus allen seinen Schriften klingt uns dies hohe Selbstgefühl entgegen**). Für den Kenner des tiefen Standes der damaligen Medicin und Naturwissenschaften ist es aber eine zweifellose Thatsache, dass dies Selbstbewusstsein ein wohlbegründetes war

*) Gerade bei den tartarischen Erkrankungen lässt sich das Ausreifen Hohenheim'scher Ansichten im Laufe von 10—12 Jahren wissenschaftlicher Durchdringung eines grossen Vorwurfes recht schön verfolgen, wenn man die verschiedenen Abhandlungen über dieses Thema chronologisch durcharbeitet. Abgesehen von den vielen Fragmenten möchten wir die Reihenfolge der Abfassung dieser Schriften heute folgendermaassen feststellen: 1) „Das sechste Buch in der Artznei von den Tartarischen Kranckheiten" [4⁰-Ed. IV. S. 12 ff.; Fol.-Ed. I. S. 477 ff.], das noch vor Basel niedergeschrieben ist. 2) Die Baseler Vorlesung „De Morbis ex Tartaro oriundis Libri II." [4⁰-Ed. III. S. 207 ff.; Fol.-Ed. I. S. 392 ff.]. 3) Das 2. Buch des „Volumen medicinae Paramirum", welches nur ganz cursorisch die Gesichtspunkte der Krankheitsentstehung aus den Ingestis („Ens veneni") gibt [4⁰-Ed. I. S. 23 bis 35; Fol.-Ed. I. 9—13]. 4) „Operis Paramiri Liber III de origine morborum ex Tartaro" [4⁰-Ed. I. S. 141—188; Fol.-Ed. I. 51—67]. 5) „Das Buch, von den Tartarischen kranckheiten" an die Kärntner Stände [4⁰-Ed. II. S. 244—340; Fol.-Ed. I. S. 283—316], welches er, wie er selbst sagt (4⁰-Ed. S. 245), bis 1538 dreimal emendirt und corrigirt hat. — Die im V. Bande der 4⁰-Ed. S. 196—251 gegebenen Fragmente sind vielleicht alle in die Jahre 1527—'29 zu setzen. Zu beachten sind noch die beiden Redactionen einer Schrift „De Podagricis" [4⁰-Ed. Bd. IV. S. 246 ff. und 286 ff.] und das Büchlein „Vom Podagra" [ib. S. 181—189], welche auch wohl vor 1530 geschrieben sind, wenn sie sich trotz mancher bedenklicher Stellen als echt erweisen sollten.

**) Hoffahrt nannte man es schon zu seinen Lebzeiten, wogegen er sich selbst vertheidigte, z. B. (4⁰-Ed. Bd. IV. S. 381) „. . . ermessen solchs, mit was fug vnd billigkeit ich das anzeig: Nicht auß hoffart, deren sie mich zeihen: Dann hoffart hat kein gelehrten, kein kunst, ꝛc. nie geben, allmahl dieselbigen verstockt, das sie erloschen seindt . . ." und öfters.

bei einem Manne, der die Allgewalt der Naturkräfte bereits ahnte und für eine neue Wissenschaft zu verwerthen suchte, der er die aus seinen Studien und practischen chemischen Versuchen erschlossenen drei vermeintlichen Grundbestandtheile der Welt (Makro- und Mikrokosmus) zu Grunde legte.

Es könnte sich aber vielleicht auch noch ein besonderer Grund finden lassen, dass Hohenheim gerade hier an den grossen Erasmus so selbstbewusst und fast siegesgewiss schrieb. Denn die Annahme hat eine nicht ganz geringe Wahrscheinlichkeit für sich, dass der skeptische und auch aus Neid oft malitiöse Erasmus, der Voltaire des 16. Jahrhunderts, der „groß Spottvogel", wie ihn schon Johann Fischart im Gargantua (1582) titulirt *), dem unverholenen Neuerer, dessen Lob von Frobens vielen Freunden in allen Tonarten gesungen wurde, etwas herablassend oder stellenweise gar ironisch entgegengetreten war, dass er als nüchterner Welt- und Menschenkenner den siegesfroh vorwärtsstrebenden jugendlichen Feuerkopf ein wenig von oben herab behandelt hatte. Wenigstens mag Hohenheim, empfindlich wie er war, so etwas herausgefühlt haben. Und er wusste sich doch dem grossen Kritiker und Humanisten, der in Basel der jungen gelehrten Welt den geistigen Ritterschlag zu ertheilen gewohnt war und für sich alle Ehren als schuldigen Tribut in Anspruch nahm — er wusste sich ihm auf seinem Gebiete der Natur- und Heilkunde vollkommen ebenbürtig **).

---

*) Hallenser Neudruck 1886. S. 12.
**) Spricht doch Paracelsus in einer späteren Schrift (Vom Terpentin) einmal geradezu eine Minderschätzung des Erasmischen Gebietes der Moralphilosophie gegenüber der durch ihn selbst in's Leben gerufenen Naturphilosophie aus (Hohenheim versteht unter „Philosophie" für gewöhnlich überhaupt die Naturwissenschaft), wenn er sagt: „Dann welcher der Philosophey nicht ergründet ist (ich meine nicht Moralem noch Ethicam, noch ander Gugelfur [Narrenspossen], damit sich Erasmus geübt vnnd vmbtreibt) wie sich die natürlichen Kräffte leichtern, der giebt eben dann ein Artzt, wie ein Keminigfeger [Kaminkehrer] einen Beckenknecht [Bäckergesellen] . . ." (4⁰-Ed. VII. S. 216; Fol.-Ed. I. S. 1062ꜱ). Ein andermal spricht er sich über den Werth der philologischen Gräcistenschule, wie sie in Erasmus ihren glänzendsten Vertreter hatte, für das ärztliche Können am Krankenbette recht despectirlich aus („Von der Frantzösichen kranckheit" 1530. 4⁰. S. Dₘᵛ] „Es ist die gröst verfürung der artzney bey meinen zeitten vmblannfft, das vil die niches andersts wissen, als ein wenig der sprach Grecorum, wie sie die gelernt haben, do sie Schulmeister warend, do sie Correctores, vnd do sie bey Erasmo

8*

Diese Vermuthung hat, wie gesagt, viel innere Wahrscheinlichkeit.
Man mag dann immerhin sagen, Hohenheim schrieb aus verletztem
Eigendünkel so grossspurig an das „Orakel Europas", den gelehrten
Holländer, aber dem hätte er gewiss nicht imponirt, wenn er die
kleinen Malicen, die er empfinden musste, einfach, „um einen neuen
Patienten zu bekommen", de- und wehmüthig hinuntergeschluckt hätte.
Wenn man dies erwägt, so wird man anerkennen müssen, dass er dem
wissensstolzen Manne, der in seinem Skepticismus vom Arzte vor der

<hr />

warendt. Nun so etliche bücher der artzney auffm greckischen angefangen
haben, vermeinen sie, dieweil die sprach die bücher regier, so regier sie auch
die krancken. Also lernen sie die Kriechischen bücher lesen, vnd so sie dieselbigen außlernen, so kunden sie nichts, vnd werden also Doctores, die
heissen nit artzet, sunder Kriechen. kein artzet soll sich beschirmen mit der
sprach, allein mit practic". — Ja sogar auf dem theologischen Gebiete
geht er gegen Erasmus und andere Bibelcommentatoren an, wenn er die
„Locustae" der Vulgata, die Speise des Johannes in der Wüste, als Blatt-
knospen, nicht als Heuschrecken aufgefasst haben will. (In der Abhandlung
vom Honig 4⁰-Ed. VII. S. 227; Fol.-Ed. I. S. 1066₆.) Diese Auffassung der
„locustae" als „schößlein von den bäumen" kehrt in vielen medicinischen
Schriften gelegentlich bei Hohenheim wieder und wird in den verschiedenen
handschriftlichen Matthäuscommentaren gleichfalls vorgetragen, z. B. heisst
es in einem angeblich 1525 an Luther, Melanchthon und Pomeranus
gesendeten Fragmente eines solchen [handschriftlich in Görlitz (1564 im
December geschrieben) und in Kopenhagen] „von Locusten zu reden, solt
Ihr mercken, das wir also deützschen, das Locusten heissen Sprößlein, oder
junge Zweige vnd die äußeren Spitzen an den Aesten, dieselben hat Joannes
Baptista durch das wild Honig gezogen vnd geßen ., damit wir aber euch
zuvorstehen geben, das Locusta auch ein Heuschrecke heisst, aber Johannes
hats nicht geßen; fünfferley genera Locustarum bewehren wir, aber sie seindt
nicht nahrung des leibes, sondern ertzney zu conteriren Lithiasin, dergleichen
Urinam zu provociren .. [an anderer Stelle: „sondern ein Artzney zum grien
(Sand), so ers gessen hätt, er hätte sich gar in todt purgiret,] . . darumb
nicht wohl verstanden wird, das Johannes solche thierlein vor eine Speise
geßen habe, also starcke Medicamenta, dann wir achten er hette es über
ein halb Jahr nicht getrieben . . . auch hätte er übel Zeit gehabt, dieselben
zu faben, vnd vns wird weder Griechisch noch Hebreisch ein solches wieder-
reden. Dann Locustae seind Sprößlein vnd Heuschrecken. Es sieht uns gar
lächerlich an, es wäre dann sach, daß ein Heuschrecke wär als ein gebratener
Hase". — Es ist gerade kein schlechter Einfall, der an das „Johannisbrod"
erinnert, aber der griechische Text (ἀκρίδες) lässt keine andere Uebersetzung
als Heuschrecken zu. Uebrigens zeigt sich auch in solchen Kleinigkeiten die
Selbständigkeit Hohenheim'schen Denkens; denn diese Auffassung der
„locustae" als junger Blatttriebe findet sich bei keinem anderen Matthäus-
Commentator wieder [cf. Toxites, Onomastica II. 1574. S. 456 f.].

Entscheidung, ob er sich von ihm behandeln lassen wolle, ein brief-
liches Gutachten verlangte, im Tone völlig richtig geantwortet hat.
Seiner Würde hat er gewiss nichts vergeben: ein Haschen nach der
Gunst des grossen Mannes, ein „Herandrängen" an den Einflussreichen
können wir in dem Briefe nicht entdecken, ja nicht einmal das Bestreben, den Erasmus seiner Behandlung geneigt zu machen! — —
    Doch möge es Jedem unverwehrt sein, den Brief Hohenheims
nach seinem Gutdünken zu beurtheilen, jedenfalls ist er ein echtes
Stück geistiger Arbeit unseres „Reformators" von absoluter Authenticität.
    Und nun die Antwort des Erasmus!
    Mit eilender Feder, wenn auch vielleicht nicht gerade umgehend,
ist dieselbe erfolgt. Bei der üblichen Begrüssungsformel „Salutem"
steigt dem gewissenhaften Philologen der Einwand auf, dass es ein
wenig widersinnig sei, einem Arzte, dem die Sorge für das körperliche
Wohlergehen anderer anvertraut ist, denselben Grusswunsch darzu-
bringen — aber allezeit glückliche Gemüthsverfassung sei ja auch
dem Arzte gegenüber ein passender Glückwunsch! — Bewundernswerth
nennt er die tiefe Kenntniss seines Körperzustandes, welche der hoch-
erfahrene Arzt ihm ausgesprochen, da er ihn doch nur einmal gesehen
und gesprochen habe. Ein leichter Zweifel über die volle thatsächliche
Richtigkeit dieser schnellen ärztlichen Erkenntniss, dieses staunens-
werthen medicinischen Scharfblickes lugt doch wohl zwischen den
Zeilen hervor! ,Cedo nulli'! war ja sein Motto, welches der argwöh-
nische Vielwisser auch hier in Anwendung brachte.
    Es sind zwar dunkle Räthselworte, welche ihm der Herr Doctor
gesendet hat, für ihn den Laien in der Arzneiwissenschaft (der aber
nichtsdestoweniger 1518 in Basel ein „Encomium artis medicae" hatte
erscheinen lassen und einige Libelle des Galen übersetzte), aber über
ihren Einklang mit dem Thatbestand werde er durch seine eigenen
schmerzhaften Empfindungen belehrt*). Schmerzen in der Lebergegend

---

*) „Misero sensu" im Gegensatze zu „arte medica" bedeutet die Belehrung
    durch den im Vergleich mit wissenschaftlicher Erkenntniss niedriger stehen-
    den Sinn des Allgemeingefühls mit dem Nebengeschmack der elendmachenden
    Schmerzen. — Michael Toxites spielt hierauf etwas gezwungen an, den
    Worten einen etwas anderen Sinn unterlegend, wenn er in der Vorrede zu
    den „Libri XIIII. Paragraphorum ... Paracelsi" [Argentorati 1575. 8°;
    Mook Nr. 112] an den Erzbischof von Augsburg Joannes Egolphus schreibt

und Niederschläge im Harn [pinguedines renum] habe er schon lange
bemerkt, ohne die Quelle der Beschwerden ergründen zu können. Der
dritte Krankheitsvorgang, auf dessen Verdeutlichung Hohenheim so
viel Mühe verwendet hatte (s. S. 111 Anm. h), ist ihm nichtsdestoweniger
durch seine eigene Schuld unverständlich geblieben, doch will er gern
glauben, dass das seine Beschwerden verursache. Da er aber nur sich
selbst vertraut und selbst in der Medicin nur dem eigenen Ueberzeugt-
sein folgen will, kommt er dahin, die angebotene Hülfe abzulehnen.

Eine „Kur" zur Beseitigung dieser Krankheitszustände zu unter-
nehmen, habe er augenblicklich keine Zeit. Er sei dermaassen mit
wissenschaftlichen Arbeiten überhäuft, dass er weder Medicamente
nehmen, noch krank sein, noch sterben (!) dürfe — das ist ja eine
verblümte Absage in etwas spöttischer Fassung, aber er lenkt nochmals
ein, um den in der Heilkunde unzweifelhaft Grösseren noch etwas
auszuholen.

Sollte es etwas geben, was seine Leiden lindern könne ausser dem
Schmerzenstiller Tod, so möge Hohenheim es ihm mittheilen.
Wenn es ihm, dem Arzte, möglich sei, die Linderung der Schmerzen
von dem ultimum remedium, der Auflösung des Leibes im Tode, zu
trennen, so möge er ihm mit wenig Worten des Weiteren erklären,
was er so lakonisch nur angedeutet habe, und die versprochenen anderen (von den galenisch-arabistischen Abführcuren abweichenden)
Heilmittel ihm verschreiben (ein Recept möchte er doch von ihm
in Händen haben!) — — wenn er dann wieder einmal „Zeit zum
Doctern" habe, wolle er dieselben einnehmen.

Nach dieser etwas verclausulirten Ablehnung oder mindestens
dilatorischen Behandlung der von Hohenheim angebotenen Hülfe
(wobei er aber doch nicht den Versuch unterlässt, Hohenheim die
therapeutischen Würmer aus der Nase zu ziehen) sucht Erasmus
dem Arzte noch „einiges Angenehme" zu sagen.

Freilich einen Lohn, welcher der Wissenschaft und Kunst des
Helfenden entspräche, könne er nicht versprechen (ist das ganz auf-

---

(a ü"): „Accedit huc, quod tu omnium optime de vtraque medicina, Galeni
nimirum atque Theophrasti, non tantum propter doctrinam tuam, qua multis
antecellis, sed proprio etiam sensu. vt Erasmus Roterodamus aliquando ad
Theophrastum scripsit, iudicare potes. Vtranque enim es expertus. quid vtraque
poßit, non ignoras".

richtig gemeint oder soll darin nicht eine kleine ironische Bosheit
liegen?), wohl aber ein dankbares Gemüth! Die glückliche Heilung
des schon verloren geglaubten F r o b e n, seines Alter Ego, sei ihm ein
grosses Geschenk *), und gewiss werde es F r o b e n nicht minder freudig
begrüssen, wenn es dem Arzte gelänge, auch den befreundeten
E r a s m u s zu heilen. Möge das Geschick es fügen, dass Hohenheims
Aufenthalt in Basel verlängert werde. —

Wie mag unserem Arzte dies Antwortschreiben behagt haben?
Wirkliches Vertrauen zu seinem therapeutischen Können klang ihm
nicht daraus entgegen: so viel wird wohl Jedem klar sein. Und wie
mag ihm, der seinen Beruf, den leidenden Mitmenschen Heilung zu
bringen, so begeistert erfasst hatte, der aber darum auch Vertrauen
zu seiner reinen, uneigennützigen Absicht und — seiner Macht zu
helfen vom Kranken erwartete, wie mag i h m der alte kranke Mann
erschienen sein, der bei seinen wissenschaftlichen Arbeiten keine Zeit
zu finden vorgab zum „doctern", also gesund zu werden **). Gewiss
dachte er, ‚habeat sibi'! Sicher hat er keinen Finger mehr gerührt,
den vertrockneten Gelehrten eines besseren zu überzeugen! Er hat den
Brief ad acta gelegt, und wir denken, er hat recht daran gethan!

Die Worte des E r a s m u s, dass er H o h e n h e i m keine Belohnung würdig seiner Kunst versprechen könne, aber ein dankbarer Sinn
sei ihm sicher, scheinen uns ebenso undelikat, namentlich da von einem
Eintritt in die Behandlung des Arztes noch gar keine Rede war, wie
kränkend für H o h e n h e i m, selbst wenn keine beabsichtigte Bosheit
für den seines Werthes bewussten Arzt darin liegen sollte. Auch möge
man sich daran erinnern, dass E r a s m u s ein ziemlich bedeutendes
Vermögen hinterliess!

Jedenfalls glauben wir mit vollem Recht annehmen zu dürfen,
dass mit diesen zwei Briefen der Verkehr der beiden berühmten

---

*) Auf diese Anerkennung der glücklichen Heilung F r o b e n s weist Hohenheim
in dem schon mehrfach erwähnten Briefe an die Züricher Studenten hin:
„per me . . . tum a morbo etiam ipso liberatus (cuius Erasmus ille Roterodamus quoque testis est, Epistola illa suapte manu conscripta . . .". Vgl.
auch oben S. 76, wie Erasmus kurz nachher dem Arzte nicht einmal mehr
die Ehre dieser Heilung geben will.

**) Wir verweisen hier nochmals auf die Vorrede zur „Bertheonea" (Chir. B. u.
Schr. S. 331 Fol.-Ed.), wo sich H o h e n h e i m über Werth und Anerkennung
eines kundigen Arztes so klar ausspricht.

Männer sein Ende erreicht hat: wir verneinen also die mehrfach aufgeworfene Frage, ob wirklich Erasmus von Theophrastus behandelt wurde. Das Eine erscheint uns aber als eine sehr wohl aufzuwerfende Frage, ob die ruhig urtheilende Nachwelt nicht allen Grund hat, in logischer und ethischer Hinsicht den Brief des Arztes von Einsiedeln über den des Weisen von Rotterdam zu stellen! — —

Der lateinische Ausdruck in Hohenheims Briefe ist durch die vielen fremdartigen Termini, die sich in einem medicinisch-wissenschaftlichen Gutachten für einen Gelehrten nicht vermeiden liessen, ein recht unschöner und schwerfälliger, ja für ein philologisch geschultes Ohr oft geradezu abstossender geworden. Doch wäre es ungerecht, das Vollgewicht dieser Schwerfälligkeit dem mangelhaften lateinischen Stil Hohenheims aufzubürden, während dieselbe doch zum grössten Theil in der Sprödigkeit des Stoffes liegt; denn wo sich Hohenheim mit Dingen des gewöhnlichen Lebens beschäftigt (wie in den Briefen an Amerbach), macht sein Stil einen viel besseren Eindruck.

Schwerlich aber hat Erasmus über Hohenheims Brief ein so schmeichelhaftes Wort gesprochen, wie weiland über den Galeniker Wilhelm Copus: „Medicinam eius opera primum loqui coepisse". Dafür ist er aber auch unter den „Steinbeschwerden" seiner späteren neun Lebensjahre schwerlich jemals zu der Erkenntniss gekommen, dass er auch hier mit einem Reformator zusammengestossen war, der der Medicin erst die richtige Sprache, wie Luther der Theologie, nach jahrhundertelangen Kämpfen schaffen sollte. Für beide hatte der jeden Fortschritt ängstlich vermeidende und verleugnende Egoist kein Verständniss mehr. Dagegen bekannte der nicht weniger berühmte Pariser Antiaristoteliker Petrus Ramus in seiner „Oratio de Basilea" (1568) mit staunenswerthem Vorherschauen: „ut cum Theophrasto nata primum medicina perfectaque videatur". Ein Urtheil, das freilich weder die Mitwelt, noch auf lange hinaus auch die Nachwelt auf die richtigen Gedanken über den genialen deutschen Arzt zu bringen vermocht hat. Er sollte nun einmal dem Galen und Hippokrates unterliegen, bis die von ihm geahnte und erstrebte naturwissenschaftliche Medicin in unserem Jahrhundert zum Durchbruch kam und das der Geschichte anheimstellte, was bis dahin seit Jahrhunderten Parteisache für die Aerzte gewesen war.

Wenn man die Schriftzüge des Briefes an Erasmus mit denen der Briefe an Amerbach eingehend vergleicht, namentlich mit dem zweiten Briefe an den Baseler Juristen, welcher dem Erasmusbriefe in der „Stimmung" näher steht, so ergibt sich unzweifelhaft, dass beide von derselben Hand geschrieben sind, wenn auch manche Einzelheiten nicht allenthalben im „ductus" übereintreffen*).

Ein rothes Wachssiegel in der Grösse des bei den Colmarer Briefen (S. 98) erwähnten und bei Murr abgebildeten, ist zum Verschluss des Briefes gebraucht worden. Beim Oeffnen desselben ist das Papier an der Stelle eingerissen und deshalb später (wohl vom Buchbinder) diese Stelle überklebt worden. Es lässt sich darum heute nichts weiter erkennen, als eben die Spuren der früheren Existenz eines Siegels.

Endlich noch ein paar Worte über die Zeit, in welche dieser Briefwechsel fällt! Jedenfalls war Froben schon wieder hergestellt oder doch in voller Genesung, als Erasmus den Arzt in Anspruch nahm. Mithin fällt der Brief Hohenheims frühestens in den Sommer 1526. Die folgenden Erwägungen werden zeigen, dass er auch nicht viel später fallen kann.

Hohenheim kann noch nicht Professor und Stadtphysicus gewesen sein, als Erasmus an ihn schrieb; denn sonst würde dieser gewiss nicht verfehlt haben, ihn auf der Adresse ‚Professor et Physicus Basiliensis' zu nennen. Auch die Worte des Erasmus im Briefe an Joh. Emsted über die Krankheit und Heilung Frobens, „aliunde venit medicus", sprechen doch gewiss nicht für die Annahme, dass Paracelsus als in Basel ansässiger Universitätslehrer und Stadtarzt den berühmten Buchdrucker behandelte. Wahrscheinlich war Hohenheim (von Freiburg oder Strassburg?) nach Basel zu dem Schwerkranken gerufen worden, und war (wie es damals Brauch gewesen zu sein scheint) in Basel geblieben, bis Genesung eingetreten war. In diese Zeit fällt dann wohl auch der Briefwechsel mit Erasmus und zwar wahrscheinlich in die letzten Tage vor der Rückreise Hohenheims nach seinem früheren Aufenthaltsorte.

---

*) z. B. kommt eine Tironische Note für ‚et' im ersten Colmarer Brief nur einmal vor und im zweiten gar nicht, welche in dem Briefe an Erasmus ganz gewöhnlich ist.

In der Zeit dieses ersten vorübergehenden Aufenthaltes **H o h e n -
h e i m s** in Basel zur Heilung **F r o b e n s** wird dann auch wohl Johann
O e c o l o m p a d i u s, der viel in Buchdruckerkreisen verkehrte, den Arzt
von Einsiedeln kennen und schätzen gelernt haben, Oecolompad,
der sich kurz darauf für die Berufung unseres Arztes auf die erledigte
Stadtarzt- und Docentenstelle so lebhaft verwendet haben soll. Aus der
Annahme dieses vorübergehenden Aufenthaltes **H o h e n h e i m s** werden
auch die Worte des **E r a s m u s** „utinam sit ea fortuna quae te Basileae
remoretur" am natürlichsten verständlich.

Hiernach wäre der Brief an **E r a s m u s** das erste zeitlich einigermaassen sicher zu fixirende Zeugniss Hohenheim'scher Geistesarbeit,
dessen Abfassung jedenfalls Monate lang vor den Brief an Clauser und
das Baseler Programm zu setzen ist.

4. Aus Johann Rütiners Tagebuch.

nter den handschriftlichen Schätzen der a parte potiori „Vadiana" genannten Stadtbibliothek in St. Gallen wird das Tagebuch des dortigen Bürgers Johann Rütiner aufbewahrt.

Rütiner (Reutiner) war ein naher Freund Johannes Kesslers, des Verfassers der oben schon erwähnten St. Galler Reformationschronik „Sabbata". Kessler hat ihm nächst seinen Kindern diese Chronik gewidmet*).

Johann Rütiner besass die „gelehrte" Schulbildung seiner Tage und hatte von „gelerten bücher . . ainen kostlichen schatz . . gesammlet" (Kessler). Vor allem aber besass er einen regen Geist und Interesse für die Zeitereignisse, wo er ihrer in seiner entlegenen Stadt nur habhaft werden konnte. Er hatte darum seinen Freund Kessler zu dessen „Sabbata" angeregt und sich selbst gleichfalls ein chronikenartiges Tagebuch angelegt, welches in lateinischer Sprache geschrieben ist**).

---

*) J. Kessler's Sabbata, herausgeg. von E. Götzinger a. a. O. St. Gallen 1866.68 Theil I. S. 26—31. Der Widmungsbrief an „Minen getrawen und geliebten frund, och christenlichen brueder Joannsson Rütiner" ist ein schönes Denkmal der Freundschaft der beiden Männer: ein Freundschaftsbund, dessen Innigkeit der Zeitgenosse und Landsmann Joachim von Watt in die Worte zusammenfasste: „Kessler und Rutiner sind in ainem lib zwo seelen".

**) Codex 78 u. 79; 2 Octavbände von 284 u. 303 foliirten Blättern. Auf dem Rücken des Einbandes steht von späterer Hand: „J. Rutineri Commentationes" und so wird denn auch die Handschrift mehrfach z. B. von Pressel in seinem „Joachim Vadian" (Elberfeld 1861. 8º) citirt. Auf dem 1. Blatte des Bandes I. steht der gewöhnlich gebrauchte Titel „Joh. Reutineri DIARIVM", gleichfalls von anderer Hand. Rütiner selbst hat nur auf die Innenseite des Einbanddeckels des 1. Bandes die Eigenthumsnotiz geschrieben: „Sum Johanns Ruthineri Sangallensis", selbst also dem Buch keinen Titel gegeben.

Dies „Diarium" Rütiners besteht aus lauter einzelnen kurzen
Notizen. Die Mehrzahl dieser Aufzeichnungen ist mit einem Namen
unterzeichnet; offenbar nennt damit der Chronist seine Gewährsmänner,
denen er die betreffende Mittheilung verdankt. Häufig sind auch
weibliche Namen unterzeichnet. Man darf es denn auch nicht allzu
ernsthaft mit diesen Notizen nehmen, sobald sie über den Gesichtskreis
und die Urtheilskraft des Schreibers oder seiner Berichterstatter hinaus-
gehen. Wie sie dem Zufall, durch den sie dem kleinstädtischen
Sammler zugetragen sind, ihr Dasein verdanken, so ist es oft auch nur
zufällig, wenn ihr Werth den der gewöhnlichen Reporterberichte über-
steigt und wir in ihnen dankenswerthe Mittheilungen über Zeit-
anschauungen und beachtenswerthe Daten uns erhalten finden. —
Die Aufzeichnungen sind Weihnacht 1529 begonnen, wie aus
der Notiz auf Blatt 1 „Nativitate 29 incepi" hervorgeht. Als Seiten-
überschriften finden sich vielfach Jahres- und auch Monatsdaten der
Niederschrift, welche im ersten Bande bis zum August 1537 gehen
(fol. 182b resp. 237a). Die Heftung ist aber im 1. Bande keine
genau chronologische. Der 2. Band beginnt mit „1. Martij 1537 iar".
Die letzte Datirung ist „12. Januarij 1538". (S. 189b resp. 201b.)
Ueber die Zeit der berichteten Geschehnisse lässt sich
aber aus diesen Niederschriftsdaten nur sehr annähernd ein Anhalt gewinnen, da Ereignisse aus ganz entfernten Jahren dicht nach-
einander und bunt durcheinander aufgezeichnet sind, wie aus den
vielfach im Context enthaltenen Zeitangaben hervorgeht. — —
Die Handschrift Rütiners ist ausserordentlich schwer zu lesen,
worüber mehrfach Klage geführt wird. Mit der Latinität desselben
ist es mehr als schwach bestellt, und bietet die Entzifferung auch insofern ihre Schwierigkeiten*).
Diese Umstände haben eine Herausgabe dieser Notizensammlung
bisher verhindert, und es wird wohl noch einige Zeit vergehen, ehe
eine vollständige Publication erfolgt. Wir halten es deshalb für angezeigt, das Wenige, was sich bei eingehender Durchsicht der

*) Diakon Peter Ehrenzeller (Jahrbücher der Stadt St. Gallen. 1824. S. 30)
erklärt, dass „eine gänzlich ungrammaticalische oft fast gar nicht zu ent-
ziffernde Schreibart die Herausgabe bisher unmöglich gemacht habe". Es
ist eben reinstes „Küchenlatein", bei welchem uns wohl ein Hinweis auf das
doch etwas mehr Ciceronianische Latein unserer Paracelsusbriefe gestattet ist.

Handschrift auf Theophrast von Hohenheim Bezügliches finden
liess, hier mitzutheilen, wenn es auch an authentischem Werthe mit
den bisher in diesem Hefte besprochenen historischen Documenten nicht
entfernt in Parallele gesetzt werden kann. Den Hinweis auf die drei
im Folgenden hauptsächlich zu besprechenden Stellen verdanken wir
Herrn Stadtbibliothekar Dierauer in St. Gallen.

I.

[I. Fol. 84$_a$ — 84$_b$] „Theophrastus etiam tam avidus
scientiae omnem Europam peragravit   5 annis zeginer fuit
quo etiam eorum scientias comprehenderet   palmam ei
tribuit in secretis scientijs quia mercurium sublimatum in
igne novit servare   laboriosissimus est   raro dormit   nunquam se ipsum exuit [84$_b$] ocreis et calcaribus ad 3 horas
in lectum prostratus cubit subinde subinde scribit

M Simon."

Diese Mittheilung, welche im September 1534 niedergeschrieben
zu sein scheint, verdankt Rütiner, der Unterschrift zu Folge, einem
M. Simon, über welchen wir in St. Gallen keinen weiteren Aufschluss
zu erlangen vermochten. Derselbe wird auch an anderen Stellen des
Diariums kurz erwähnt. Es war wohl ein in St. Gallen ansässiger
Wundarzt „Meister Simon". Ueber die scientifischen Lehr- und
Wanderjahre desselben hat Rütiner direct vor der obigen Stelle aus
derselben Quelle berichtet*). Jedenfalls hat der Herr Bader von seinen
„Studien" etc. weidlich viel Aufhebens gemacht. Er hat die „Grössen"
seiner Kunst besucht und stellt sich direct neben andere berühmte
Männer seiner Zeit, z. B. Theophrastus Paracelsus, der auch (etiam
tam avidus scientiae) grosse Studienreisen gemacht habe, wie er selbst.

---

*) [I. Fol. 84.] „M. Simon adijt singulos suae scientiae magistros 3 annis
parvus fuit Joa Gersstorff Argentorati qui congessit Chirurgiae librum
Feldbuch dictus . . . Librum habet Simon 2 Mallaschloß [Vorhängschloss]
inclusum ubi . . . suae scientiae fontem continet   singuli philosophi depicti
satis iusta magnitudine   ultra 200 fl. pro instrumentis dedit. Quicquid ipse
medicatus ascribit addens probatum est   Conditorium plenum libris in hipo-
causto nisi Feldbuch Spiegel der Artzney Laurentij Frieß Herbarium . . . .
Theophrastus etiam . . ."

Die Mittheilung über Hohenheim ist von mehrfachem Interesse. Was hier über seine rastlose schriftstellerische Thätigkeit gesagt wird, hatten wir schon im I. Hefte dieser „Forschungen" (S. 63) mitgetheilt*). Meister Simon und Johann Rütiner selbst (welcher ja bei Hohenheims unten noch näher zu besprechendem St. Galler Aufenthalt als Ohren- und Augenzeuge gegenwärtig war) sind hierüber gewiss unverdächtige, nicht voreingenommene Berichterstatter.

Wir möchten hier noch ausdrücklich darauf aufmerksam machen, dass die gut beglaubigte Nachricht von der kurzen Schlafenszeit Hohenheims absolut unvereinbar ist mit der verleumderischen Nachsage, er sei ein Trunkenbold gewesen. Obendrein erzählt Rütiner an vielen Stellen von berühmten Trinkgenies seiner Tage, wie Eobanus Hessus und anderen, von Trinkwettkämpfen mit tödtlichem Ausgange u. s. w., aber den Arzt von Einsiedeln erwähnt er nirgends dabei, weil weder Männlein noch Weiblein etwas davon wussten unter seinen vielen Zuträgern von weit und breit.

Eine so aufreibende Arbeitsamkeit, wie die unseres Reformators, verbunden mit einer ausgedehnten ärztlichen Thätigkeit zu Pferde und immerwährender (damals entschieden gesundheitsschädlicher) chemischer Beschäftigung, lässt uns nicht Wunder nehmen, dass Hohenheim kein hohes Alter erreichte und auf dem Salzburger Oelgemälde**) aus seinem Todesjahre schon recht verfallen aussah. Ob dazu die auch aus seinem Munde beglaubigten „lachenden Reisezufälle", die Gelage mit „guten Gesellen" in Rhein- und Donaugegenden und auch anderwärts, die der Mann des Volkes in den Weinländern nicht verachtete, sondern zu Zeiten in vollen Zügen genoss, ihr Theil beitrugen, möchte schwer zu entscheiden sein. Offenbar hat der witzige, schlagfertige Mann die Freuden des Bacchus gelegentlich nicht verschmäht; er war

---

*) Im Anfang des Jahres 1531 war Hohenheim in St. Gallen mit der Ausarbeitung des Paramirum II beschäftigt und schreibt darin in einer Beschlussrede an Vadianus „das Erst Buch meiner Paramirischen wercken: Darin ich gevlissen sein wolt, tag vnd nacht, mit arbeiten, die Auditores rei Medicae zu vnterrichten . . ." [4⁰-Ed. l. S. 140; Fol.-Ed. l. S. 50].

**) Vgl. Karl Aberle, Grabdenkmal, Schädel und Abbildungen des Theophrastus Paracelsus. Mittheilungen der Gesellschaft für Salzburger Landeskunde. 1886/7. Heft I. Tafel 2 Fig. 7. Eine in unserem Besitz befindliche Photographie des Oelbildes im Museum zu Salzburg lässt den leidenden Ausdruck noch mehr hervortreten.

kein stocksteifer Philister wie der hölzerne Oporin, von welchem Rütiner gleichfalls ein ergötzliches Histörchen berichtet*).

Wer so intensiv geistig thätig war und sich Nachts mit Stiefeln und Sporen zuweilen kaum drei Stunden Schlaf gönnte, der mochte sich ab und an zu einer energischen Ausspannung gedrängt fühlen, wie er denn auch im October 1527 nach Zürich jenen weinfrohen Ferienausflug gemacht hatte — „hinc ad vos hilaris profectus" — und selbst an seine „lieben Zechgenossen" schreibt (es waren vielleicht Züricher, welche in Basel studirt hatten): „Interim apud vos genio indulgeo atque animum laxo."

Nur philiströse Menschen konnten solche gelegentliche Libationen zu Trunkfälligkeit aufbauschen und Verleumder dies aufgreifen, um den genialen, seinem Zeitalter voraneilenden Mann zu verlästern**). Hohenheim musste eben in jeder Beziehung in den Schmutz gezogen werden, und weil man ihm im Dienste der Venus nichts vorwerfen konnte, trotzdem sein Leben so offen vor aller Augen lag, hat man ihn echt diabolisch zum Kastraten gestempelt***). — Die beliebte

---

*) Bd. I. fol. 149ₐ: „Joannes Oporinus salutaturus Erasmum nomine Universitatis 2 cantharis malvasier repletis manum manu excepit prosit nonnihil clamavit Erasme desine laboro Chiragra attonitus pictor conceptam orationem nescivit absolvere . . ." Jociscus berichtet das wesentlich anders in seiner „Oratio" S. Bₜʳ.

**) Der Wahrheit näher kommen dürfte eine Aeusserung eines angeblichen langjährigen Famulus Hohenheims Aegydius von der Wiesen, welche Johann Agricola in seinen „Deutlich- und wohlgegründeter Anmerkungen über die Chymische Artzneyen Johannis Poppii Erst- und Anderer Theil etc. Nunmehr zum andernmal . . . mit neuen . . . Anmerckungen Herrn Joh. Helfrici Jungkens . . vermehrt etc. Nürnberg 1686". 4º. S. 644 f. erzählt: „. . . aber dieses ist wahr, dass Paracelsus gern getruncken habe, hingegen aber, wenn er ihm etwas zu thun vorgenommen, habe fast weder gessen noch getruncken, biss ers vollendet, alsdenn wenn er Zeit gehabt, da ist er gemeiniglich lustig gewesen ꝛc."

***) Man hat die albernsten, geradezu unglaublichen Kastrationsgeschichten erfunden, um ihn auch noch in dieser Hinsicht herabzusetzen. Der Heidelberger Professor Thomas Erastus entblödete sich nicht, diese Albernheiten in seinem vierbändigen Werke gegen Paracelsus ebenfalls aufzutischen, um Studenten und Aerzte gegen die Paracelsischen philosophischen und medicinischen Lehren einzunehmen! — — Ist es denn nur irgend wahrscheinlich, dass der Mann ein Kastrat war, der auf dem St. Galler Oelbilde (1529; cf. S. 143) einen Vollbart zeigt und mehrfach betont, dass er der Venus nicht zugethan war (vgl. Heft I. S. 62 und die Vorrede zur Sterzinger Pestschrift [Mook Nr. 122]): Ein Eunuch hätte diesen verfänglichen Punkt gewiss mit

Manier, den verhassten wissenschaftlichen Gegner, wenn man ihm
sonst nichts anhaben kann, moralisch schlecht zu machen, ist so alt
wie die Wissenschaft selbst. In diesem Puncte ist der Kampf zwischen
Hohenheim und seinen Gegnern ein recht ungleicher; denn nicht
jeder der letzteren lässt sich in seiner bürgerlichen Moral vor dem
Richterstuhl der Geschichte controlliren. Theophrast aber hat nicht
dem weltweisen Spruche gehuldigt, Bene qui latuit, bene vixit.

Die weiten ärztlichen Wanderungen Hohenheims, welche sich
jedenfalls von der Balkanhalbinsel bis nach Spanien und von Italien
bis England und Schweden erstreckten, werden hier auch erwähnt und aus
kleinstädtischen Kreisen seines engeren Vaterlandes als etwas Bekanntes
aufs neue noch zu seinen Lebzeiten beglaubigt. „Omnem Europam
peragravit" ist ja auch entschieden nicht zu viel gesagt, wenn man
seine eigenen Aeusserungen in der Grossen Wundarznei und in anderen
echten Schriften in Anschlag bringt. Wir müssen ein weiteres Eingehen auf diese Reisen für die Biographie zurückstellen und machen

verschämtem Stillschweigen übergangen. — Dass Paracelsus unbeweibt
blieb, hatte wahrscheinlich viel tiefer liegende Gründe, als der bibelkundige
Mann seinen Zeitgenossen, denen das Heirathen damals mit zur Reinen Lehre
gehörte, kund zu thun für gut fand. Auf welcher Strecke seines langen
Wanderlebens Hohenheim zur Hochzeit hätte schreiten sollen, hat keiner
seiner Hohnsprecher bisher angegeben, nur der Poët Julius von der Traun
hat ihm eine Tochter angedichtet, die zu ihm passt, wie das fünfte Rad am
Wagen. Vor ihm hatte schon eine Schwindlerin den nicht unschlauen
Gedanken gehabt, sich der Bekanntschaft mit einem natürlichen Sohne
Theophrasts, dem Grafen Karl von Öttingen, zu rühmen. (Siehe
A. Rhamm, die betrüglichen Goldmacher am Hofe des Herzogs Julius von
Braunschweig. Wolfenbüttel. 1883. 8º. S. 15).
Hohenheim urtheilte über das „schöne Geschlecht" überhaupt anders
als wir Modernen, auch als Arzt. Ohne uns hier weiter darauf einzulassen,
setzen wir einen seiner characteristischsten Aussprüche hierher: „Diser Ca-
ducus der Frawen [Hysterie, Hystero-Epilepsie etc.], greifft gewaltiger in sie,
dann der ander: auß vrsachen, die Frawen seind nur halbe Creaturen,
dz ist, sie sind in jhrer Microcosmischen arth beraubt der grossen Potentz,
so der Mann hat: ist gleich als zween Veyel, nemmlich die do
schmecken [viola odorata], vnd die Wilden Veyel [viola canina], die
do nit schmecken. Dann die Frawen sind des grads beraubt, darum jhn die
halb Potentia abgehet: Nit anderst zuverstehn, dann als so einer all sein Glider
hat, vnd ein ander wird geborn, der hatts nur halb: jhr Haar ist halb Haar,
jhr Hertz halb Hertz: vnd alle kranckheit, so sie kommen auff halbe Exal-
tation, so sind sie den Frawen tödtlich, so sie den Mannen nur halb tödtlich
sind" . . u. s. w. [De Caduco Matricis, 4º-Ed. IV. S. 404; Fol.-Ed. I. S. 622.]

hier nur darauf aufmerksam, dass alle die vielfachen Angaben, welche Hohenheim auch noch nach der Baseler Professur grosse Reisen in ferne Länder machen lassen, auf Irrthum beruhen *). Von Basel (1528) bis zu seinem Tode in Salzburg (1541) gingen seine Wanderungen nicht mehr über Süddeutschland, Oesterreich und die Alpen- und Karpathenländer hinaus. Es war wohl nicht mehr der Wissensdurst, der diese letzten Wanderungen des gereiften Mannes, der auf der Höhe seines Wissens, Könnens und Schaffens stand, veranlasste, sondern meist äusserliche Momente, welche sich hier in Kürze nicht einzeln darlegen lassen.

M. Simon berichtete also dem biederen Rütiner, dass Paracelsus 5 Jahre Zigeuner gewesen sei. Falls man nicht darunter überhaupt das Wanderleben Hohenheims verstehen will, so ist damit natürlich seine Abwesenheit im Zigeunerlande, im südlichen, damals von den Türken besetzten, Ungarn gemeint **), die wohl nicht gerade fünf Jahre gedauert haben wird, da wir ihn auch auf dieser Lebens-etappe ziemlich genau von Land zu Land, zeitweilig sogar von Ort zu Ort verfolgen können. Unstreitig haben wir hier aber schon ein Beispiel jener übertreibenden Mythenbildung über die ausgedehnten Reisen unseres Helden vor uns, die ihn schliesslich auch nach Konstantinopel, Asien und Afrika ***) versetzte und bis in unser Jahrhundert hinein gläubig hingenommen wurde. Was mag man sich in

---

*) Die noch am leichtesten als untergeschoben zu erkennende Schrift De Pestilitate lässt Paracelsus noch 1532 in Preussen sein [4⁰-Ed. III. S. 49]. Eine ihr ganz nahestehende, geradezu zur Verspottung Hohenheims abgefasste Schrift ist „Azoth sive de ligno et linea vitae", und ähnlich verhält es sich mit der heute noch als Paracelsisch citirten Schrift „De Tinctura Physicorum". Ohne alle Kritik sind diese Falsificate von Huser aufgenommen, ohne alle Kritik sind sie von den Geschichtsschreibern gegen Hohenheim, der nie dergleichen Blödsinn geschrieben hat, als echt verwerthet worden.

**) Die damals zeginer, zyginger, ziginger genannten Nomaden waren schon über Europa verbreitet. Im Oesterreichischen Ungarn wurden sie nicht geduldet und gemeinhin als Verräther und türkische Spione behandelt, wofür auch Rütiner eine Mittheilung bringt, II. 63ᵇ. „In tota Hungaria non patitur unus Zeginer subito suspenduntur proditores maxime habentur."

***) Während Hohenheim ausdrücklich in dem an die Kärntner Stände gesendeten Buche von den tartarischen Krankheiten sagt: „daß ich Asiam vnd Aphricam erfahren hab, vnd dieselbigen Blätter vmbkert, ist nit" u. s. w. [4⁰-Ed. II. S. 253; Fol.-Ed. I. S. 285c.]

jenen Zeiten nicht alles über den Wundermann im Volke erzählt
haben *). Wetteiferten doch Gelehrte und Ungelehrte darin, Unwahr-
scheinliches über ihn zu verbreiten; jene um ihn und seine Anhänger
herabzusetzen, diese um ihn als Priester geheimer Weisheit und un-
fehlbaren Arzt zu verehren **).

Hohenheim erzählt selbst, dass er in Ungarn, der Walachei,
Siebenbürgen, Croatien gewesen sei. Und wie er allenthalben zu lernen
begierig war und selbst die unscheinbarste Quelle nicht verschmähte,
ist ja bekannt. Auch erzählt er geradezu in der Grossen Wundarznei ***):
„Ich habe auch in Crabaten [Croatien] gesehen von einem Zigeiner,
der nam ein Safft von einem Kraut . . .", wenn er auch sonst die
Zigeuner unseres Wissens nicht viel erwähnt und ihre Kenntnisse nicht
weiter preist. Meister Simon wird daher hier als Reporter nicht allzu
ernsthaft zu nehmen sein, zumal er wohl selber von Zigeunerweisheit
mehr als gut gehalten haben mag.

Wenn Rütiner dann weiter noch berichtet, dass sein Berichterstatter Simon an Hohenheim die Palme in den geheimen Wissenschaften verlieh, weil er Quecksilber im Feuer zu sublimiren und fix
zu machen verstanden habe, so lässt sich daraus wohl die Werthschätzung erkennen, welche Simon bei Rütiner genoss, weniger aber
dessen Kenntnisse in chemischen Dingen, womit er sich wohl Laien
gegenüber gebrüstet haben mag.

---

*) Einen Nachklang dieser Legendenbildung haben wir noch in vielerlei Schweizer,
Salzburger, Wiener und selbst Rheinischen und Ostpreussischen Sagen, welche
ein lebhaftes Bild geben, wie geschäftig die Phantasie des Volkes gewesen,
allerlei Märchengebilde um ihn zu weben.

**) Konnte doch Wolfgang Menzel während der ersten Cholerazeit (ca. 1830)
noch beobachten, wie in Salzburg das Volk am Grabmale Hohenheims
kniete und Hülfe erflehte gegen diese „Pest" der Neuzeit! (Geschichte der
Deutschen. 3. Aufl. 1837. S. 765). — Hierher zu rechnen ist auch die schon
im 17. Jahrhundert gedruckte (Barthol. Anhorns Magiologia und Johann
Weichard Valvasor, Die Ehre des Herzogthums Crain, Laybach 1689.
Fol. Bd. I. S. 367 b—368 a) Sage von dem Schimmel Hohenheims, der den
Stadtpfeifer Steucheler von St. Gallen zu einer Tagsatzung nach Baden durch
die Luft trug. (Auch bei Freisauf, Salzburger Volkssagen. erzählt.)

***) I. Buch 2. Tractat 2. Capitel; Chir. B. u. Schr. 4⁰-Ed. I. S. 59; Fol.-Ed. 22.

II.

Eine zweite kurze Notiz über Paracelsus findet sich in demselben I. Bande des Diariums Fol. 124^v:

„Theophrastus medicus iam moratur super Hohetwiel pronosticatus est Hulricho introitum in suas ditiones donatus munere.

Sebastianus Franck iam Ulmae degit.

Christianus Entfelder summus pastor catabaptistarum in Moravia iam destitit Augustae persuasus degit.

Andreas pinguis."

Ueber den Berichterstatter **Andreas pinguis** (Fett? — „der dicke Andreas"?) konnten wir in St. Gallen nichts Näheres in Erfahrung bringen. Er kommt noch mehrfach im Diarium als Gewährsmann vor und scheint vielfach auf Reisen gewesen zu sein; daher wohl auch hier die drei kurzen Notizen über drei vielgenannte Männer jener Zeit.

Niedergeschrieben ist diese Notiz gleichfalls gegen Ende des Jahres 1534 (frühestens im September). Der Sommer 1534 wäre also der späteste Termin, auf welchen man diesen hier zum ersten Mal kundgegebenen, sonst nirgends erwähnten, Aufenthalt **Hohenheims** auf der schwäbischen Feste nahe dem Bodensee verlegen könnte. Er wird aber wahrscheinlich etwas früher anzusetzen sein.

Sebastian Franck von Wörd, der 1532 Seifensieder in Esslingen gewesen war, verzog im Sommer 1533 nach Ulm (Allg. deutsche Biogr. VII. Band S. 214 ff.). Wann Chr. **Endtfelder** nach Augsburg kam, wissen wir nicht anzugeben*).

---

*) Vergl. über ihn und Seb. **Franck** die Schrift des Münsterischen Archivars Ludwig **Keller**, Die Reformation u. s. w. Leipzig 1885 S. 462 f. 438 u. öfters. — Es könnte vielleicht Wunder nehmen, dass **Hohenheim** hier gerade mit zwei Anhängern der „altevangelischen Gemeinden" (Wiedertäufer) in einem Athem genannt wird. Es ist aber wohl nur zufällig. Dass irgend einmal in seinem Leben Beziehungen des Theophrastus zu den „Gemeinden" bestanden haben sollten, darüber ist uns keine Kunde zugekommen. Dass manche Männer aus dem Baseler Kreise, in welchem Paracelsus verkehrte, Anhänger dieser Richtung gewesen seien, wie **Keller** (l. c.) wahrscheinlich zu machen sucht, wollen wir nur erwähnen. — In den theologischen Ab-

9*

Der 1516 vertriebene Herzog Ulrich von Württemberg hatte in der ersten Zeit seines Exils vielfach auf Hohentwiel geweilt, später in Mömpelgart. Im Jahre 1534 zog er als Landesherr wieder in Stuttgart ein. Die von Andreas hier mit heimgebrachte Fama von einer Prophezeiung Paracelsi, Ulrich werde wieder in sein angestammtes Land zurückkehren, muss also vor 1534, oder spätestens in den Anfang dieses Jahres fallen.

In den zahlreichen „Prognosticationen" Hohenheims, welche heute noch gedruckt vorliegen, haben wir keine derartige Voraussage angetroffen. Das Büchlein könnte verloren sein, oder Ulrich hatte privatim die Prognose des angeblichen Astrologen über die Aspecten der beabsichtigten Rückeroberung seines Stammlandes einholen lassen. Mag dann wohl sein, dass der Herzog nach dem Eintreffen der günstigen Voraussagung oder auch schon früher den gelehrten und ihm gewogenen Mann reich beschenkte.

Der Aufenthalt Hohenheims auf Hohentwiel im Jahre 1533 oder Anfang 1534 ist damit freilich nicht erklärt; denn das feste

---

handlungen unter Hohenheims Namen wird aber auch diese Secte der Täufer verworfen; dort spricht er von dem „Menschentand der unvernünftigen Täuffer, Hußiten, bickhardter" u. s. w. [secret. secretor. Theologiae]. In der Schrift „De origine morborum invisibilium" [4⁰-Ed. I. S. 265 ff.] spricht er sich gleichfalls mehrfach recht scharf gegen die „Wiedertauffer" aus, gegen ihren „mißbrauch eines tollen glaubens"; er erklärt sie dort geradezu für geisteskrank, wie die mit dem grossen Veitstanz behafteten — und diese Schrift ist noch vor den Münster'schen Auswüchsen des Täuferthums geschrieben!! — — Ganz im Gegensatz hiezu lässt Fabre d'Olivet („Theophrastus Paracelsus oder der Arzt. Historischer Roman aus den Zeiten des Mittelalters". Deutsch von Dr. Eduard Liber. 2. Ausg. Magdeburg 1842. 2 Bde. 8⁰.) unseren Helden mit Thomas Münzer und anderen „Taufgesinnten" intime Freundschaft pflegen und selbst als tapferen Recken in der Schlacht bei Frankenhausen (1525) mitkämpfen, hat aber hierfür unseres Wissens keinen auch nur scheinbaren historischen Anhaltspunkt. (Das französische Original „Un médecin d'autrefois". 2 Vol. Paris 1838. 8⁰ stand uns nicht zu Gebote.) — Hingegen scheint uns kein Zweifel darüber bestehen zu können, dass Hohenheim mit Sebastian Franck im Jahre 1529 in Nürnberg in Verkehr getreten ist. Inwieweit die Ansichten Theophrasts auf Franck Einfluss gewannen und umgekehrt, das bleibt noch zu untersuchen. Die Aeusserung Francks über unseren Arzt haben wir schon oben (S. 53 Anm.) mitgetheilt. Ueber die Zugehörigkeit Francks zu den Taufgesinnten können wir unseren Zweifel nicht unterdrücken.

Schloss gelangte bekanntlich erst 1538 wieder in den Besitz des Herzogs
Ulrich. Andreas pinguis bleibt dafür verantwortlich.

In dem geheimen Haus- und Staatsarchiv in Stuttgart war
keinerlei Kunde über Hohenheims Verkehr mit Herzog Ulrich mehr
vorhanden.

III.

Im zweiten Bande des „Diariums" Fol. 25ᵛ bis 26ʳ hat Rütiner
die folgende Anecdote aufgezeichnet:

„Eo tempore quo Theophrastus Paracelsus Christianum
Studer curavit Caspari Tischmaychers filium in manu
lesum curaturus os aliquod exemit fit contractus citavit
illum ad Undenarios sive magistros chirurgiae contempsit
nominando eos arschkratzer Deinde ad senatum eo
autem tempore culinam in aula fecit Hieronymo Schowinger
Vicario per illum Bartholomaeus obtinuit ut 14 diebus
distulit 3 consulibus tandem conquestus nullus promovit

Tandem per ordinem [26ʳ] Tribuno plebis Andreae
Müller narrando caussam iubet ille ut una nocte vivos
regenwurm obligat 3 die sanatus.

Casp. Tischmacher."

Ein prächtiges Beispiel des untadeligen Küchenlateins unseres
„gelehrten" Chronisten! Zugleich welch' köstliche Kleinstädter-Geschichte
mit drolligstem Ausgang! Wer wird da nicht unwillkürlich an Gottfried
August Bürgers berühmte St. Galler Ballade erinnert! Kaiser und
Abt in Minuskeln sind bestens vertreten; nur der kluge Schäfer fehlt.

Niedergeschrieben ist diese kleine Geschichte erst im März
1537, aber ereignet hat sie sich schon im Jahre 1531.

Doch sparen wir uns das historische Beiwerk für später und sehen
wir uns diese schnurrige Schicksalstragödie, diese süperbe Heilungs-
geschichte mit Hindernissen zunächst einmal mit dem nöthigen
Humor an! —

Kaspar Tischmacher, ein Kleinbürger der Stadt des Bürger'-
schen Abtes, hatte einen kranken Sohn, dessen Behandlung er dem

berühmten Arzte aus der Fremde anvertraute. Der Knabe litt an
einem Uebel der Hand, etwa an einem cariösen Process eines Hand-
knochens, bei welchem der erfahrene Wundarzt den kranken Knochen
(oder Knochensplitter?) entfernen musste, natürlich durch einen Schnitt.

Da Lister noch nicht geboren war und also die aseptische
Operationsmethode noch nicht einmal in den Windeln lag, kann es
uns nicht Wunder nehmen, dass dem kleinen chirurgischen Eingriff
eine entzündliche Schwellung der Hand folgte: die so sehr gefürchtete
„Contractur" war da*). Unserem in Belagerungen und Schlachten, in
Spitälern wie im freien Felde, in fürstlichen Schlössern und ärmlichen
Hütten erprobten Heilkünstler ward gewiss nicht bange ob dieses
kleinen Malheurs, dessen Verlauf unter seiner sachkundigen Pflege
nicht anders als günstig sein konnte**). Anders dachte der ängstliche

---

*) Um bei dieser Tragikomödie nicht den historischen Ernst ganz zu verlieren,
   weisen wir hier in der Anmerkung darauf hin, dass es sich nach Hohenheim'scher Eintheilung der „Contracturen" hier nur um eine „Contractura
   ex laesione" handeln kann [4⁰-Ed. Bd. IV. S. 94; Fol.-Ed. I. S. 507] oder,
   wie er es an anderer Stelle nennt, „Contractura vulnerum". Basilius
   Amerbach hat sich in einem Baseler Colleg über die Wunden darüber
   folgendes als Paracelsische Ansicht notirt: „Krümmi eins Glidts, ex Imperitia
   Medici. Et sunt in den Gleichen [Gelenken], das sie starren. Cura: Si
   veniat ex Spasmo, ut Mollificieren, deinde cum manu Rectificirn" [Chir. B. u.
   Schr. Fol.-Ed. S. 467c]. Oporinus' Collegienheft sagt ziemlich dasselbe:
   „Es soll in seiner Cur mollificiert werden, vnd darnach gelegt werden, wie
   recht ist" [ib. S. 561ʙ], und beschreibt dann einige Salben und Bäder zur
   Erweichung und Methoden mechanischer Correction der verkehrten Stellung.
   — Zu solchen Folgezuständen fehlerhafter Behandlung kam es in unserem
   Falle überhaupt nicht, da der kundige Therapeut dem bis auf die sonst
   naturgemässe Schwellung vorzubeugen wusste.

**) Ueber die Wundheilung sagt Hohenheim schon ganz richtig in der
   „Grossen Wundarznei" [1. Buch, 1. Tractat, 2. Capitel], dass nicht der Arzt,
   sondern die Natur selbst (der „angeborne Balsam") die Wunden, die Knochen-
   brüche u. dgl. heile, und nennt, auf den Naturheilungsprocess vertrauend,
   den einen guten Wundarzt, der eine Wunde „wol beschirmen und behüten
   kann", zumal er schon wusste, dass die Luft Wunden „vergiften" kann. Den
   Keim einer antiseptischen Wundbehandlung kann man also schon
   bei unserem deutschen Chirurgen finden. Die Wundinfection schildert er einmal folgendermaassen: „wie ein Ey, deß Schalen zerbrochen wirdt, so kompt
   der frembde Lufft hinein, vnd verderbt das inwendige dem Ey: Also ists
   auch mit dem Menschen, so bald er ein Öffnung seins Leibs von aussen an
   vberkompt . . . das Grob vnd das Vnrein, das Rein vnd Fein bald vergifftet
   vnd besudlet (die Feulung so auß den eussern Elementen entspringt in den
   innern) . . . So ist billich hierauff, dz man da verhüte, dz das eusser Wesen

Vater, und die salbadernden Nachbarn, Frau Basen und Gevattern
machten die Sache vermutblich noch schlimmer als sie war. Wie
werden die schadenfrohen Zunftgenossen von der niederen Chirurgie,
welche den bösen Ausgang solcher instrumentalen Eingriffe aus der
bisherigen Praxis nur zu gut kannten, das Feuer der Entrüstung ge-
schürt haben!

Für seinen Eingriff und dessen Folgen sollte sich der waghalsige
Operateur vor dem Forum der wohlweisen „Undenarij"*), den Ver-
tretern der löblichen Baderzunft („Magistri Chirurgiae") verantworten.
Warum war er auch gleich mit dem Schneiden bei der Hand!

Hohenheim, Doctor der Medicin und Chirurgie („beider Arznei",
wie er sagt), lehnte aber das Erscheinen vor diesen Zunftmeistern,
unter sehr derber Bezeichnung ihrer klysmatischen Handleistungen,
ganz energisch ab. Selbstredend fand er es unter seiner Würde, vor
einem solchen halbfachmännischen Forum die Gründe für seine echt-
chirurgischen Maassnahmen darzulegen, deren präcise Wirkungen er
allein kannte.

Tischmacher, der geängstete Vater, ging aber weiter und
verklagte seinen Arzt vor dem Senat. Doch unser Doctor, dem ganz
anderer Wind schon um die Nase gepfiffen hatte, liess sich den Sturm
im Glase Wasser nicht weiter kümmern. Er verlangte nur ein paar
Wochen Zeit; dann würden die verordneten Mittel schon die entzünd-
lichen Erscheinungen beseitigen, und die vorhergesagte Heilung nach
Wunsch sich einstellen. Auf Verwenden zweier dem Arzte gewogener
Männer hatte denn auch der Rath ein Einsehen, und vierzehn Tage
Aufschub wurden bewilligt.

Als die Steifigkeit der Hand auch dann noch nicht ganz geschwunden
war (vielleicht hatte der Rath die Frist zu kurz bemessen), eilte der
obstinate Spiessbürger wieder von Pontius zu Pilatus. Die „3 consules"

---

in dz inner nit komme.. Darumb ist die Artzney [d.h. die von aussen
angewandten Mittel] beschaffen, dz sie fürkomme, vnd dar-
zwischen ein Wandt sey, das solches nit beschehe" [Chir. B. u.
Schr. 4°-Ed. S. 249/50; Fol.-Ed. S. 93].

*) In St. Gallen gab es seit der Mitte des 14. Jahrhunderts einen kleinen
Rath von 18 Mitgliedern (die eigentliche Regierung). Diesem war zur Be-
rathung wichtigerer Gegenstände ein grosser Rath von 66 Mitgliedern,
je 11 aus jeder der 6 Zünfte, an die Seite gestellt. Ein Undenarius oder
Elfer war also ein Vertreter seiner Zunft.

wurden vergeblich um Beistand angerufen, endlich wird als der Letzte
secundum ordinem der kleinstädtischen Potentaten der „tribunus plebis"
in Bewegung gesetzt — der Mann wollte „sein Recht" haben gegen
den nicht eingeborenen Doctor! Die Wogen der Entrüstung drohten
über dem sturmerprobten Arzte zusammenzuschlagen. Da musste
etwas ganz Besonderes geschehen! Hohenheim war seiner Sache
gewiss, die erforderliche Zeit war um, der Schelm regte sich in ihm.
Er hatte seinen Spott mit der ganzen blinden, unwissenden Gevatter-
schaft. Noch einige Tage, und die Heilung war sicher. Wenn sie mit
seinen neuen, einfachen Anweisungen nicht zufrieden waren und ihm
nicht vertrauen wollten, dass die Heilung nur eine Frage der Zeit sei*),
dann sollten sie ihr blaues Wunder sehen!

„Bindet lebende Regenwürmer für eine Nacht auf!", so lautete
sein Orakelspruch. (Es ist gleichgültig, ob Hohenheim dieses
mirakulose Mittel ad hoc erfunden hat, oder ob er auf seinen Wanderungen schon einmal diese Panacee von einem alten Weibe, einem
Quacksalber oder Zigeuner hatte anwenden sehen und sich übermüthig
als Erzschelm der untrüglichen Weisheit eines Gescheiten oder Einfältigen erinnerte) — Die Regenwürmer wurden aufgebunden, und er-
wartungsvoll harrte die Menge! — — —

Der Schalk hatte gesiegt, die Thoren hatten ihr Wundermittel:
in drei Tagen war die Heilung geschehen — durch Regenwürmer!

Innerlich lächelnd ob der Glaubensseligkeit der Menge nahm
unser Arzt die Glückwünsche für die „grosse Kur" entgegen.

Ein schöneres Beispiel für die Hohenheim'sche Manier, gelegentlich mit den Thoren seinen Fastnachtsscherz zu treiben, dem
Narren die Schelle anzuhängen, liesse sich von dem, der den Schelm
kennt, kaum erfinden, und wir wollen dem biederen Rütiner auch
für diese als wahr verbürgte niedliche Anecdote unseres vielgeprüften
Arztes dankbar sein.

---

*) Vielleicht ist es nicht unnöthig, folgende Stelle aus einer Basler Vorlesung
de Tartaro hierherzusetzen: „si nunc scio, quàm diu adhuc tempus est, vt
creticet: si non habeo medicamen accommodum, & adhuc quinque hebdomadae
restant ad creticum diem, tunc do aliquid pro forma, vsque creticus dies
venit, postea per se curatur, quia cretica dies liberat: sed hoc in morbis, qui
non creticant ad mortem: nam in talibus medicamina statim applicari de-
bent". [4º-Ed. III. Bd. S. 306/7; Fol.-Ed. I. Bd. S. 430.]

Der gute Tischmacher freilich hatte auch nach sechs Jahren, wo er das Mirakel in Küchenlatein verewigen liess, noch nicht begriffen, dass der Wundermann aus der Fremde, den er so mitleidlos vor die Richter ziehen wollte, seinen Spott mit ihm getrieben. Die Regenwürmer haben bei ihm und seinesgleichen gewiss noch lange in heiligstem Ansehen gestanden, als Hohenheim den kleinen Scherz schon lange vergessen hatte. Der Kleinstädter hatte diesen, natürlich zum Rhinoceros angeschwollenen Mythos treu bewahrt und oft erzählt und endlich auch bei passender Gelegenheit dem gewissenhaften Stadtchronisten Johannes Rütiner zur Eintragung in sein gelehrtes lateinisches Buch übermittelt! — — —*)

---

*) Wer Lust haben sollte, die Regenwürmerposse ernsthaft zu nehmen, dem wollen wir einige historische Notizen nicht vorenthalten. Regenwurmpräparate, die schon Dioscorides angibt, spielen ja in der Volksmedicin noch heute ihre Rolle; „Regenwurmöl" z. B. wird noch heute gelegentlich in den Apotheken verlangt. Man findet im 16. Jahrhundert allenthalben bei Hippokratikern und Galenisten, wie bei Jatrochemikern derartige Mittel zur Bereitung und Benutzung empfohlen. Man sehe nur z. B. die Receptsammlungen eines Michael Rapst von Rochlitz durch und des gelehrten Hexenwahnbekämpfers Dr. Johann Weyer (Wierus) „Artzney Buch: Von etlichen biß anher vnbekandten vnd vnbeschriebenen Krankheiten, als da sind, der Schurbauch [Scorbut], Varen, oder lauffende Varen ... Durch ... Johann Weyern, ... Cleuischen Doctorem Medicum selbst verfertigt, vnd in Teutsche Spraach gebracht. Getruckt zu Franckfurt am Mayn, 1580". [Colophon. „Getr. z. Frkfrt. a. M., durch Nicolaum Bassee, Im Jar, M.D.LXXX." 8⁰], wo man Regenwurmöl, -pulver, -wasser u. s. w. empfohlen findet. Auch in Paracelsischen Recepten werden einmal „lumbrici terrestres" als Nebenmittel zur Präparation genannt (4⁰-Ed. Bd. IV. S. 114; Fol.-Ed. I. S. 514). Ja selbst für die Anwendung lebender Regenwürmer gegen Panaritien (der „Wurm" am Finger war von jeher und ist heute ein Lieblingsfeld für sympathetische und andere Wunderkuren) kann man in der Paracelsischen Sammlung — die man ja zum Theil mit der Hippokratischen Sammlung, was Unsicherheit des Autors betrifft, wohl in Parallele setzen könnte — einen Beleg finden. In dem „Liber Principiorum [4⁰-Ed. Bd. VII. S. 278 ff.; Fol.-Ed. I. S. 1088 ff.], einer Schrift, welche sicher als untergeschoben zu betrachten ist, wenn auch einige allgemeine Redewendungen sehr an Hohenheims Art erinnern, findet sich folgende Empfehlung der „allerschlechtisten vnnd gemeinisten Erdwürmen, die man Regenwürm nennet": „Nemmet einen Regenwurm, groß oder klein, nach ansehen der Person vnd des schmertzens ... bindet jhn mit einem leinen Tüchlin auff den Finger, oder an das orth, da der schmertzen am grössesten ist, vnd laßt jhn also ligen ẋẋiiij Stund, oder so lang er lebt: Vnd wann er ist gestorben, so ist der Morbus Curiert, vnnd gleicherweise auch gestorben. Nicht das diß ein Gaukelspiel, ein

Doch verlassen wir diese Komödie aus dem „Sommernachtstraum", und wenden wir uns zur ernsten Historie zurück! In seinen kleinen beiläufigen Erwähnungen ist dieser Schwank auch für eine ernste Betrachtung des Hohenheim'schen Lebensganges nicht ganz ohne Werth, wie wir darthun werden.

Zunächst die Zeitbestimmung: „Eo tempore, quo Theophrastus Paracelsus Christianum Studer curavit".

Christian Studer ist eine in der St. Galler Reformationsgeschichte wohlbekannte Persönlichkeit. Er war schon zweimal Bürgermeister gewesen und wurde zum dritten Male 1531 zu diesem Amte erwählt. „Demnach er aber ettliche monat IV das burgermeisteramt schwarlich [mit Mühe] kranckhait halber versehen, ist er gar zů bett nidergelegen" und noch in demselben Jahre am 30. December gestorben. So berichtet Johannes Kessler*).

Zu dem Schwerkranken war auch der berühmte Theophrastus von Hohenheim gerufen worden, der sich im Jahre 1531 in St. Gallen längere Zeit aufhielt.

Kessler erwähnt gleichfalls kurz diese Krankenbehandlung Hohenheims unter dem Jahre 1531 bei Besprechung des im August desselben Jahres sichtbaren (Halley'schen) Kometen: „Dißen cometen habend dutet und ußgelegt Theophrastus von Hochenheim**), zů der zit hie zů Sant Gallen wonend, burgermaistern Christian Studer artznende, und vorgemelter Joann Schoner" ***) [II. S. 288].

Aberglaub, vnd vnrecht sey, sonder auß Krafft vnnd Wirckung der Natur geschichts .." u. s. w. im 9. Capitel dieser Schrift. — Wer weiss, ob die St. Galler Regenwürmerkur nicht auch die Grundlage für dies oder ähnliche literarische Producte abgegeben hat?! —

*) Sabbata II. S. 285 u. 334.

**) Man achte darauf, dass der deutsch schreibende Kessler unseren Helden „Theophrastus von Hochenheim" nennt, hingegen der lateinisch schreibende Rütiner (der seinen Freund Kessler immer „Ahenarius" heisst) „Theophrastus" oder „Theophrastus Paracelsus".

***) Gemeint ist „Coniectur odder abnemliche außlegüg Joannis Schöners vber den Cometen so jm Augstmonat/ des M.D.XXXj. jars erschinen ist/ zů ehren einem erbern Rath/ vnd gmainer burgerschafft der stat Nürnberg außgangen" Nürnberg bei Friedrich Peypus in 4⁰ erschienen. [München, Hof- u. Staatsbibl; ein Nachdruck mit dem Colophon: „Gedruckt zu Meydeburg/ durch Heinrich Ottinger". kl. 4⁰. 14 SS. findet sich in unserem Besitz.] Schöner beweist sich hier als echter Astrolog, der nur die Aussagen des

Mithin hätte die Behandlung des Bürgermeisters Studer durch Paracelsus zu derselben Zeit stattgefunden, als derselbe seine erste Kometenschrift in St. Gallen verfasste. Die Vorrede dieses kleinen Büchleins an den Züricher Reformator Leo Jud*) ist datirt vom „Sampstag nach Bartholomei [24. August] Anno 𝔐.𝔇.ʒʒʒʲ.ʺ Hohenheim war aber schon viel früher nach St. Gallen gekommen; denn schon am 15. März hatte er daselbst dem Joachim von Watt**) drei Bücher des „Opus Paramirum" gewidmet. Ueber die

---

Ptolemäus und der arabischen Astrologen wiedergibt, während Hohenheim in seiner Schrift alle Astrologie „eine Mutter der Superstition" nennt. —

*) Leo Jud (Judä), ein geborener Elsässer, seit 1523 Prediger in Zürich, war wohl im Herbst 1527 daselbst mit Hohenheim bekannt geworden. Er scheint ihm näher getreten zu sein als andere Züricher, mit welchen Hohenheim damals verkehrte; denn dieser wendet sich von St. Gallen an Jud in seinem Widmungsbrief zu dem Kometenbüchlein „als min gemeinisten zů Zürich" und bittet ihn die Drucklegung des Schriftchens zu veranlassen. Jud kam diesem Wunsche sofort nach; er schreibt unter Beifügung einiger gedruckter Exemplare kurz nachher an unseren Arzt: „hab ichs von stund an vberlesen, vnd dieselbe Nacht noch in Truckerey geben, die ist gleich worden truckt".. Dafür, dass Hohenheim gerade Jud in Zürich näher getreten ist, könnte man zwei äussere Momente als Erklärung anführen. Zunächst den Umstand, dass Jud in seiner Jugend eine Zeit lang mit Arzneiwissenschaft sich beschäftigt und zwei Jahre bei einem Apotheker in Basel practicirt hatte. Zweitens war er später viel kränklich, wie sein Briefwechsel mit Vadian beweist, der ihm ärztliche Anweisungen gab. Auch gerade im Jahre 1527 war er krank und klagt im Juli gegen Vadian darüber, dass die von diesem verordneten Arzneien nicht hülfen, ja eher Schaden brächten (vgl. Carl Pestalozzi, Leo Judä. Elberfeld 1860. 8⁰. S. 3 u. 82). Es war also recht wohl möglich, dass Jud dem Baseler Professor, der seine Herbstferien 1527 in Zürich verbrachte. seine Leiden klagte und ihm durch dessen Behandlung persönlich näher trat. — Weitere Gelegenheiten eines persönlichen Verkehrs können wir einstweilen nicht nachweisen.

**) Mit dem bekannten Reformator St. Gallens, dem Stadtarzte und vielmaligen Bürgermeister Joachim von Watt (Vadianus) könnte Hohenheim vielleicht schon von Villach her bekannt gewesen sein, wo ersterer als öffentlicher Lehrer von der Stadt kurze Zeit angestellt war im Anfange des 16. saec. (das Jahr ist nicht genau bekannt; Rütiner schreibt I. 183ᵇ, dass Vadian 1508 nach Villach kam, was aber nicht ganz feststeht). Vielleicht hatte gar der Vater Wilhelm von Hohenheim (Lehrer an der dortigen Bergschule?) den (15jährigen) Sohn Theophrastus den Unterricht Vadians geniessen lassen (?). Wir geben dies als das, was es ist, — eine schwankende Vermuthung. — Im Anfang seines St. Galler Aufenthaltes hat Paracelsus dem „Ehrwirdigen Hochgelerten Bürgermeister, Doctor der Artzney und

Art der Erkrankung des Bürgermeisters Studer konnten wir nichts Näheres in Erfahrung bringen. Ebensowenig lässt sich feststellen, wann Studer in Hohenheims Behandlung trat und ob dieser bis zu dessen Tode sein Arzt war. Durch den unten anzuführenden Brief Bartholomäus Schobingers lässt sich nur das eine sicherstellen, dass Paracelsus 27 Wochen im Hause des schwerkranken Bürgermeisters wohnte.

Auch ein anderer Punct der Rütiner'schen Anecdote erregt in etwa unser historisches Interesse, die Worte: „eo tempore culinam in aula fecit Hieronymo Schowinger Vicario, per illum Bartholomaeus obtinuit . . ."

Physicus" Vadian in aller Höflichkeit als Landsmann und Collegen die drei ersten Bücher des Opus Paramirum zugeeignet „das deiner vnd meiner vnvergessen werd, bey menniglichen so der Artzney vnterworffen sind"; aber einen näheren, dauernden Verkehr hatte diese Widmung nicht zur Folge. Jedenfalls erwähnt Watt in seinem „Diarium" (J. v. Watts deutsche historische Schriften 3. Bd., St. Gallen 1879) unseren Arzt mit keiner Silbe. Ja, er scheint der Nennung seines Namens fast geflissentlich aus dem Wege zu gehen, wenn er z. B. weitläufig von dem Kometen des Jahres 1531 erzählt und sich auf die „verstendigen des gestirns" bezieht, ohne des Paracelsus und seiner Kometenschrift zu gedenken. Auch 1532 notirt er „diser tagen giengend buechli nß von wegen etlicher sternen und selzamer erschinungen des gestirns und ward mengerlei ußlegung geschriben" [l. c. S. 317], nennt aber hier Hohenheim ebensowenig, dessen (nicht mehr im Originaldruck erhaltene) „Außlegung deß Cometen vnd Virgultae . . . An. XXXII", damals sicher erschien, da Huser sie so gut wie die 1. Kometenschrift von 1531 „Ex antiquis impressis Exempl." in seine Sammelausgabe aufnahm [4ᵗᵉ-Ed. Bd. X. Fasciculus zum Appendix S. 50—57; Fol.-Ed. II. S. 644]. Noch auffallender ist es, dass Watt in diesem seinem „Diarium" auch den Bürgermeister Christian Studer nicht nennt, welcher doch eine bedeutende Rolle in seiner Heimathstadt spielte und z. B. von Kessler viel genannt und gepriesen wird. Auch dessen Tod erwähnt er in diesem Tagebuche am Ende des Jahres 1531 nicht im geringsten, während er des kurz zuvor in Basel verstorbenen Öcolompad mit reichlichen rühmenden Worten gedenkt. Sollte Vadian vielleicht der erste Arzt des kranken Bürgermeisters Studer gewesen sein und durch die Berufung Hohenheims, der ihn in seiner Dedication offen zum Aufgeben der Galenischen Irrthümer aufgefordert hatte [4ᵗᵉ-Ed. I. S. 67; Fol.-Ed. I. S. 24c], sich von Beiden verletzt gefühlt haben? Allem Anschein nach hat Hohenheim Recht behalten, wenn er in seiner Nachrede an Dr. J. v. Watt sagte [ll. cc. S. 140 resp. 50]: „Der in der Medicin ein Humorist ist [d. h. noch an die Humores Galens glaubt], der preist Theophrastum nit: Der in der Astronomy ein Irrer ist, der nimpt nichts an was ich jhm sag".

Bartholomäus Schobinger erwirkte für Hohenheim unter Beistand des „Vicarius" Hieronymus Schobinger, die Frist
von 14 Tagen zur Vollendung obiger Wundbehandlung. Demnach
müsste Bartholomäus Schobinger Hohenheim nahe gestanden
haben, denn sein Eintreten für den angeklagten Arzt erschien dem
Chronisten Rütiner selbstverständlich. So stellte es sich denn auch
im Verfolge unserer Untersuchungen heraus.

Die beiden hier genannten Schobinger sind Brüder. Bartholomäus*) war St. Galler Bürger; Hieronymus war Statthalter
der vier Orte und als solcher wohl beim Rathe von Einfluss**). Er
liess sich zur selben Zeit eine „culina" in seinem Hofe bauen, d. h.
wohl eine chemische Küche, ein Laboratorium mit Oefen, Re-
torten etc. zu alchemistischen oder wahrscheinlicher zu blossen Destil-
lationszwecken; Hohenheim mochte diesen Bau als Sachverständiger
überwachen und die Anweisungen zur Herstellung der verschiedenen
Einrichtungen geben.

Auch Bartholomäus Schobinger hat sich nachweislich für
die chemische Wissenschaft seiner Tage interessirt. Er war, wie eine
Familienchronik sagt***), ein „hochverstendig und weltweiser Mann",
dem nichts lieber war, als die „Natur und Eigenschaft aller natürlichen, wie auch durchaus allerlei geheime, schöne und nützliche Künste
zu erforschen". Er hinterliess zwei „Kunstbücher" in deutscher Sprache,
wie auch etliche „alchimistische und andere geheime Bücher in Latein-
Sprach", theils von ihm geschrieben, theils nur glossirt†).

*) Barth. Schobinger [1500—1585] war Eisenhändler, seit 1550 Rathsherr
und der Notensteiner Innung (der Gesellschaft vornehmer Familien) incor-
porirt 1525, anlässlich seiner Heirath mit Anna, der Tochter des Zunftmeisters
Michael Schappeler. Wie aus einer Bemerkung in Kesslers Sabbata
[II., S. 512] hervorgeht, hiess seine zweite Frau Helena Studer, was insofern von Interesse ist, als Bartholomäus in dem unten abgedruckten Briefe
berichtet, Hohenheim habe im Hause seines „Hern schwchers sellig" gewohnt. (Vgl. Bürgerbuch der Stadt St. Gallen. St. Gallen 1887. S. 388/39.)
**) Hieronymus Schobinger, geb. 1477 in Gossau, gest. 1560, war eine
Zeit lang Landeshauptmann zu Wyl, d. h. Vertreter der vier eidgenössischen
Schutzorte in der Fürstlich-St. Gallischen Landschaft; Watt nennt ihn häufig
in seinem Diarium als „stathalter Schowinger", daneben als „ain erlich,
from mandli", „gar guter vernunft".
***) Eine noch heute im Familienbesitze der Schobinger in St. Gallen befindliche,
von Dr. Sebastian Schobinger [1579—1652] angelegte „Genealogie".
†) Er besass auch eine nicht unbedeutende Bibliothek. deren Verzeichniss in
einem Mscr. Rütiners [Ms. 80] sich noch heute auf der Stadtbibliothek in

Für Rütiner ist Bartholomäus Schobinger meist der Berichterstatter über alchemistische, astrologische und dergleichen Dinge *).
Durch seine Vorliebe für die Chemie wurde wohl auch der Verkehr
mit Hohenheim veranlasst.

Der einzige Autor über Hohenheim, welcher diesen Verkehr
der beiden Männer erwähnt, ist, soviel wir sehen, Leonard Meister.
Derselbe schreibt **): „Andre Handschriften, besonders auch sein wichtiger, sehr vertraulicher Briefwechsel mit Bartholomäus Schobinger
zu St. Gallen, waren vormals an lezterm Orte in der Schobingerischen
Famillie verwahret.“

Meister verdankt diese Notiz dem Melchior Goldast von
Haiminsfeld, welcher in seinen „Rerum Alamannicarum scriptores“***)
berichtet: „Bartholomaeum [Sch.] cognomine Divitem Philosophum,
qui super naturae arcanis ausus est cum Theophrasto Paracelso et
Alexandro a Suchten, quibus familiarissimus erat, in certamen
descendere. Scripta extant apud Schobingeros, si cum aliis compa-
rentur, auro contra cara.“

Da Goldast diese Mittheilung von einem Enkel†) unseres
Bartholomäus Schobinger erhalten hatte, so war die Quelle nicht zu
verachten, wenn uns auch von vornherein die Nebeneinanderstellung
Hohenheims und seines viel später lebenden Anhängers Alexander
von Suchten††) kein grosses Vertrauen erwecken wollte.

St. Gallen befindet (44 SS.), darunter Destillirbücher, Schriften von Lull,
Paracelsus, Gersdorf u. s. w.
*) z. B. I. fol. 133. „Ille Raymundus [Lullius] vixit tempore Alberti [Magni]
Gallusque fuit ubique sibi convenit quam plurima scripsit. Item Arnoldus
de villa nova . . . Bartholomaeus Schowinger dixit ad me ego darem 3 c fl
[trecentos florinos] ut Raymundus viveret . .“ folgt allerhand „Magisches“
über Albertus Magnus, Thomas Aquinas, Cornelius Agrippa. —
I. fol. 237. b. wird von dem Innsbrucker Astrologen Joannes Collinitius
erzählt und dann fortgefahren: „Haec ab illo astrologo . . . audivit Barthol.
Schowinger, qui non nihil commertij et societatis cum eo habuit Oenisponti
quia etiam plurimum incubuit chiromantiae . .“ und vieles andere.
**) „Helvetiens berühmte Männer in Bildnissen von H. Pfenninger“. 2. Aufl.
II. Band. Zürich 1799. 8º. S. 33.
***) Tomus III. Francofordiae 1661. Fol. in der Einleitung de auctoribus, Bl. § 2'.
†) Dem Bartholomäus Schobinger Patricius et J. C. Sanctgallensis (1566—1604).
††) Alexander von Suchten lebte in der zweiten Hälfte des 16. Jahrhunderts
und war mit Michael Toxites befreundet; wir halten ihn für einen der
geistig bedeutendsten Paracelsisten und kommen später einmal eingehend auf
ihn und seine wichtigen Schriften zurück.

Schobinger'sche Familienpapiere werden noch heute auf der Stadtbibliothek zu St. Gallen verwahrt. Allein es war weder dort, noch im Besitze der Familie selbst ein Brief oder sonst ein Manuscript von Theophrastus aufzufinden. Auch anderweitige alchemistische Handschriften oder Briefschaften sollen nicht mehr vorhanden sein. Nur ein Oelbild Hohenheims mit dunkelem Vollbart und der Aufschrift „THEOFRASTVS PARRACELSVS 1529" soll aus Schobinger'schem Familienbesitze in die Sammlung des historischen Vereins in St. Gallen gekommen sein, wo es noch heute verwahrt wird *). Dies Bild wäre also in St. Gallen der einzige dem Untergange entronnene Zeuge, dass einmal ein Glied dieser Familie Schobinger mit dem Arzte von Einsiedeln in Beziehung gestanden hat.

Während so in St. Gallen selbst unsere Nachfragen erfolglos waren, weil dort jede Spur verloren ist, haben sich am Strande der Nordsee in Leyden Briefe von Bartholomäus Schobinger erhalten, welche Zeugniss geben, dass der Mann sowohl mit Hohenheim als mit Suchten in nahem Verkehre stand.

In der reichen Sammlung „chymischer" Manuscripte, welche J. Isaac Voss zusammengebracht und die Leydener Universität später käuflich erworben hat, finden sich nämlich auch zwei Briefe unseres Bartholomäus Schobinger, der eine an einen Ungenannten in Waldshut, der andere an Alexander von Suchten in Danzig gerichtet, datirt vom April 1576 **). Den ersten theilen wir hier vollständig mit, weil er für die Paracelsus-Forschung mehrfaches Interesse bietet.

„Waldshut.

Ewer schreiben hab ich empfangen, vnd desselben frundtlich inhalt vnd erpieten mit freuden vernommen, insonder dz sich mein

---

*) Wir liessen es vor Jahren für unsere Sammlungen photographiren. Prof. Karl Aberle wird es in der Fortsetzung seiner schon oben erwähnten Abhandlung auf Tafel 4 wiedergeben lassen.

**) Diese Briefe in „Codex Vossianus Chymicus Folio Nr. 2" bilden die beiden ersten Blätter des Bandes. Es ist eine Abschrift beider Briefe auf einem Bogen, welche etwa ums Jahr 1600 angefertigt ist. Der Bogen, worauf sie stehen, war früher zusammengefaltet und ist später mit ganz heterogenem Stoffe zusammengeheftet worden.

Gnädiger her der Probst, auch ihr, euch der Alchimia nit
hitzigcklich ergeben. Daran tunt ir gar wol vnd recht. Dan
diese kunst hat vor vil iaren, vnd auch auf disen tag vil grosser
herren vnd Reicher leuth, deren ich noch vil weiß vnd kenn,
mit irem grossen schaden verfuert vnd ain tail verderbt. Dz
aber ůwer lust zu der nutzlichen vnd lustigen kunst der distilation, durch welliche man auß ainer ieden materi die 5ᵗ essentia,
als die aller subtilist substantz vnd hochste krafft durch hitz deß
feurs schaiden vnd außziehen mag, dieselbige vnd anderi arbeit,
durch welche man den menschen in gsundhait enthaltten, oder
dem kranckhen mit gwissen artzneien zehilf kommen vnd gsund
machen mag. dz ist die kunst, die Got seinen geliebten (welche
mer uß liebe deß nechsten, dann von ihrs aignen nutz den menschen
zehelffen bgeren) erofnet vnd mittailt. Es hat Theophrastus,
den ich gar wol kent, vnd in 27. wochen in mines
Hern schwehers sellig Haus ghalten, fil buecher von
solchen dingen ains tails verporgelich, vnd ains tails
die er warlich selb nit verstanden, hinder im verlassen. Dan der Schulmaister, von welchem er sein kunst
gheb, hat in in vilen stuckhen betrogen, zum teil die wahrhait
verhaltten vnd der mer tail, so er in gelehrt, nit genug verständig
underwisen, wie es sich dann in zeit so er bi mir gewesen, offt
im werckh befunden, dz er ettlich ding, die er gschriben, selb nit
recht verstanden hat, vnd dises ist die vrsach, dz seine hinder
im verlassne buecher vnd kunst, wenigen zenutz vnd hilf kommen
mogen. es werden auch auch [noch?] vil buecher vnder
sin [2. Seite] nammen getruckht, die Theophrastus
weder gesehen noch gemacht hat. Dan ich ken des
Theophrasti stilum wol, wie sein brauch in seinem schreiben gewesen ist.

Dz sich der Herr erbeut, wo er mir in solchen dingen
dienen vnd vnderweisen konde, dz wolle er trůlich vnd gern thun,
dz mich werlich wol erfrewet, vnd den Herren auff dz hochst
vmb solche gutwilligkait danck sag. Wolte gen in baide solchs
in glichen der eren verdienen. Dan ich bin von natur dazu
erborn vnd von iugend auf biß auf dise stund dahin genaigt,

dz ich zu allen ehrlichen vnd nutzlichen kunsten für alle richtumb
gwalt vnd wollust ain fröd vnd lust hab.

Bartholomaeus Schobinger avus*)".

In diesem Briefe trennt Schobinger zunächst wohlweislich die
Goldmacherkunst, welche so viele betrogen hat, von der Arzneien be-
reitenden Alchemie, der „nutzlichen und lustigen Kunst der Distilation".
Man hat bisher diese beiden Disciplinen, welche beide unter dem
Namen „Alchymie" gingen, viel zu wenig auseinander gehalten und
damit grosse Verwirrung angerichtet, die bis heute noch andauert.
Beachtet man diesen Unterschied durchgehends — Hohenheim hat
offenbar nur darum den Namen Spagirik geschaffen, um damit ein
für allemal die arzneiliche Alchemie von der ars transmutatoria zu
trennen; später kam die Bezeichnung Iatrochemie in Gebrauch,
welche sich vor der Mitte des 16. saec. nicht belegen lässt — so wird
man gegen manchen Autor gerecht werden, den man als Goldmacher
verdammt, und manchen scheinbaren Zwiespalt lösen**).

Von Werth ist die Mittheilung Schobingers, dass er Hohenheim gut gekannt habe, da derselbe 27 Wochen im Hause seines
Schwagers sich aufhielt***). Ohne Zweifel ist der Bürgermeister
Christian Studer dieser Schwager†), in dessen Hause Paracelsus
Wohnung erhielt, als er die Heilung dieses Schwerkranken übernahm.
Leider erfahren wir dadurch nicht, wann Theophrastus Studers Arzt
wurde und ob er es bis zu dessen Ableben blieb. Nimmt man letzteres
als wahrscheinlich an, so würde Hohenheim etwa Ende Juni 1531
die Behandlung Studers übernommen haben und in dessen Behausung
übergesiedelt sein.

---

*) Schobinger, welcher das hohe Alter von 85 Jahren erreichte, unterschreibt
sich hier „avus" im Gegensatz zu seinem schon oben erwähnten Enkel, dem
Juristen Barth. Schobinger, dem Freunde Goldasts.

**) Wie z. B. Joh. Fischart vielfach sich über die Schwindel-Alchemisten lustig
machen und dann wieder einen „alchemistischen" Tractat ganz ernsthaft als
etwas Vortreffliches bevorworten kann. (Vgl. Camillus Wendeler,
„Fischart als Herausgeber alchymistischer Schriften", Archiv f. Lit.-Gesch.
VI. Bd. 1877. S. 486—509, und Ludwig Geiger, „Aus dem sechszehnten
Jahrhundert", III. Allg. Zeitung. Beilage Nr. 314 v. 9. Nov. 1880. S. 4610.)

***) Die Mittheilung, welche sich im Handschriften-Catalog der Vadiana (S. 36 f.)
findet, Schobinger habe auf seinem Schlosse Horn mit Paracelsus
über Alchemie verhandelt, wird also durch unseren Brief keineswegs bestätigt.

†) Vgl. S. 141 Anm. *)

Was Schobinger des weiteren über Bücher berichtet, welche Hohenheim „hinter ihm verlassen", so sind damit unter seinem Namen nach seinem Tode erschienene Abhandlungen gemeint — der Brief dürfte etwa 1576 geschrieben sein — welche theils deshalb schwerverständlich ausgefallen seien, weil der Autor absichtlich dunkel schrieb („verporgelich"), theils weil er die von ihm behandelten Dinge nicht voll beherrschte und verstand. Diese letztere starke Behauptung sucht Schobinger dann mit der Beobachtung zu stützen, welche er bei Hohenheims Anwesenheit in St. Gallen mehrfach gemacht haben will, dass derselbe nämlich „im werckh" „etlich ding, die er gschriben, selb nit recht verstanden" habe, was also besagen will, dass Theophrastus beim chemischen Ausarbeiten von ihm (hand-schriftlich) mitgeführter Processe, diese selbst manchmal nicht ganz verstand, dass früher gemachte Notizen sich beim eigenen practischen Nacharbeiten als lückenhaft und falsch erwiesen *). Dieser Beweis für seine gewagte Behauptung ist also recht wurmstichig: denn solche ge-legentlich aufgezeichnete, von anderen erhaltene Darstellungsvorschriften chemischer Präparate (wie sie uns beispielsweise heute noch in den schon im·I. Hefte [S. 75] kurz besprochenen „Manualia" erhalten sind), darf man selbstredend doch nicht Hohenheim zur Last legen, der ja auch betrogen sein konnte, wie andere. Ausserdem darf man dabei auch die Erwägung nicht unterlassen, dass Theophrastus manchmal seine Gründe haben mochte, dem alchemistischen St. Galler Dilettanten nicht alles auf die Nase zu hängen.

Dem Urtheil Schobingers über den geringen „Nutz und Hilf", welche Hohenheims Schriften brächten, kann kein Kenner Beachtung zugestehen, selbst wenn man es natürlich nur auf diejenigen Schriften beschränkt, welche sich bloss mit practischen alchemistischen und metallurgischen Dingen beschäftigen; der gute Mann will sich in den Augen eines anderen Dilettanten mit diesem weisen Urtheil auf Kosten Hohenheims eine gewisse Folie verleihen, was man ihm nachsichtig lächelnd verzeihen mag.

Auch die alte Litanei, dass unter den sub nomine Paracelsi erschie-nenen Schriften viele untergeschoben seien, wird durch Schobingers Laienurtheil ebensowenig beweiskräftig, als durch die bekannten Aeusserungen Oporins, trotzdem sie ja für unseren jetzigen Besitz hie und da der Wirklichkeit entsprechen.

---

*) Ein ewiges Lamento der „Alchemisten" sind diese fehlerhaft überlieferten „Processe", die nicht etwa blos bei Gold- und Silberköchen vorkommen.

––◆––

5. Die Jahre 1532—1535.

Da uns der Gang unserer Untersuchungen nun einmal auf die St. Galler Zeit unseres medicinischen Reformators geführt hat, wollen wir, um alles auf St. Gallen Bezügliche zusammenzustellen, auch eine Notiz nicht unerwähnt lassen, welche sich bei Conrad Gesner findet.

In seiner „Bibliotheca universalis" berichtet Gesner (Tiguri 1545. Fol. S. 644): „Composuit etiam ad abbatem S. Galli nescio quae theologica opera, quae publicata non puto". Falls diese Mittheilung auf Wahrheit beruht — und wir können dem gegenwärtig keinen Beweis entgegensetzen — so wird darunter niemand anders als Abt Diethelm Blaurer zu verstehen sein, welcher 1530 ans Regiment, aber erst 1532 von Wyl nach St. Gallen selbst kam. Diethelm erwies sich in St. Gallen als grimmiger Feind aller durch die Reformation herbeigeführten Aenderungen, aber man darf deshalb noch nicht annehmen, dass diese von Gesner erwähnten theologischen Schriften ‚ad Abbatem S. Galli' gerade einen orthodox-katholischen Inhalt gehabt hätten; denn es sind Schriften theologischen Inhalts unter Hohenheims Namen handschriftlich erhalten, welche sich an katholische Würdenträger wenden und trotzdem einen gegen Rom geradezu polemischen Inhalt haben, z. B. „Vom Nachtmal Christi ad Clementem VII. Anno 1530. Zu dem Siebenden Clemente, Obersten Bischoff der Pfarr zu Rom" und andere. „Offene Briefe" sind ja häufig Streitschriften gegen die Adressaten.

Es hat uns durchaus nicht gelingen wollen, in St. Gallen oder sonst irgendwo eine Spur von theologischen Abhandlungen Hohenheims zu entdecken, welche an oder gegen einen St. Galler Abt gerichtet gewesen wären. Wir müssen diese Frage also vollkommen in suspenso lassen.

Anders steht die Sache, wenn wir uns die Frage vorlegen, ob
Hohenheim in den Jahren 1530 — 1535 überhaupt theologische
Schriften verfasst hat. Nach dem heutigen Stande unserer Untersuchungen sind wir durchaus nicht in der Lage, diese Frage absolut
zu verneinen. Im Gegentheil, es besteht eine ganze Anzahl von
Momenten, welche uns zur Bejahung dieser Frage zu drängen ge-
eignet sind.

Auf dem ganzen Gebiete der schriftstellerischen Thätigkeit
Hohenheims ist kein Punct schwieriger zu entscheiden, als die Frage
nach seiner Autorschaft **theologischer** Schriften.

Wer kurzer Hand an die Untersuchung herantritt und 1) vor
allem von ihm selbst nichts rein Theologisches veröffentlicht findet,
2) bei Huser sehr wenig dergleichen antrifft und 3) beachtet, dass
erst mit dem Jahre 1618 von Johannes Stariz im Lucas Jennis'-
schen Verlag (in Frankfurt a. M.) die Publikation einiger weniger
theologischer Abhandlungen unter dem Namen Hohenheims begonnen
wurde, der wird nicht lange schwanken und schnell von der Unechtheit
dieser Elaborate überzeugt sein. So sah denn auch Friedrich Mook
die Sache an, der doch gründlicher als irgend ein anderer vor ihm die
Bibliographie Hohenheims erforschte. Die einzigen positiven Angaben,
welche ihm aufgestossen waren, die Daniel Georg Morhofs in seinem
„Polyhistor Literarius"*), hat er mit Hohn abgefertigt**), und doch
entsprechen diese buchstäblich der Wahrheit.

Wir kennen bis heute 123 theologische Tractate, welche handschriftlich unter Hohenheims Namen erhalten sind. Davon sind 92
in der von Morhof genannten Isaac Voss'schen Bibliothek noch heute
zu finden unter den oben schon genannten ‚Codices Vossiani Chymici'
in Leiden.

Im Originalmanuscript ist uns keine dieser zahlreichen theologischen Abhandlungen begegnet. Die ältesten von uns aufgefundenen
Manuscripte sind 1564 und 1567 in Görlitz geschrieben und waren
nachweislich dem grössten Paracelsushandschriften-Sammler jener Tage,
Johannes Scultetus Montanus bekannt und wahrscheinlich aus
seinen Sammlungen abgeschrieben***).

---

*) 3. Edit. Lubecae 1732. Bd. I. S. 92 u. 100; Bd. II. S. 119.
**) „Theophrastus Paracelsus. Eine kritische Studie". Würzburg 1876. S. 15, 16.
***) Vgl. Heft I. S. 71 Anm. **) u. S. 78.

Bei unserer heutigen Kenntniss dieses umfangreichen theologischen Materials scheint es uns kaum mehr vermeidlich, wenigstens einen Theil dieser Schriften als wirklich aus Hohenheims Feder hervorgegangen zu betrachten. Ueberhaupt führen unsere Untersuchungen, je tiefer wir in die Schaffenswerkstatt Hohenheim'schen Geistes eindringen, um so weiter von dem scheinbar so einfachen und sicheren Standpuncte der von Marx versuchten Sichtung Paracelsischer Geistesproducte*) hinweg, um so mehr müssen wir uns überzeugen, dass Hohenheims Geist in staunenswerther Weise sehr weit auseinander liegende Gebiete menschlichen Denkens und Forschens (Naturphilosophie und Theologie, Astronomie und Medicin, Kosmogonie und Chemie, Meteorologie und Pharmaceutik) zu durchmessen bestrebt war — und dass er, nirgends an andere Autoritäten sich anlehnend, rein aus sich selbst heraus in originaler Weise seine Gedanken entwickelte.

So nimmt er denn auch in seinen theologischen Anschauungen eine ganz separate Stellung ein. Der grösste Theil der von uns gelesenen Abhandlungen und gerade diejenigen, welche die meisten Wahrscheinlichkeitsgründe der Echtheit entgegenbringen, lassen sich in keine der damaligen theologischen Parteischablonen zwängen.

Weiter können wir hier auf diese allgemeinen Fragen nicht eingehen. Wir möchten nur noch auf den einen Punct aufmerksam machen, der bei der Entscheidung dieser theologischen Echtheitsfrage ins Gewicht fällt: Im Inventarium des Nachlasses Hohenheims finden sich nur fünf gedruckte Bücher genannt, darunter vier theologische, eine lateinische Bibel, ein lateinisches Neues Testament, eine biblische Handconcordanz und des Hieronymus Evangeliencommentar — endlich „Mehr etliche vnnd allerley geschribne Collectur in Theologia, so Theophrastus soll concipirt haben". — Die Bibel, die so lange absichtlich in den Hintergrund gedrängte, war also für Hohenheim ein Gebiet, auf dem er ähnlich wie in der ebensolange vernachlässigten Natur seine ganz eigenthümlichen Forschungen anstellte, die allerdings durch seine unzureichenden Kenntnisse in der griechischen und hebräischen Sprache in engen Schranken gehalten wurden. Er vermochte indess selbst aus der Vulgata eigenthümliche Ansichten über die Religionsfrage zu gewinnen,

*) Vgl. Heft I. S. 38 ff.

welche auf Zeitgenossen und Spätere nicht geringen Einfluss ausgeübt zu haben scheinen und ihm noch heute den ungerechten Vorwurf der Theosophie u. dgl. zuziehen. Dass der dem Pietismus schon nahestehende Valentin Weigel nicht, wie so lange behauptet ist, auf Paracelsus sich stützte, hat in diesem Jahre Israel in seiner gründlichen Schrift*) nachgewiesen, und ob der Theosoph Jacob Böhme (1575—1624) aus Paracelsischen Schriften seine Weisheit gesogen hat, ist uns noch fraglich.

Gerade in der Periode des Hohenheim'schen Lebens, auf welche wir hier noch kurz das Interesse des Lesers lenken wollen, in den Jahren 1532—1534 scheinen auch theologische Themata den Geist unseres Arztes beschäftigt zu haben, wenigstens weisen einige seiner Schriften geradezu auf diese Zeit hin.

Den grössten Theil des Jahres 1531 hatte Theophrastus in St. Gallen verweilt und dort namentlich mehrere Bücher des „Opus medicinae Paramirum" zum Abschluss gebracht**). Wahrscheinlich im Anfange des Jahres 1532 verliess er diese Stadt. Der Aufenthalt daselbst war ihm wohl aus mehreren Ursachen verleidet.

Durch die Schlacht bei Kappel am 12. October 1531, welche dem Reformator Huldreich Zwingli den Tod gebracht und der Sache der Reformation in der östlichen Schweiz einen schweren Schlag versetzt hatte, war auch die Lage in Stadt und Landschaft St. Gallen wesentlich verändert worden. Die Macht des Abtes Diethelm und seiner Anhänger vertrieb allenthalben in der Umgegend die „Prädicanten" (evangelische Geistliche), und nur mit bitteren Kämpfen

----

*) M. Valentin Weigels Leben und Schriften. Nach den Quellen dargestellt von August Israel. Zschopau 1888. 8⁰. (167 SS.)

**) Die „paramirischen" Schriften („Opus" und „Volumen"), welche sich in verschiedener Weise mit den Ursachen und der Entstehung der Krankheiten befassen, sind nicht etwa erst in den Jahren 1530 und 1531 entworfen und sofort ausgeführt worden (das Paramir. I. (Volumen) in Nürnberg-Beritzhausen, das Paramir. II. (Opus) in St. Gallen, vgl. Heft I. S. 66 f.), sondern Hohenheim hatte sich schon seit Jahren mit dem Gedanken dazu getragen und wohl auch einzelnes davon zu Papier gebracht; denn er spricht schon davon in Schriften aus dem Jahre 1527, in den „Morbis ex Tartaro oriundis" und der Schrift „De vita longa." — Das Paramirum I. behandelt im allgemeinen die fünf verschiedenen krankmachenden Potenzen; das Paramirum II. gibt eine Schilderung der speciellen Entstehung einiger, in Hohenheims Augen besonders wichtiger, Krankheitsgruppen.

vermochte sich in der Stadt selbst die reformatorische Partei zu behaupten. Die Führung übernahm für das schwere Jahr 1532 Joachim
von Watt, den man jetzt einstimmig zum Bürgermeister ernannte.

Zum zweiten Male geräth Hohenheim hier zwischen die Mühl-
steine der religiösen Parteiungen, und hier war der Kampf noch ungleich erbitterter als in Basel im Jahre 1527. Ausserdem hatte er
hier in St. Gallen den energischen Bürgermeister Joachim von Watt
als Gegner, wenn unsere oben ausgesprochenen Vermuthungen das
Richtige trafen. Sicher war ihm Watt nicht geneigt; denn der hielt
am Galenismus fest und wollte offenbar von Hohenheims medicinischer Reformation nichts wissen, ein wie heftiger Eiferer er auch
war für die „Reformation des Glaubens". Und darin war der partei-
lose Theophrastus gleichfalls kein Mann nach seinem Herzen.

Vielleicht war auch der Tod Studers dazu benutzt worden,
Hohenheim in St. Gallen zu discreditiren. Der Clique der ortsein-
gesessenen (galenistischen) Aerzte war der fremde heterodoxe Doctor,
der seines neuen und besseren Wissens kein Hehl machte, dessen
schriftstellerische und practische Thätigkeit sie überall in die Enge
trieb und ihr Heiligstes ohne Scheu vor allem Volk an den Pranger
stellte, gewiss lange ein Stein des Anstosses gewesen.

Jedenfalls scheint uns der Aufenthalt Hohenheims in St. Gallen
nicht weit ins Jahr 1532 gedauert zu haben, und von dort führen nur
ganz unsichere Spuren nach Süden ins Appenzeller Land, ins Urnäsch-
thal. Wenn auch auf Escher, wie unsere obigen Untersuchungen
(S. 98) gelehrt haben, kein grosser Verlass ist, so können wir den von
ihm erwähnten mündlichen Ueberlieferungen doch keinen ernsten
Zweifel entgegensetzen, welche Hohenheim längere Zeit in den
Appenzeller Landen weilen lassen. Die Dörfer Hundwil und Urnäsch
waren Etappen seines Weges; an viele Oertlichkeiten im Thale des
Urnäschbaches von der ersten Mühle bis zu dem Rossfall oben im Thal
sollen sich Sagen über den wanderlustigen Mann knüpfen, wie Escher
berichtet. Auch ein später in einzelne Blätter zertheiltes medicinisches
Manuscript und eine Pergamentrolle soll sich dort, von ihm her-
stammend, in Privatbesitz befunden haben.

Unsere mehrfachen Versuche, in den Appenzeller Landen genauere
Nachrichten über dies alles zu erlangen, waren bisher erfolglos. Theils
blieben unsere Anfragen unbeantwortet, theils waren die Ergebnisse der

Nachforschungen absolut negativer Natur. Auch gelang es uns bisher nicht, die Paracelsus-Sagen aus dem Urnäschthale irgendwo gedruckt zu finden.

Im Thale der Urnäsch muss Hohenheim aber doch wohl längere Zeit sich aufgehalten haben. Vermuthlich ist er auch damals nach Gais gekommen, welches nur wenige Stunden von Hundwil entfernt, gleichfalls in Ausserroden liegt. Dadurch liesse sich auch ein Lichtblick gewinnen auf die oben erwähnte Confundirung der Familie Höhener in Gais mit dem Hohenheimer von Einsiedeln. Wir werden unten noch eine Ortsangabe treffen, welche uns vermuthungsweise dem Städtlein Gais räumlich noch viel näher bringt.

Vielleicht war Hohenheim dem religiösen und anderen Parteihader in St. Gallen entflohen und hatte in diesen ärmlichen Thälern Ruhe gesucht. Obgleich auch diese von Religionswirren nicht ganz frei blieben; denn auch in Hundwil z. B. wurde der „Prädicant" von Abt Diethelm verjagt und ganze Gemeinden zur Rückkehr in die alte Kirche gezwungen.

Wenn man Hohenheims Stellung zu den damaligen Religionsparteien betrachtet, so kann man vielleicht finden, dass er in den Jahren vor 1531 einige Hinneigung zur Reformation Luthers und Zwinglis fühlte, vielleicht nur insofern er bei denen, welche in Glaubenssachen mit dem Althergebrachten gebrochen hatten, auch eine grössere Geneigtheit voraussetzte für seine reformatorischen Ideen auf dem Gebiete der Heil- und Naturkunde. In dem Briefe an den Magistrat der Stadt Nürnberg spricht er diesen Gedanken ja geradezu aus*) und auch Joachim von Watt gegenüber hat er sich ähnlich geäussert.

Die altbekannten Aeusserungen über Luther im Paragranum (1530) kann man ja auch als Beleg heranziehen; dieselben athmen

---

*) Er sagt dort in dem ersten Entwurf geradezu, dass er sich des Druckes seiner Schriften halber in das freidenkende, dem Evangelium geneigte Nürnberg begeben habe. „Dieweil nun aber das Evangelium vermag, die Warheit zu eröffnen, vnd die mit nichten zu verschweigen: Vnd ich als ein Doctor deren [sc. der Wahrheit] bekandt, vnd jr als Beschirmer des Evangelions, vnd der Warheit Fruchtbringer, hab ich mich auff solche gen Nürnberg gefügt, mein erst Buch fürgehalten, erlaubt worden." Aehnlich spricht er auch in der definitiven Redaction des Briefes. [Chir. B. u. Schr. Fol.-Ed. S. 679 f.]

keine directe Parteinahme für den Wittenberger Reformator, verhalten
sich aber auch nicht ablehnend *). Auch handschriftliche theologische
Manuscripte, welche die Jahrzahl 1530 tragen, schweigen meist von
den reformatorischen Parteien oder polemisiren doch nur milder im
Vorübergehen und verdeckt gegen dieselben. Ablehnender verhält er
sich schon in der Auslegung der Nürnberger Papstbilder**), welche
sich polemisch gegen die parteiische Osiander'sche Erklärung (1527
erschienen) derselben Bilder wendet.

Später — nach dem Jahre 1531 — ist von einer Schonung der
Protestanten keine Rede mehr. Im Gegentheil, wenn er auch die
römische Hierarchie und die äusseren Formen des Gottesdienstes und
die sonstigen Ceremonien bekämpft, so verwirft er alle dissentirenden
religiösen Parteien als „Secten" fast noch heftiger, wie wir aus folgenden, theologischen Paracelsushandschriften entnommenen, Stellen
beispielsweise ersehen können ***):

„Bis einer des Luthers und Zwinglers fälscherey alle
aufgelernet und erfährt, hätte er im Evangelio die zeit verzehret,
so wäre er von Gott gelehret". (Matthäus-Commentar.)

„Von diesem unkraut wachsen täglich noch mehr unkräuter,
Ketzer, Wiedertäufer, Sacramentierer .... Niemand ist
unter allen Religionen der Christum habe ... Das sind nun die
falschen Propheten, die wollen den Papst vertreiben und lassen
sich wol an wie ein warmer Wind, aber so sie abziehen, verlaßen
sie einen neuen Schnee samt dem alten. Jetzt ist das letzte böser
dann das erste, das ist nun alles ein Winter ..." (Sermones in
similitudines et parabolas Christi.)

„Sie beten im Tempel, und ihr gebet ist gott nicht ange-
nehm, denn es soll nichts, und in Summa sie sind Papisten,
luthersche, täuferische, zwinglische, so sind sie allemal
die sich berühmen des heiligen Geistes und daß sie gerecht sind
im Evangelio, darumb schreien sie, ich bin recht, meines ist recht,

---

*) 4⁰-Ed. Bd. II. S. 16; Bd. V. S. 165 u. 184; Fol.-Ed. I. S. 202, 143 u. 150.
**) 4⁰-Ed. Bd. X. Appendix S. 139—189; Fol.-Ed. Bd. II. S. 574—594.
***) Wir haben nur aus solchen Abhandlungen hier Stellen entnommen, bei denen
uns Hohenheims Autorschaft wahrscheinlich erscheint. Eine absolute
Garantie für Originalität können wir heute noch nicht bei allen citirten
Schriften übernehmen.

ich sage das Wort Gottes, hie ist Christus und sein Wort wie
ichs euch sage; mir nach, ich bin der euch das Evangelium bringt.
Nun seht was das für ein Gräuel sei in den Pharisäern" . . (ibidem).

Einmal vergleicht er die Römische Kirche und die Refor-
mationsparteien (die „falschen Propheten") mit Krankheiten;
erstere mit denen, welchen „nienen [nirgends] zu helfen ist, und
sind doch nicht tödtlich", letztere mit solchen „denen nicht zu
helfen ist, und sind schnell tödtlich, also daß sie davon sterben".
Beide seien verderbtes Christenthum, aber die Protestanten stehen
dem wahren Christenthum noch ferner. (De miraculis Christi
super infirmos.)

Ueber die Unduldsamkeit der verschiedenen religiösen Parteien spricht er sich folgendermaassen aus: „Der da will in das
Reich der Himmeln und ist auf der rechten Bahn, und will nicht
Papistisch, nicht lutherisch sein, seid ihr gericht auf denselbigen, daß entweder [jeder] Theil den Seinen beistehe, und nur
dem Feuer zu. Also auch mit den Zwinglischen, der nicht
desselben . . . Schriften beisteht, lobet, und sein Reden für Heiligt-
hum hält, nur Kopf ab. Also auch die unvernünftigen Täufer,
Hussiten, Bickhardter, was nicht ihren Menschentand hält,
nur aus der Kirche geworfen, als ein Ethnicum [Goi, Heide].
Und sie selber sein die, die aus der Kirchen geworffen sollen
werden. Sie sein aber nicht in der ewigen Kirchen, darum selig
ist der von ihnen ausgeworfen wird". (Matthäus-Commentar.)

Vielfach geisselt er die Zwietracht unter den Religionsparteien. „Als ein Exempel, ich setze die bäpstliche Ordnung
ist vom Teufel; Nun sie wird unter ihnen selbst uneins und sie
selbst schelten einander Dieb, Schelmen, wie eine H . . . die andere.
Nun ist alles wahr, als der Luther wider den Bapst, da ist
itzt nichts zu vermuthen, als Uneinigkeit bösen Geists. Es kömt
hernach Zwinglius auch hinzu, macht die Uneinigkeit noch
grösser. Es kömt der Täufer auch darein und andere Secten
ohne Zahl, so nun bei meinen Zeiten verlaufen sind und täglich
werden, die alle untereinander schänden einander zum Schänd-
lichsten aus. Nun einer ist wie der ander. Keiner ein Deut
besser dann der ander". (De miraculis super obsessos.)

Und wenn er dann einmal schreibt: „Darum ihr seid nicht aus Christo noch aus den Aposteln, darum mischet ihr selbst ein Pludermus durcheinander, durch euren unreinen Geist, indem ihr vielfältig in mancherlei Wege den armen Mann beflecket, den in des Bapsts Weg, den in dem lutherischen Weg, den in des Zwingels weg, den in den täuferischen weg, jedoch dass alles verführet werde, dass auch der Gerechte nicht bestehen werde mügen, oder schwerlich, dass ihr ihn nicht auch bekrieget, aber Gott verkürzt euch die Tage, nemlich als den Zwinglischen und andern mehr, die da gar voller Satanischer Geist gewesen sind: also wird andern auch geschehen" — so sieht man direct den Anschluss an die so folgenschwere Schlacht bei Kappel, welche er jedenfalls nicht so tief mitempfinden konnte, wie es bekanntlich von Watt in seinem maasslosen Eifer für die Erneuerung des Glaubens geschehen ist. — —

Mit solchen Gesinnungen, die er ja gewiss nicht jedem so schroff ins Gesicht geschleudert haben wird (es ist ja auch wohl keine dieser Schriften zur Veröffentlichung bestimmt gewesen; siehe S. 162 unten), hat Hohenheim die Schreckensjahre nach der Niederwerfung der Zwinglianer und seinem Abschiede von St. Gallen, der gewiss auch mit darin begründet war, im Appenzeller Lande durchlebt. Es mag ihm dort recht ärmlich ergangen sein; ja es ist wohl die traurigste Zeit seines Lebens, welche die Jahre 1532—1534 bergen. Dennoch werden wir uns selbst hier zu hüten haben, den böswilligen Nachreden, Hohenheim habe dem Volke aus den Sternen und der Hand (warum nicht auch aus den Karten und dem Kaffeesatze?!) für Geld geweissagt, Glauben zu schenken. Er hat niemals die Blindheit des grossen Haufens ausgebeutet, im Gegentheil sie stets zu heilen gesucht.

Bis heute lassen sich für die Appenzeller Zeit mit Sicherheit keine medicinischen Ausarbeitungen nachweisen. Ob die umfangreichen Abhandlungen, welche zum Paramirum II. gehören, schon alle in St. Gallen ihre letzte Gestalt erhielten, ob namentlich der letzte Abschnitt dieser naturphilosophischen Darstellung der Krankheitsgenese, die 5 Bücher „De causis morborum invisibilium", noch in St. Gallen selbst vollendet wurde, lässt sich nicht nachweisen; vielleicht war Hohenheim auch noch im Jahre 1532 damit beschäftigt. Dieser 5. Theil des Paramirum II. greift an vielen Stellen weit auf das

theologische Gebiet über. Der um ihn tobende Streit der Zwinglianer
und Römisch - Katholischen musste seinen Geist Tag für Tag auf die
theologischen Fragen lenken, und sein eigenes wissenschaftliches Arbeiten
führte ihn im Laufe der Darstellung gleichfalls auf das theologische
Gebiet. Es ist somit psychologisch nur zu wohl begründet, dass der
religiös stark angehauchte Mann nun auch selbst die Feder ergriff
und theologische Themata behandelte (wie er es auch wohl schon früher
gethan hatte), um sie sich vom heftig bewegten Herzen herunter-
zuschreiben*).

---

*) Mit welchen Gedanken Hohenheim überhaupt an die Abfassung theo-
logischer Abhandlungen ging, mögen folgende Stellen zeigen, welche wir
leider nur auszugsweise geben können:

(Aus der Einleitung De Secretis Secretorum Theologiae. „Prologus
Totius Operis Christianae Vitae") „. . . Warumb ich also lang
verzogen vnd mich gesaumbt hab. Ist ohn Vrsach nit geschehen. Aine
ist die, das die Jugendt nit soll für der Zeit auffgehen. vnd nichts soll
für seiner Zeit herfür brechen. sonder der Stundt erwartten inn dz wir
alle gehn.

Zum andern nit allein mein Jugendt. Sonder auch, das mich andere
sachen meiner Facultät abgehalten haben. Als die Astronomey, vnnd
auch die Medicin, vnnd die Werkh der Philosophey auch beschryben
würden. Dz ist, was da antryfft dz licht der Natur, vnd lasse ein späteren
Herpst fallen zu der H. Geschrifft, damit dieselbig wol zeyttig wirdt
biß yn das endt damit verzogen vnd das weniger zuuor abgefertiget . . . . .
Nit allein aber, dz in der die hinderung gestandten sey, Sonder in dem
vielmehr, daß ich in grosser armuth erzogen vnnd auffgewachsen bin, dz
meines vermögens nit gewesen, meinem gefallen nach zu handeln . . . .
Die viel seltzam art der menschen hat mich . . gehindert vnd ohnwerth
gemacht. Das ich nit viel ansehen gehabt hab für den menschen sondern
verachtung. Denn mein zungen ist zum schwätzen nit gericht, Sonder
allein zun wercken vnd warheit. dz hat die vrsach geben, dz ich bei den
Logicis, Dialecticis in der Artznei vnd Philosophei vnd Astronomey nichts
hab gollten . . . also verlassen blieben bin . . . . dz ist die größte
vrsach die mich gehindert hat zu schreiben, dz ich nit für einen vol-
mächtigen Christen bin geachtet worden dz mich hart betrübet hat . . . ."

(Aus dem „Prologus in Vitam beatam"). „Nit ein Apostel oder
dergleichen bin ich, sondern ein Philosophus nach der deutschen
Arth . . . Ein Arzt braucht viel an einem kranken, biß er ihn auf-
bringt, ist darumb nit alles arzney, sondern dz im hilft ist ein kleins.
Vil ist vnnütz vnd doch für nutz angesehen worden. Gott hat allen
dingen die Zeit ihres wachsen geben vnd dauor nit zeitig zu sein. Ehe
es nun dahin komt, läuft vil für, die Prößlein, die Schößling, der Bluet,
die Frucht. Die alle haben vil zufälle . . Ich gedenck dz ich blumen
sähe in der Alchimia, vermeint dz obs wer auch da, aber da war nichts.

So finden sich denn folgende Zeitangaben in solchen Abhaudlungen unter Hohenheims Namen.

Die „Vorrede vber die 4. Evangelistenn"*) beginnt: „Wiewoll in den 1532. Jahren von Christj geburt hero gar mancher der hochgelerten des glaubens sich vnderstanden, vnd vollendet haben grosse wergk vnd geschrifften . . ."

Zwei andere Schriften, welche unter seinem Namen überliefert sind, nennen geradezu das Jahr 1533 als ihre Entstehungszeit.

Die Schrift: „De Coena Domini Libri XI Theophrasti Hohenheimensis sacrarum literarum Medicinarumque Doctoris ad Amicos et Sodales"**) zeigt unter dem Schlusswort die Datirung: „Geben zu... am Montag nach Ascensionis Dominj. Im 33ten

D. Theophrast. Hohenh."

Sie wäre also am 26. Mai 1533 beendigt worden.

Da aber die zeit kam, da war die Frucht auch da. Vil fligend [pflügen?] hab ich verloren in der Geometrj, biß dass ich kam in den Aquae ductum [Wasserader?] der lang komben ist. Ich meinte vilmal ich ernte morgen, wars nichts . . . Ist ein licht in vns, so hatt gott in vns gethan, vnser Irdische Schulmeister nit . . . Die Zeit meines Schreibens ist zeitig . . . die Werk sein ein Zeugnuß meiner Arbeit, die zeit der geometrey ist zum endt gangen, die zeit der Artisterei ist zum Ende gangen, die Zeit der Philosophei ist zum Ende gangen, der Schnee meines Elendes ist aus, die Zeit des Sommers ist hie, von wannen er kommt, das weiß ich nicht, wohin er kommt, das weiß ich nicht. Es ist da das sich lange Jar hat aufzogen, so ist auch hie die Zeit zu schreiben vom Seeligen leben, vnd vom Ewigen."

*) Handschriftlich in Breslau, geschrieben im September 1588 in Harpersdorf in Schlesien (Stadtbibliothek, Cod. Rediger. Nr. 334. Fol.); ein viel später, um 1700 etwa, geschriebenes Manuscript in Kopenhagen hat im Text fälschlich die Jahrzahl 1572 (Thottske Saml. Nr. 35 Fol.). Eine in dem Breslauer Codex am Schluss dieser Vorrede befindliche Ortsangabe („Datum in Mills In G . . . . .") wissen wir einstweilen nicht zu enträthseln.

**) Es ist dies eine Sammlung von Abhandlungen über das Abendmahl, welche nur in der ältesten Handschrift (Herzogl. Bibl. in Wolfenbüttel „Codex Extravaganeus Nr. 160 in 4⁰"; geschrieben in Görlitz vom 12. Juni — 1. Juli 1567 bei Montanus von einem Gelehrten, der sich mit den Buchstaben M. B. zeichnet) diesen Sammeltitel führt, während andere Manuscripte dieselben zu den 21 Büchern „De limbo aeterno" rechnen, was auch in dem Wolfenbütteler Mscr. eine etwas spätere Hand an den Rand bemerkt hat; der Verfasser sagt im Schlussworte „vnd also wil ich beschlossen haben vom brot vnd wein Christi das letzte Buch seiner bewerung, dan das ist das Eylffte Buch."

Und in dem fragmentarischen „Liber de potentia gratiae Dei“
sagt der Autor „aber itzt anno 1533 von Anfang seiner empfengnus
(bisher persona perfecta et utilis nobis in vitam aeternam) . . .“
Diese beiden Jahrzahlen fanden sich nicht etwa nur in einer,
sondern in allen handschriftlichen Ueberlieferungen, deren uns von
der ersteren Schrift fünf*) bekannt sind und von der letzteren drei**).
Eine andere der ersteren Abendmahlsschrift nahestehende Abhandlung „Quod Sanguis & Caro Christj sit in Pane et Vino et quomodo fidelibus intelligendum“***) hat in einer der uns bis jetzt
vorgekommenen sieben Handschriften und zwar der ältesten†) die
Schlussnotiz: „Editum Rockenh. ad socios fideles“. Soll dies
Rockenheim, Rockenhausen oder wie sonst heissen? Schrieb Hohenheim dies im Canton Appenzell?
Eine halbe Stunde von dem Oertchen Gais im Canton Appenzell-
Ausserroden liegt ein Bauernhof Namens Roggenbalm über dem
Dorfe Bühler, den wir mit aller Reserve vermuthungsweise hier nicht
ungenannt lassen möchten.
Auch die oben angeführte Datirung vom Montag nach Himmel-
fahrt 1533 trägt in allen Handschriften eine Ortsbezeichnung, welche
aber schon der früheste Abschreiber, dessen Manuscript uns bisher zu
Handen kam, nicht sicher lesen konnte, sondern facsimiliren musste.
Alle späteren Schreiber malen offenbar die nämlichen Schriftzüge nach.
Der älteste Schreiber††) gibt die Ortsbezeichnung folgendermaassen:

„Geben zu 𝓡𝓮𝓽𝓮· am Montag . . .“

und müsste man den ersten Buchstaben zweifellos bei ihm für ein
„R“ lesen, welches er stets genau so schreibt. Aber da er offenbar
facsimilirte, was er zum Theil nicht lesen konnte, so ist der Vergleich
mit seinen sonstigen Schriftzügen nicht sicher beweisend. Offenbar

---

*) In Wolfenbüttel (1567 u. 1603), Leiden (c. 1570), Salzburg (c. 1600)
und Kopenhagen (c. 1620).
**) In Görlitz, Bibl. d. Oberlausitz. Gesellsch. d. Wissensch. (geschrieben
Görlitz 1564), in Greifswald, Universitäts-Bibliothek (1595) und in Wolfen-
büttel (1603).
***) Abgedruckt in Arnolds Kirchen- und Ketzerhistorie, Schaffhausen 1740.
Fol. I. S. 1500—1532. Vorlage anscheinend wenig werthvoll.
†) Es ist dieselbe werthvolle Wolfenbütteler Handschrift vom Jahre 1567
„Codex Extravag. Nr. 160“, welche wir oben schon besprochen haben.
††) Gleichfalls „Cod. Extr. Nr. 160.“

war es ein zweisilbiger Ortsname. der mit R (möglicherweise auch mit P) begann. Die Verführung, hier gleichfalls „Rockenhalm" zu lesen, ist natürlich gross, aber die Schriftzüge geben dafür keine Möglichkeit.

Einen greifbaren Anhalt über Hohenheims Aufenthaltsort gewinnen wir erst wieder durch die oben (S. 131 f.) gegebene Rütiner'sche Notiz, dass er sich (Ende 1533?) auf dem Hohentwiel kurze Zeit aufhielt. Man wusste wohl in St. Gallen von seinem Verweilen im Canton Appenzell und interessirte sich für die weiteren Wege des Arztes.

Anderthalb Jahre lang (oder noch länger) verlieren wir dann den Mann völlig aus den Augen. Erst Ende August 1535 taucht er in Pfäffers wieder auf. Wo weilte Hohenheim in diesen anderthalb Jahren?? Vielleicht gelingt es uns im Folgenden dies klarer zu stellen.

Allen Paracelsusforschern hat es einige Schwierigkeit bereitet, eine Episode des Hohenheim'schen Lebens zeitlich nnterzubringen, welche uns gut beglaubigt scheint: seinen Aufenthalt in Innsbruck, Sterzing und Meran.

In der Ueberschrift zur Vorrede an den Leser im Büchlein „Von der Pestilentz an die Statt Stertzingen"*) nennt sich unser Autor „Theophrastus Von Hohenheym der Heyligen Schrifft Professor beider Artzney Doctor"**) und weist damit auch auf seine vorhergegangenen theologischen Arbeiten recht augenscheinlich hin.

---

*) Vgl. 4⁰-Ed. III. S. 109 ff.; Fol.-Ed. I. S. 356. Zuerst 1576 von Mich. Toxites in Strassburg herausgegeben (Mook Nr. 122). Wir citiren den Wortlaut im Folgenden nach diesem Druck, da Huser kein Original-Mscr. benutzen konnte.

**) Diese eigenthümliche Bezeichnung kehrt fast wörtlich in den oben (S. 98) schon als echt erwiesenen beiden Briefen an den Magistrat von Memmingen vom 10. October 1536 wieder; denn dort unterschreibt er sich „Theophr. v. Hohenb., der heil. gschrift und beder Artzney Doctor." [Murr l. c. S. 259 u. 261]. Dass er handschriftlich 1533 „sacrarum literarum medicinarumque doctor" heisst, haben wir eben gesehen; auch in einer anderen Abendmahlsschrift „Coenae Domini Declaratio" nennt er sich „Aureolum Theophrastum Paracelsum Sacr. L. Doctorem." Beachtenswerth ist gleichfalls die Unterschrift einer von Balthasar Flöter 1567 in den „Astronomica et Astrologica" [Mook Nr. 56] veröffentlichten (S. 219) und von Huser wieder abgedruckten „Epistola ad amicum" (4⁰-Ed. Bd. X. Fasciculus zum Appendix S. 48,49; Fol.-Ed. II. S. 643) betreffend die Kometenschrift von 1531 (oder wahrscheinlicher 1532), welche lautet: „Th. H. S[acrar.] L[iterarum] Professor [,] vtrius-

In diesem aus „Meron“ datirten Vorworte sagt Hohenheim:

„Wiewol mich dz gegenwertig jar, in ein vngedultig [unerträglich] Ellendt [Exil] getrieben, dann Gunst Gewalt vnd die Hundsketten, waren mir zuschwer vberladen, auß welcher zwancknus frembder*) Land behend zubesůchen bezwungen nach kurtze dich zu [be] richten Inspruck heimgesůcht. Dieweil ich aber derselbigen gleichmessigen Staffierung mitelmessig erschien [d. h. weil er den gleichmässig in Roth auftretenden Collegen gegenüber in seiner abweichenden Kleidung nicht aufkommen konnte], not was fürbaß zůstreichen, also Stertzingen erlanget, do ich sonderlich zween Freundt gefunden, den Kerner vnnd Marx Poschinger, die nit wenig Freůndschafft mir bewisen, vnder welcher die Pestilentz in der Region ingerissen .... in betrachtung meiner not .. kein arcanum nit verhalten... Aber du Leser meins Ellends halben, hab kein acht, laß mich mein vbel selber tragen ... zwen Bresten hatt ich an mir, an dem selben ort, mein Armut, vnd mein Frombkeit, die Armut ward mir außgeblasen [ausposaunt], durch jren Burgermeister, den [der]**) etwan zů Inspruck die Doctor haben [hatte]§) gesehen, in seidenen Kleider an den Fürstenhöfen, nit in zerissen lumpen an der Sonnen braten [es war also im Sommer], jetzt wardt der Sententz gefelt, dz ich kein Doctor were, der Frombkeit halben richtet mich der Prediger,

---

que Medicinae, artiumque Doctor, Philosophiae propagator“; der Brief ist aus „M“ datirt. — Möglicherweise hat Hohenheim schon 1530 diese Titulatur für sich gebraucht; denn es heisst eine Ueberschrift im 4. Theil des Psalmencommentars „die Auslegung des Psalters Dauid des 4. teils die 4. distinctio Theoph. von Hohenheim der h. Geschrifft vnd beyder Arzneyen Doctor“, und dieser Theil des Psalters hat unter dem „Eingang zum Leser“ die Datirung: „Geben zu Zimern am Zinstage vor Jacobj [25. Juli] im 1530.“ (Vielleicht ist dies unter den vielen Zimmern das bei Nördlingen gelegene Dorf Dürrenzimmern) Codex Bibl. Reg. Hafniensis „E Collectione Thottiana, in 4⁰. Nr. 54.“

*) Das scheint doch darauf hinzudeuten, dass er vor dieser Tiroler Reise in seinem Schweizer Vaterlande gewohnt hatte.

**) Diese verschiedenen mit §) bezeichneten Stellen hatten gewiss so im Mscr. gestanden, wie wir in Klammern hinzusetzen. Toxites hatte vielleicht für gut gefunden, aus schwächlicher Rücksichtnahme auf seine heimathlichen Sterzinger Potentaten, in der Art sinnentstellend zu ändern.

vnnd der Pfarrer auß, dieweil vnd ich der Venus kein zûtitler*)
bin, auch mit nichten lieb diejenigen, die da lernen [lehren],
daß ich [sie][9] selbs nit thue [thun][1], also ward ich in verachtung abgefertiget, doch nit von gemeinem raht nach der
Gemein, sonder wie oben wol verstanden mag werden**), hab
mich weiter mit sampt Marxen Poschinger hinweg an Meron
gemacht, daselbs Ehr vnnd Glück gefunden.“

Also aus unerträglichen, armseligen Verhältnissen, die ihm nicht
einmal die Beschaffung neuer Kleidung gestatteten, aus Zwang und
Noth durch civile und geistliche Opposition war er in Eile nach
Innsbruck***) entwichen, und weil er dort nicht in standesgemässen
Kleidern auftrat, vermochte er kein Ansehen als Arzt zu erlangen.
Er griff abermals zum Wanderstab und zog über den Brenner nach
Sterzing und später weiter nach Meran.

Diese Flucht aus drückenden Umständen haben manche Autoren
auf seinen Weggang aus Basel (1528) beziehen wollen, wohl weil
Hohenheim in der Dedication an den Sterzinger Bürgermeister und
Rath seine Professur in Basel erwähnt, um sich dadurch zu legitimiren.
Aber das ist, selbst abgesehen davon, dass wir 1528—1530 Theophrast
von Ort zu Ort in ganz entgegengesetzter Richtung verfolgen können,
schon darum nicht möglich, weil er keineswegs ohne Mittel die Universitätsstadt verliess und Oporinus sich bald zu ihm gesellte. Auch in
den Jahren 1538—'40 lässt sich dieser Aufenthalt im Inn- und Eisackthale
ohne Zwang nicht unterbringen, wie andere Autoren (z. B. Murr) wollen.

Nehmen wir aber die Zeit zwischen dem Frühling des Jahres
1534 und dem Sommer 1535 für diese Episode an, so klärt sich alles
in erwünschter Weise. —

---

*) zuotûtler mhd. adulator, palpo, Zuschmeichler, Einschmeichler bei Weibern.
„Zutätlen“ wird von H. öfter gebraucht z. B. „der also anhangt dem gemeinen gewalt der Herren, den Reichen und sich zuschlägt vnd zutüttelt,
vnd ihren weg gehet“ oder in den „Defensiones“ [4⁰·Ed. II. S. 183] „freundlich liebkoß leben, feder klauben, zuthütelen, viel gramantzen [Gaukeleien,
Possen („Grimassen“) treiben].“

**) Mit feiner Ironie: nur von Bürgermeister und Geistlichen.

***) Die Salzburger Volkssagen von R. von Freisauff berichten vier in Inns-
bruck spielende Sagen, darunter sogar seinen Tod. Historische Daten zur
Illustrirung dieses Innsbrucker Aufenthaltes sind uns bis heute nicht bekannt
geworden. Anfragen in Innsbruck selbst hatten ein negatives Ergebniss.
Dasselbe war bei Moran bisher der Fall.

Unter schwierigen Verhältnissen jeder Art lebte er wohl in den Ausserrodener Landestheilen des Cantons Appenzell. „Gunst gewalt und die Hundsketten" nennt er die Zustände, unter deren Last er nicht ausharren konnte, die ihn zwangen, sein Vaterland zum zweiten Male zu verlassen und fremde Länder aufzusuchen. Der Streit der religiösen Parteien mag ihm am widerwärtigsten gewesen sein, da er gänzlich verschiedene Ansichten über die strittigen Puncte hegte und nur im Stillen durch schriftliche und mündliche Belehrung denen, die es wissen wollten, darüber Auskunft gewährte. Da mag ihm, dem freien Manne, wohl das, was die meisten in ihren Parteiansichten festhielt, als Hundskette der Aesopischen Fabel*) klar geworden sein. Wir fügen ein handschriftliches Actenstück bei, welches uns die Erlebnisse im Sommer 1533 im Canton Appenzell näher bringt.

Die Schlussworte vom „Montag nach Himmelfarth 1533" (s. S. 157) sagen nämlich:

„Vnd also will Ich beschlossen haben, vom brot vnd wein Christi das letzte Buch seiner Bewerung, dan das ist das Eylffte Buch. Der es nun vnter euch nit annimpt, dem wird alle gnade entzogen sein. Wiewol wan Ich euch so viel nit kennte, vnd Ewer geneigtes hertze vnd willen, So wolte Ich mich dieser arbeit nit vnderstanden haben, dann auch mein pflug kompt mich auff dißmaal hartt an, das Ich nit wol die weill habe, mich vom selbigen seumig zu machen, von wegen der krancken, so mir so feindlich [störend] zukommen, vnd der hülffe groß nodtürfftig sein. Was aber weiter ewer hertze gegen mir sej, sollent Ir mir eröffnen. Dann, so nit so viel Inwendiges kriges, hoffart, neidt vnd alle andere vppigkeit bej euch were, were ich lange zu euch gezogen vnd die ding mündlich darfür außgericht, Nit In die feder bracht. Drumb bitte Ich wollet solche bucher bein euch behalten, vnd nit offenen [veröffentlichen]. Dann Ihr alle wissent, wie die Ertzet von den Pfaffen verschmehet sein, vnd von den Predigern, Also sollens nichts können, vnd Ir maul zuhalten: So wil ich aber von Irer hoffart vnangetast sein, Gott wirds auch wol selbest herfürbringen, zu seiner Zeit, wie sein Gottlich willen ist. Ich hette hie bey mir mit etlichen Pfaffen dauon geredt.

---

*) Canis et lupus. Fabula CCXX. Edit. Camerarii.

Aber grosse hoffart presumirn vnd andere torheit, ist viel bey
Inen. Etliche, aber wenig, kommen offte zu mir, vnd Ich zu Inen,
die nit gar vngeschickt weren, so sie nit In der Hundes-
ketten legen gebunden. Ihr aber grüssent mir meine gesellen
vnd gönner, vnd die Ewren, so euch alle wol bekant sein. Tregt
mich der weg bein euch für, wie Ich dann nit weiß, wo Ich Jetzt
hin wird wandern, so ich meine krancken abgefertigt wird haben:
So wird Ich mich bein euch ein wenig seumen. Damit seid Gott
befholen, mit allen den, so Christum von Hertzen meinen. Geben
zu R .. am Montag nach Ascensionis Dominj, Im 33<u>ten</u>

D. Theophr. Hohenh."

Er erzählt somit, dass einige katholische Geistliche seiner Umgebung seinen heterodoxen Anschauungen zuzustimmen geneigt gewesen
seien, wenn sie nicht an der Hundskette gelegen wären, d. h. also,
wenn sie nicht die Furcht vor der Disciplinargewalt ihrer Oberen gehindert hätte.

Jede der beiden streitenden Parteien suchte wohl den bedeutenden
Arzt, dem das Volk so grosses Vertrauen zuwendete, der in alle Hütten
ging und es auch mit der Bezahlung nicht genau nahm, der allenthalben bei Schwachen und Bedürftigen practisches Christenthum übte*)
— auf ihre Seite zu ziehen. Seine theologischen Ansichten wurden
wohl von den Geistlichen beider Confessionen („Pfaffen" und „Prediger")
mit Achselzucken begrüsst (namentlich im Abendmahlsstreite,
der damals auch Hohenheims Geist und Feder lebhaft beschäftigte)**),
aber es fehlte auch wohl nicht an Versuchen, ihn zu einer offenen
Parteinahme für die eigene Confession zu verlocken oder gar zu zwingen.

*) Wie er es in seinen theologischen Schriften allentbalben eindringlich predigt
und auch in seinen medicinischen Schriften besonders vom Arzte verlangt.
Man vergl. das 4. Buch des Paragranum „von des Artzts Tugent" und
besonders die Stelle im I. Paragraphus der Schrift „De Caduco matricis"
[4⁰-Ed. IV. S. 368—371; Fol.-Ed. I. 609 f.]: „Im Hertzen wechst der Artzt,
auß Gott gehet er, deß Natürlichen liechts ist er, der Erfahrenheit" u. s. w.,
in welcher er auch seine religiöse Stellung der Geistlichkeit gegenüber scharf
kennzeichnet. — Auch die Vorrede zum „Spittalbuch" gibt eingehenden Aufschluss hierüber. „Der höchste Grundt der Artznei ist die Liebe" etc.

**) Hohenheims Ansichten über Abendmahl und Taufe können wir hier nicht
darlegen, wir wollen nur bemerken, dass er sie beide keineswegs, wie viele
damalige Secten, verwarf, sondern in seiner Art sehr hoch hielt.

11*

An Andeutungen über zu erwartende Vortheile („Gunst") oder auch an Drohungen und Verhetzungen („Gewalt") mag es nicht gefehlt haben. Sein stets bethätigtes Streben, sich Neutralität*) zu bewahren, machte ihm den Aufenthalt in dieser Gegend mehr und mehr unerträglich, und wenn er auch ärztlich thätig war, so konnte er doch in den keineswegs wohlhabenden Thälern auf entsprechenden Entgelt schwerlich hoffen.

Was ihn aber zu so schleuniger Abreise nöthigte, ist uns nicht im Speciellen klar geworden; genug, er schüttelte den Staub von seinen Füssen und wanderte durchs Oberinnthal in armseliger Verfassung hinab nach Innsbruck und schliesslich nach Sterzing und Meran, wo er wieder zu besseren Einkünften gelangte.

Ein triftiger Grund gegen diese unsere Aufstellung lässt sich nirgends entdecken, wohl aber können wir noch einige Momente hervorheben, welche unsere Auffassung weiter unterstützen.

Zunächst möchten wir auf eine Stelle der „Grossen Wundarznei" das Augenmerk lenken, welche auch für die ganze rationell-empirische Methode Hohenheims ein hübsches Beispiel abgibt. Bei der Besprechung der äusserlichen Frostschäden (1. Buch 3. Tractat 12. Cap.**) sagt er, dass er über deren zweckmässigste Behandlung in den Gegenden die beste Belehrung zu finden gehofft habe, wo solche am meisten vorkämen, also im Hochgebirg, in den Gletschergegenden. „So ist aber ein grobes, rauchs Volck da, das auff solche sachen kein achtung hat, darumb bey jhnen nichts zuerholen ist. Dann in Schweytz sind groß Berg, als der Gothart Gletscher, Hocken [der Haken bei Schwyz?] vnd ander, die täglich gebraucht werdend, vnd vil begegnet, auch der Vogel [in der Adula Gruppe], der Splugenberg [Splügen], der Sechmer [Segnes in der Tödikette?], der Elbli [Albula], Beffeler [Buffalora zwischen Vintschgau und Engadin], vnd Feldier [Fellaria in der Berninagruppe?], der Perlin [Bernina]. Aber bey disen allen sind nienen [nirgends] keine ergründte stuck vorhanden, dann Weibertäding [Lappalien]. Also auch vber das Pensser Joch Lauffen. Weiter

---

*) In der Schrift „von Fasten und Casteyen" sagt er: „damit ir mich aber nit partheyisch halten, oder einigerley secten, es sei wellicherley secten es wöll, gleichmässig oder anhängig zu sein vermeinten. . ."

**) Chir. B. u. Schr. 4⁰-Ed. I. S. 147; Fol.-Ed. S. 54ᴮ.

der **Krymlerthaurn**, der **Felberthaurn**, die **Fuschk**, der **Raurischerthaurn** vnnd dergleichen, wie die hohen Bergwerck ligen, als im **Schneeberg** zu **Stertzingen**, ꝛc. geschehen solcher sachen vil, aber bey niemandts Hülff oder endtlich Artzney zusuchen".

Es kann für den, welcher **Hohenheim** kennt, kein Zweifel darüber bestehen, dass derselbe hier nicht beliebige, ihm dem Namen nach bekannte Alpengipfel nennt, sondern dass er die genannten Hochgebirgsgegenden alle selbst besucht hat*) und sich dort überzeugte, dass die Bergbevölkerung an allen Orten kein brauchbares empirisches Mittel besässe zur Heilung von Frostschäden und erfrorenen Gliedern.

Es geht somit aus dieser Stelle hervor, dass **Hohenheim** sowohl die hochliegenden Bergwerke am **Schneeberg** zwischen Sterzing und Passeyer **vor 1536** besucht hat, als auch über das **Penser Joch** gelaufen ist. Das Penser Joch ist aber der Saumpfad von **Sterzing** nach **Bozen**, welchen **Hohenheim** mit Marx Poschinger wohl auf der Reise nach **Meran** passirte. Dadurch wird es somit sehr wahrscheinlich, dass Theophrast **vor 1536** diese Reise machte und zwar nicht lange vorher; denn der wenig hervorragende Alpenpfad wäre ihm, der·so manches andere hier nicht genannte Alpenjoch überstieg, sonst kaum mehr im Gedächtniss gewesen.

Doch auch noch mancher andere der von ihm hier genannten Alpengipfel mag ihm noch aus den Jahren 1534/35 frisch im Gedächtniss gehaftet haben; denn es scheint uns fast unwiderleglich nachweisbar, dass **Hohenheim** von Meran aus durchs **Vintschgau** sich nach dem **Veltlin** begab und ins **Oberengadin**. Durchs Oberrheinthal zog er dann im Sommer 1535 nach Ragatz-Pfäffers hinunter. Bei diesen Wanderungen lagen ihm dann Buffalora, Bernina, Fellariagletscher, Albula, Splügen, Adula, St. Gotthard, Tödikette u. s. w. mehr oder weniger direct am Wege.

Der Grund, wesshalb wir annehmen, dass **Hohenheim** 1534/35 nach dem **Veltlin** und **Engadin** gewandert sei, liegt im Folgenden:

In allen seinen früheren Schriften über die tartarischen Krankheiten erwähnt er niemals die auffallende Immunität der Bewohner des

---

*) A. **Rittmann**, das reformirende Deutschland und sein Paracelsus. Wien 1875. 8⁰, nennt mit kräftiger Uebertreibung diese Stelle „ein sehr ausführliches Verzeichniss aller Gletscher seiner Heimat, wie er es kaum aus dem besten geographischen Lexikon schöpfen konnte." (S. 45.)

Veltlin gegen derartige Erkrankungen. Erst in der letzten Tartarus-
schrift vom Jahre 1537/38 preist er am Schlusse des 15. Capitels lebhaft
die Gesundheit „desselbigen Lands Veldtlin". „Deßgleichen hatt
weder Germania, weder Italia, weder Francia, weder der Occident noch
Orient in Europa". Dort ist in seinen „gebornen Einwoneren kein
Podagra, noch Colica, noch Contractura, noch Calculus nie erfunden
noch erhort worden, des ich mich zum theil groß verwunderen muß" *).
Als er 1531 das 3. Buch des Paramirum II. über dieselbe Krankheit
schrieb, hatte er offenbar von diesem Landstriche noch keine tartaro-
logische Kenntniss, so wenig wie 1527, als er in Basel dasselbe Thema
in einer Vorlesung abhandelte.

Ebenso liegt es mit dem Oberengadin. Die hohe Wirksamkeit
des Sauerbrunnens in St. Moriz erwähnt er in den früheren Tartarus-
schriften mit keinem Worte. Erst in der letzten von 1537/38 (an
Pfarrer Joh. von Brandt in Eferdingen) schildert er sie folgendermaassen: „Aber ein acetosum fontale, das ich für alle, so inn Europa,
erfaren hab, preiß, ist inn Engendin zu Sanct Mauritz, derselbig
laufft im Augusto am seuristen, der desselbigen Trancks trincket wie
einer Artzney gebürt, der kan von gesundtheit sagen, vnnd weist von
keinem Stein noch Sand nicht, er weist kein Podagra, kein Artetica
[Arthritis]" — — —**).

Diese Momente sind es hauptsächlich, welche uns den Aufenthalt
Hohenheims in Innsbruck, Sterzing, Meran, dem Veltlin,
St. Moriz u. s. w. in den Jahren 1534 und 1535 wahrscheinlich
machten. Und wir glauben, dass das Gewicht dieser inneren und
äusseren Wahrscheinlichkeitsgründe auch anderen Geschichtsforschern
nicht ganz gering erscheinen wird. Freilich ist damit kein stricter
Beweis erbracht. Ein solcher wäre erst dann vorhanden, wenn es uns
gelänge, die Pestepidemie, deren Auftreten Theophrastus
während seines Sterzinger Aufenthaltes hervorhebt, in diesem Zeit-
raume — im Sommer 1534 — nachzuweisen.

Lange haben wir uns vergeblich bemüht, dies schliessende Glied
in der Kette unserer Beweise zu finden — endlich ist uns aber auch
das gelungen.

*) 4⁰-Ed. II. S. 317; Fol.-Ed. I. S. 308.
**) ib. II. S. 319,20; I. S. 309.

Herr Dr. von Schönherr, Kaiserl. Rath und Statthalterei-Archivar in Innsbruck hatte die Güte, uns aus den dortigen Regierungs-acten folgendes über die Pest mitzutheilen.

Aus Bayern wurde die Pest 1533 ins Unterinnthal verschleppt und erscheint in diesem Jahre bei Kufstein, in der Grafschaft Ratemberg, in und um Schwatz und endlich in Hall, wo sie erst in den Herbstmonaten und zwar ziemlich milde auftrat und ihren Vormarsch für dies Jahr beendete. Innsbruck blieb damals überhaupt von der Pest verschont.

Im Jahre 1534 herrschte von neuem die Pest in Tirol. In Sterzing trat dieselbe zuerst im Juni 1534 auf. Die ersten Fälle kamen im Spital daselbst vor. Am 18. Juni waren darin, nach einem Schreiben der Regierung von Innsbruck, eine oder zwei Personen an der Pest gestorben. Am 16. Juli waren bereits in etlichen Häusern der Stadt Pestfälle vorgekommen, und es erging deshalb ein Befehl der Regierung an Bürgermeister und Rath, „die infizierten Häuser" zu sperren. Dass dies noch nicht geschehen sei, wurde am Stadtrath gerügt und diese Rüge am 23. Juli mit Strafandrohung wiederholt; denn bis dahin war noch kein Bericht über die Pestfälle an die Regierung erstattet worden. Da am 5. August die „Pestillentz noch nit gar rein", verbot die Regierung den Kirchtag zu Sterzing (am Sonntag nach Bartlmä) abzuhalten. Gleichzeitig wurde nochmals der Befehl ertheilt, die „infizirten Häuser" zu sperren. (k. k. Statth.-Arch. Copialbuch Tyrol. 1531—1534.)

Damit wäre also das Auftreten der Pest im Sommer 1534 in Sterzing bewiesen.

Um jedem Einwand begegnen zu können, haben wir Herrn Archivar v. Schönherr ersucht, auch darüber Recherchen anzustellen, ob etwa auch in den Jahren 1538—40 die Pest in Sterzing geherrscht hätte. Seine gütigen Untersuchungen haben ergeben, dass in diesen Jahren die Regierungs-Acten einer Pest in Sterzing mit keiner Silbe gedenken (wohl aber in andern Theilen Tirols); man kann also „mit voller Sicherheit annehmen, dass diese Stadt in jener Zeit davon verschont geblieben ist."

In Sterzing selbst, wo sich ein ziemlich weit zurückgehendes Archiv befindet, weitere Nachforschungen anstellen zu lassen, war deshalb nicht angängig, weil dort eine geeignete Persönlichkeit zur

Durchforschung des Archivs mangelt. Dagegen hat der Custos am Museum Ferdinandeum in Innsbruck, Herr Fischnaller (ein geborener Sterzinger), welcher das Archiv in Sterzing genau kennt, uns durch Herrn von Schönherr die Versicherung zukommen lassen, dass in den Sterzinger Rechnungsbüchern der Pfarr-Kirchpröbste, Bürgermeister und Spitalmeister keine Angabe über die Pest in den Jahren 1538—40 verzeichnet ist. Es ist demselben auch nicht gelungen, in den Sterzinger Acten eine Erwähnung Hohenheims anzutreffen.

Aber den Beweis, dass Theophrastus 1534 in Sterzing weilte, glauben wir im Vorhergehenden unzweifelhaft erbracht zu haben. Es scheint uns daher statthaft, sowohl diese Station im angegebenen Jahre, als die vorher im Appenzeller Ländchen verlebte Zeit (1532—1533) und seine Reisen nach Meran und von da durch die Alpenwelt bis Pfäffers (1535) als wieder aufgefunden der Biographie unseres Autors einzufügen. Es ist ein wirklicher Abschnitt seines Lebens, wo er von der durch ihn angeregten Reformation der Medicin sich fast vollständig entfernt und den anderen Hauptfragen seiner Zeit, der Theologie und Astronomie, in ebenso eigenthümlichem, beinahe reformatorischem Kampfe um objectivere Erkenntniss sich in seiner energischen Weise zugewandt hatte. So intensiv war sein Streben nach schriftstellerischer Gestaltung seiner Anschauungen auf diesen Gebieten, dass ihm die Ausübung seines Berufes als Arzt zeitweise störend und lästig wurde (cf. S. 162 „mein pflug kompt mich auf dißmaal hartt an" u. s. w.).

Erst als er auf seiner Flucht mit der widerwärtigen Welt und der oft gesehenen Pest zusammentrifft, schreibt er, der Medicin völlig wiedergewonnen, seine mehr populäre Schrift für die Kranken in Sterzing, die er von Meran aus den Vätern der Stadt vergeblich zum Drucke zusendet, macht seine medicinischen Beobachtungen im Hochgebirg, im Veltlin und in St. Moriz, verfasst 1535 für den Abt im Kloster Pfäffers sein Consilium (s. S. 171 ff.) und die alsbald gedruckte Schrift über das dortige Bad, um in den nächsten beiden Jahren sein Hauptwerk, die Grosse Wundarznei, zu schreiben und glücklich theilweise zum Drucke (in Ulm und Augsburg) zu befördern. Wahrscheinlich im Rückblick auf die Appenzeller Zeit sagt Hohenheim in diesem Werke „Hab abermals von jhr [der Medicin] gelassen, in andere Händel gefallen" u. s. w.

Eine für Theophrasts Leben bedeutungsvolle Thatsache hat sich noch im Jahre 1534 ereignet: am 8. September dieses Jahres ist sein Vater Wilhelm von Hohenheim in Villach gestorben. Es liegt natürlich die Versuchung nahe, zu supponiren, der Sohn Theophrastus sei von Meran aus nach Villach zum sterbenden Vater gezogen, zumal die Entfernung nur wenige Tagereisen beträgt. Aber wie konnte ihn diese Kunde erreicht haben? Wir wissen gar nichts über den Verkehr zwischen Vater und Sohn aus all den Jahren, in welchen wir Theophrast durchs Leben verfolgen können.

Es ist ja wohl nur menschlich-natürlich, wenn man annimmt, dass der Sohn nach seinen langen Wanderungen durch Italien, Deutschland, Spanien, Frankreich, England, Dänemark, Schweden etc., als er durch Preussen, Littauen, Polen, Ungarn, Walachei, Croatien*), Windisch Mark [Krain] heimkehrte, dass er damals den in Medicin und Chemie erfahrenen Vater („Licentiaten der Medicin" nennt denselben die Urkunde der Villacher Stadtbehörde über seinen Tod) in Villach aufsuchte (etwa 1523 oder '24**), aber es ist uns darüber keine Kunde zugekommen. Bei dem unstäten Leben des Sohnes ist auch nicht einmal ein regelmässiger brieflicher Verkehr zwischen Wilhelm und Theophrastus von Hohenheim mit Wahrscheinlichkeit anzunehmen.

Gegen die naheliegende Vermuthung, dass der Sohn im Herbst 1534 zum sterbenden Vater geeilt sei, spricht denn doch direct die Thatsache, dass er sich erst am 12. Mai 1538 die Urkunde über das Abscheiden und den Nachlass seines Vaters in Villach ausfertigen liess.

Auch wenn man die oben (S. 84) schon citirte Stelle in der Grossen Wundarznei liest, wo Theophrastus seinen chemischen Bildungsgang beschreibt und in nuce eine scharfe Kritik über die Entwickelung der chemischen Wissenschaft bis auf seine Tage gibt, und an welcher Stelle er (nur dies einemal in allen seinen Schriften) seinen Vater Wilhelm erwähnt — wenn man also diese Stelle liest, wo er sagt: „Erstlich

---

*) In Croatien ist Hohenheim ziemlich weit südlich gekommen; erzählt er doch in der Gr. Wundarznei eine Begebenheit „zu Zeug in Krabaten", womit natürlich die Hafenstadt Zengg südlich von Fiume gemeint ist. [Chir. B. u. Schr. 4º-Ed. I. S. 132; Fol.-Ed. S. 48c.].

**) Im Jahre 1524 verbrannte die ganze Stadt Villach in Folge einer Unvorsichtigkeit bei einer grossen Hochzeit.

Wilhelmus von Hohenheim, mein Vater, der mich nie
verlassen hat", so bekommt man durchaus den Eindruck, als wenn
der Sohn damals (1536) vom Heimgange seines Vaters noch nicht die
geringste Kunde gehabt hätte*). Wir können zum Schluss nur unser
Bedauern darüber aussprechen, dass uns über diese Familienangelegen-
heiten alle Nachrichten im Stiche lassen.

*) Ob Paracelsus selbst noch 1538 in Villach an der Fugger'schen Bergschule
Vorträge über Chemie hielt (wie Aberle l. c. S. 40 nach Mittheilungen
K. Ghons berichtet) oder ob er in der Klining im Lavantthale Hütten-
chemiker war (wie E. Riedl „die Goldbergbaue Kärntens . . ." Wien 1873,
8°. S. 16 der Zeitdauer nach (1537—1544) jedenfalls unrichtig behauptet),
wollen wir heute nicht entscheiden. Zur Ergänzung der von Aberle (l. c.
S. 14 Anm.) gegebenen Nachrichten über Hohenheims angebliches Wohnhaus
in Villach möchten wir auf die Mittheilung M. F. v. Jabornegg-Alten-
fels' im Arch. f. vaterl. Gesch. u. Geogr. hrsg. v. d. Gesch. Verein f.
Kärnten 7. Jhrg. Klagenfurt 1862. S. 115 verweisen, welche die auch von
Aberle mitgetheilte Erzählung von dem durch Engländer angekauften Holz-
schrank folgendermassen abweichend berichtet: „Als ich dieses Haus vor
einiger Zeit besichtigte, erzählte mir der Hausbesitzer, dass einstens zwei
Engländer zu seinem Grossvater gekommen seien und ihn nach ihrem Ein-
tritte mit den Worten angeredet hätten: Sie werden wohl wissen, dass in
diesem Hause der Dr. Theophrastus Paracelsus gewohnt hat? Auf dessen
Bejahung baten die Engländer um die Erlaubniss, die einstige Wohnung
des P. besuchen zu dürfen. Als ihnen dies vom Hausherrn bewilligt worden
war, besichtigten die Fremdlinge alle Räume und klopften in einem Zimmer
an verschiedenen Stellen der Wände, bis sie an eine hohle Stelle kamen.
Nun baten sie um die Erlaubniss, die Zimmerwand hier aufbrechen zu dürfen.
Als dies nach erhaltener Erlaubniss vorgenommen wurde, zeigte sich daselbst
eine Oeffnung und in dieser das ovale Portrait des Paracelsus, welches die
beiden Engländer zu kaufen wünschten. Da der Hausherr das Portrait jedenfalls für werthvoll hielt und die Begierde der Engländer nach dem Besitze
desselben bemerkte, begehrte er dafür 400 Golddukaten, welche sie ihm
sogleich bar auszahlten und mit dem Portrait sehr vergnügt das Haus ver-
liessen." — Solche Geschichten sind ja nicht von grossem Werthe und von
zweifelhafter Authenticität, aber unter Umständen können sie doch einmal
eine gewisse Bedeutung in der meistens überaus schwer zu erhellenden
Lebensgeschichte unseres Helden erlangen. —

6. Ein Consilium Hohenheims für Johann Jacob Russinger, Abt zu Pfäffers.

(1535.)

In einem Miscellenbande des Pfäfferser Archivs, der nur Pfäfferser Handschriften aus dem 16. und 17. saec. enthält und heute (seit Aufhebung des Klosters) im St. Galler Stiftsarchive aufbewahrt wird, hat sich ein ärztliches Parere Theophrasts gefunden, betitelt: „Concilium, für min gnedigen Hernn".

Dieser „gnädige Herr" ist offenbar Johann Jacob Russinger, welcher von 1517 — 1549 Abt in Pfäffers war. Ihm widmete ja Hohenheim am letzten August 1535 seine kleine Schrift über das Bad Pfäffers *), welche auf Veranlassen des Abtes noch in demselben Jahre in Quarto gedruckt wurde (cf. Mook Nr. 8)**).

Da sich Hohenheim 1535 im „Gottshuß zů Pfeffers" selbst aufhielt, so wird auch in diesem Jahre das „Concilium" entstanden sein.

Dies ärztliche Actenstück nimmt einen ganzen Bogen ein, welcher briefartig zusammengefaltet war. Auf den drei vorderen Seiten steht das Consilium, auf der vierten Seite die Adresse oder vielmehr die Aufschrift und Inhaltsdeclaration,

---

*) Die Widmung lautet dort „dem hochwirdigen Fürsten vnd herren Horrn Joann Jacob Russinger, Abbt des Gottshuß zů Pfeffers, minem gnädigen herrenn, Hochwirdiger Fürst gnädiger Herr, ..."

**) Stumpfs Schweizer Chronik, Zürich 1548 (Vorrede 1546) schreibt darüber Fol. 321ᵛ sqq. bei Besprechung von Pfäffers: „dises Bads art / krafft vñ würckung hat bey vnsern Tagen Theophrastus Paracelsus / ein berümpter Doctor der Artzney / in einem besondren büchlin außgestrichen / vnd zů eeren vnd sonderem wolgefallen dem wirdigen Herren Johans Jacoben Russinger / diser zeyt Abt zů Pfäners / ꝛc. durch den Truck auß liecht geben / ꝛc."

„Concilium für min y H von doctor
theofrastum

theofrastus"

Das Consilium lautet also:

„Concilium, für min gnedigen hernn
krancheit sind E. gnoden geneygt, des Magens
keltin, fluß vom Heupt, vnd das gryeß, So an
den orten geholffen wirdt, ist wyther ande[r]
artzny nit zu gebruchenn,

Zum magenn

Soll Ewer gnod all Jar zwej mol, purgierenn
Einmol im herbst In abnemmenden Nwenn monn,
So es im Zeychenn Scorpionis, oder visc[h] ist,
Zů morgens die artzny Innemmen, vmb die 4.
ist ein puluer gedrunken In Einem win, vnd
doruff fasten iij stund, dornoch essenn ein
erbes Brw on saltz vnd schmaltz vff das wermis[t]
so E. g. erliden mag, disse artzny, wird den
magenn siu flegma nemmen, vnd dem heupt
vnd wirdt In dewig vnd starkh machenn,

Also soll auch E g. gegen frwling, so es
In Zů Nemmenden mon ist, aber im Zeychenn
Scorpionis, oder visch, thůn, wie Im herbst vnd
de[n-]selbigen tag vnd ij tag hernoch, wie ein
ode[r-] lesser sich halten mit der spiß,

Vnd In der zit zwischen den zwoen pur-
gationen das ist vom herbst biß vff den frvling
soll E. g. von der latwergen die vff dem ander
zedelin steth, all nacht so E. g will schlaffen
genn Innemmen einer halben boum nussen groß,

vnd zů Morgens auch so vil, den gantzenn
winther vß, Also wirdt der Hauptfliß vnd die
fluß so In die gli [der, „glich?"] fallen, verzert
werden, vnd wird ein gsun[n]derrer kopff werden, vnd kein fluss mer fa[ln oder „fan"] vnd
aber all winther dermessenn, han-[deln?] mit
purgierenn vnd die latwergen gebruc[hen] *).
(2. Seite.)

Des gryeß halbenn, soll E. g. vff den Nechsten
Meyenn ein wasserbad Lossen machen, mit gemeinem Brunnen wasser, vnd dorinn lassen,
syedenn disse krutter, kabis krut ij handvol,
zerschnitten ruben iij handvol, wermůdt krut
$\frac{1}{2}$ handvoll Capilli veneris, j handvoll, vnd das
Bad am dritten tag lassen Ernwernn, das alt
hinweg schutten vnd biß an Nabel Baden oder
dieffer, for essens ein stund, vnd Noch essens,
ij stund, vnd das v. tag vnd so offt Ewr gnod
In dis Bad get, von dem puluer, das vff dem
zedelin geschriben steth Innemmen j quintlin
schwr, vff Einr gebrotten schnitten, mit win
genetzt, vnd doruff In dz Bad sytzenn, biß die
funff tag fur sindt, vnd das all moll im andernn
Jor ein moll,

Es soll auch E. g. yetz vff den Nechsten
herbst ein win lossen machen, in ein Sunderlich
vaß†), der wyß sy, vnd so er In mostz wyß
Im vaß ist, dorzu henkenn, disse nochvolgenden
stukh, vnd sy ein monath oder 6. wochen Im

†) Vorher steht „faß" ausgestrichen.

---

*) Der äussere Rand des ersten Blattes ist etwas beschädigt, so dass stellen-
weise die letzten Buchstaben der Zeilen auf der ersten Seite fehlen. Unsere
Ergänzungen haben wir in Klammern [ ] gesetzt.

vaß hengen lassen In Einem sekklin, vnd als
dann vom selbigen win. So offt ewr gnod yssel
zum letsten ein drunkh thůn, Morgen vnd Nachtz,
dz ist fur den Schwindel, fliß, gryeß, zum
Magen, zur lebernn, vnd zum gantzen lib, vnd
das sindt die stukh,

iij handvoll Augentrost iij handvol bene-
dictenwurzen j handvol Salbaien j handvol
recholderbery j handvoll Aglat, j lot kubeben.

galgan   ij lot zittwar, ij lot galanga, j lot Negelin $^1/_2$ lot
muscaplůst j handvol gundelrebenn, als zů-
samen In Ein sakh vnd In den Most gehenkht
der win for 200 moß,

(3. Seite, bezeichnet „p ii").

Zun oderlessin, sind die besten odernn E. g.
zu schlahn vff beyden kleynen fingernn, all Jor
einoll, abwexlenn, zur Lebern gegen Sumer, Im
zychenn der wag, Zum miltz gegen winther Im
zychen des Schützens, vnd beyde im zůnemmen-
den monn, vnd vnder den knieen all Jor auch
ein moll, vff der Sitten do die hufft weh důnt,
Schrepffen vnd Baden noch alten bruch, doch
vnder der gurtell nit

Der spiß halbenn, schwiny fleisch vnd visch
nit vff einmol mitteinandern essen, khein milch
wenig kheß, Ziger schatt mitt,

Die Latwergen wirdt also
Nemmen gelb gilgen wurzenn	iij ltt
Benedictenwurzenn	j ltt
Ingber *Imbar*	$^1/_2$ ltt

gestossen, vnd durcheinandern gesotten In rot
win, biß In Ein můß, dernoch mit j moß ver-

mas verschumpt honig schumpt honigs ∧ gsotten biß vff sin statt zů einer Ladtwirgen, vnd dorinn gethonn diß puluer, Negelin, Muscat, Calmus, Zitwar, yedlich iij lot, Langen pfeffer ij lot Cubeben ¹|₂ lot, galangen ij lot, klein durch einandernn gestossenn vnd zů sammen gemischt vnd woll bhalten,

Im winter zwyschen der purgacion vnd nit Im summer.

Dieser Abdruck gibt genau die Orthographie des Originals wieder, nur sind alle Abkürzungen aufgelöst. Das Original ist deutsch geschrieben, nur das in unserem Abdruck cursiv Gedruckte ist später, anscheinend gleichzeitig mit der Signatur auf der vierten Seite, bei einer Revision durch den Verfasser (beim Ueberlesen vor der Abgabe?) mit lateinischen Schriftzügen hinzugefügt.

Aus einigen Stellen ergibt sich, dass das Consilium im Sommer verfasst ist. Zunächst daraus, dass Hohenheim bei der Cur für den Magen (im ersten Abschnitt) die zweimal im Jahr vorzunehmende Purgation, zuerst im Herbst und dann im Frühling vorzunehmen, anordnet. Der Herbst war eben das zunächst Folgende. Ebenso wenn er auf Seite 2 beim Beginne des zweiten Absatzes sagt: „yetz vff den Nechsten Herbst". — Das dient unserer Vermuthung zur Stütze, dass Hohenheim das Consilium im August 1535 geschrieben hat, gleichzeitig mit der Abhandlung über das Bad Pfäffers.

Wenn auch nicht von grossem historischen Werthe, so ist dies Document doch interessant als bisher ungedrucktes Beispiel seiner Art und weil man daraus Hohenheims deutschen Stil erkennen kann (im brieflichen Verkehr mit seinen Schweizer Landsleuten), sowie manches Eigenthümliche in seinem therapeutischen und prophylactischen Vorgehen in chronischen Erkrankungen oder Krankheitsdispositionen.

Andere Consilia Hohenheims sind im 5. Bande der Huser'schen Quartausgabe S. 104 ff. [Fol.-Ed. I. S. 684 ff.] abgedruckt; sie wurden zum grössten Theil zum ersten Male von Michael Toxites 1576 in Strassburg hinter dem Sterzinger Pestschriftchen Hohenheims (Mook Nr. 122) veröffentlicht.

7. Ein Lehensbrief für Wilhelm Bombast von Hohenheim vom Jahre 1473.

Vor einigen Jahren gelangte aus den Händen eines Kölner Antiquars in unseren Besitz ein Actenstück, welches das Geschlecht der Bombaste von Hohenheim betrifft, und wenn auch nicht gerade für unseren Theophrastus, so doch für seine Familie von historischem Interesse ist.

Es ist ein Lehensbrief auf Pergament geschrieben, welchem aber das früher daran befindliche Siegel der Grafen von Würtemberg fehlt. Das Actenstück lautet:

Wir vlrich Graue zu wirtemberg vnd zu Mumppelgart Bekennen vnd tun kunt offenbar mit disem brieff, das wir vnserm lieben getruwen Wilhelmen Bonbast von Hohenhein, zu rechtem Manlehen gelihen haben, In tragers wise, zwey achtendteil an dem zehenden zu Beckingen grossem vnd kleinem wie den Jerg von Enslingen vor von vns zu lehen gehabt, vnd den, der Ersam vnser lieber getruwer Hern Mathias Schytt rechtlich erlangt vnd behalten hat, vnd als der lehen von vns ist, also das er den dem yetzgenanten Hern Mathis Schyten getruwlichen tragen sol, vnd wir haben Im das als vorgeschriben stet mit worten vnd mit Handen als sit vnd gewonlich lehen sint zu lihen, vnd was wir Im daran von billich vnd recht lihen, sollen vnd mogen vnd lihen Im das mit disem brieff, doch vns vnsern erben vnd mannen vnsere lehen vnd recht behalten

vnd vns daran vnschädlich, vnd er sol vns dauon tun vnd
gebunden sin als lehensman sinem rechten lehenhern von
sinem lehen schuldig vnd pflichtig ist zutund, by dem eid
den er vns herum liplich zuget vnd zu Got vnd den heiligen geschworn hat, alles one geuerde, vnd des zu vrkund
haben wir vnser Insigel offenlich tun hencken an disen
brieff der geben ist zů Stutgart an sant Steffens tag
Inuentionis Nach Cristi gepurt als man zalt, viertzehen
hundert Siebentzig vnd dru Jare,

[Siegel.]

Christian Friedrich Sattler gibt, wie oben schon erwähnt, in
seiner „Geschichte des Herzogthums Würtenberg unter der Regierung
der Graven" 5. Bd. Ulm. 1768. 4° (S. 165—168 und 320) eine Zusammenstellung urkundlicher Nachrichten über die Familie der
Bombaste von Hohenheim*), doch findet sich dort keine Erwähnung der in unserem Actenstücke enthaltenen Belehnung eines
‚Wilhelm Bonbast von Hohenheim' mit ‚zwey achtendteil an
dem zehenden zu Beckingen.' (Vgl. S. 93. Anm. ***)

Der hier genannte Wilhelm Bombast von Hohenheim ist wohl
derselbe, über welchen Sattler folgendes berichtet:

„Im Jahr 1455 bemerke ich Wilhelm Bombasten von Hohenheim,
welcher damals 6 Schilling und acht Heller jährliches Zinses um vier
Pfund Heller verkaufte . . . Seine Ehegattin war Agnes Spetin', aus
einem alten Würtenbergischen adelichen Geschlecht . . . Er war auch
in dem Jahr 1461 in Grav Ulrichs von Würtenberg Diensten wider
Pfalzgrav Friderichen. In dem Jar 1488 begab er sich unter der
St. Georgengesellschafft des Nekar-Viertels in den Schwäbischen Bund.
Und 1492 war er nebst Jörg Bombasten von Hohenheim unter Grav
Eberhards des ältern Kriegsvölkern in dem Zug gen Landshut."

Wenn aber Sattler nebenbei die Möglichkeit einfliessen lässt,
dieser Wilhelm möge des Theophrastus Vater gewesen sein, so
scheint uns dies doch mehr als unwahrscheinlich. Die Gattin des-

---

*) Albert Moll benutzte dies Material bei seiner Zusammenstellung einer Genea-
logie der Hohenheimer im Würtemb. med. Correspondenzblatt, 1851. S. 251.

selben, Agnes Spät war gewiss nicht Hohenheims Mutter, wie aus dem ‚Testamentum Ph. Th. Paracelsi' (Strassburg 1574) zweifellos hervorgeht. Doch wollen wir hier auf diese Punkte nicht näher eingehen.

Wenn Sattler zum Schlusse (S. 168) schreibt: „Ich finde dass ein Wilhelm Bombast von Riet in dem Jahre 1481 bey der Hohenschule zu Tübingen aufgeschworen habe. Und diser könnte ebenfalls der Vater des Theophrasten gewesen seyn", so wollen wir diese Möglichkeit mit Moll (l. c.) und Aberle*) nicht ganz von der Hand weisen. Freilich ist von der Möglichkeit bis zum Beweise der Identität immer noch ein weiter Schritt.

Eine weitere urkundliche Erwähnung eines Wilhelm von Hohenheim findet sich in „Fürstlich Württembergisch Dienerbuch vom IX. bis zum XIX. Jahrhundert. Herausgegeben v. Eberhard Emil von Georgii-Georgenau. Stuttgart 1877.“ gr. 8°. S. 538:

„Stromberg. Vorstmaister. (wohnen zu Kürnbach.)
1464. Wilhelm von Hohenheimb, genannt Bombast, aetatis 18 Jahr. Abkhommen 1470.“

Wenn Theophrasts Vater Wilhelm dieser ehemalige Forstmeister der Waldungen des Stromberg (nordöstlich von Pforzheim gelegen), wohnhaft in Kürnbach, gewesen ist, so müsste der 24jährige sich noch aufs Studium der Chemie, Medicin, Metallurgie u. s. w. verlegt haben und wäre 1491 nicht 34 Jahr alt gewesen, wie die Salzburger Bilder des Vaters Theophrasts besagen**), sondern 45. Bei seinem Tode 1534 hätte sein Alter 88 Jahre betragen.

Doch wollen wir uns hier darauf nicht weiter einlassen. Es kam uns nur darauf an, den Lehensbrief bekannt zu geben. Vielleicht wird er später einmal bei der Differentialdiagnose zwischen den verschiedenen Wilhelm Bombast von Hohenheim oder sonstwie historisch verwendbar.

(Abgeschlossen im November 1888.)

---

*) In seiner verdienstvollen, oben schon genannten Abhandlung „Grab-Denkmal, Schädel und Abbildungen des Theophrastus Paracelsus" in den Mittheilungen der Gesellschaft für Salzburger Landeskunde. Salzburg 1887 (S. 41 ff.)
**) Vgl. Aberle, l. c. S. 36 ff.

Namenregister.

Berichtigungen.

Seite 16, Anmerkung Zeile 3 von oben: Lies Fol.-Ed. statt Fol.⁰
Seite 19, Anmerkung Zeile 2 von unten: setze ein Komma hinter ernannt.
Seite 21, Anmerkung Zeile 5 von oben: setze . vor Lubecae.
Seite 28, Zeile 23 von oben: ; statt ,
Seite 38, Anmerkung Zeile 6 von unten: ballt statt balltt.
Seite 41, Anmerkung füge bei: Leonhard Fuchs nennt Hohenheim „Morophrastus"
        am Anfang des 2. Buchs der Paradoxorum medicinae libri III. (Pariser
        Ausgabe v. 1555. 8⁰. S. 112.)
Seite 80, Anmerkung Zeile 13 von unten: lies Freitag statt Freytag.
Seite 85, Anmerkung Zeile 12 von unten: Guayacanum statt Guaycanum.
Seite 86, Anmerkung Zeile 16 von oben: setze . hinter hatten.
Ebenda   „   Zeile 13 von unten ist zu lesen: I.III. Bd.] S. 17, 99 und 102).
Seite 101, Zeile 23 von oben: setze " hinter quaedam.
Seite 109, Anmerkung Zeile 22 von oben: setze]) statt].
Seite 130, Anmerkung Zeile 2 von unten lies: Freisauff.
Seite 177, Zeile 17 von oben lies: Hohenhein statt Hohenheim.

Die Lichtdrucktafeln,

welche diesem Hefte beigegeben sind, wurden nach Originalphotographien der Briefe hergestellt. Nur die Adresse auf der dritten Tafel, dem Briefe an Erasmus, (welche sich im Original auf der Rückseite des Briefbogens befindet), wurde nach einer Pause vervielfältigt.

Die Abbildung des Handsiegels Hohenheims (siehe S. 178), am Schlusse des Textes, ist nach einer von den Baseler Briefen genommenen Pause in Holz geschnitten worden.

         Tafel I gehört zu Seite 61.
         Tafel II   „   . Seite 72 f.
         Tafel III   „   „ Seite 103 f.

Joh. Conr. Herbert'sche Hofbuchdruckerei (Fr. Herbert) in Darmstadt.

www.ingramcontent.com/pod-product-compliance
Lightning Source LLC
Chambersburg PA
CBHW020535270326
41927CB00006B/584